BEWUSSTE FREUDE

Andere Werke von His Divine Grace
A. C. Bhaktivedanta Swami Prabhupāda

Bhagavad-gītā wie sie ist

Śrīmad-Bhāgavatam – Canto 1–10.1

Śrī Caitanya-caritāmṛta

Śrī Īśopaniṣad

Kṛṣṇa – Die Quelle aller Freude

Der Nektar der Unterweisung

Der Nektar der Hingabe

Die Lehren Śrī Caitanyas

Die Lehren Königin Kuntīs

Die Lehren Śrī Kapilas

Jenseits von Raum und Zeit

Die Schönheit des Selbst

Die Perfektion des Yoga

Vollkommene Fragen, vollkommene Antworten

Leben kommt von Leben

Im Angesicht des Todes

Bhakti-Yoga – Der Pfad des spirituellen Lebens

Bhakti – Der Wandel im Herzen

Jenseits von Geburt und Tod

BEWUSSTE FREUDE

Zeitlos und unvergleichlich

Vorträge von **His Divine Grace**
A.C. Bhaktivedanta Swami Prabhupāda
(Gründer-*Ācārya* der Internationalen
Gesellschaft für Krishna-Bewusstsein)
in den USA zwischen 1966 und 1971

THE BHAKTIVEDANTA BOOK TRUST

Wenden Sie sich mit Fragen oder Anmerkungen zu diesem Buch an eines unserer Zentren in der Adressenliste am Ende des Buches oder kontaktieren Sie uns unter einer der folgenden Adressen:

DEUTSCHLAND UND ÖSTERREICH

ISKCON Deutschland-Österreich e. V.
Aarstraße 8, 65329 Hohenstein, Deutschland
+49 (0)6120 90 41 07 • iskcon.de

SCHWEIZ

Sankirtan-Verein
Bergstrasse 54, 8032 Zürich
+41 (0)44 262 37 90
sa-ve@pamho.net • krishna.ch

MIX
Papier | Fördert gute Waldnutzung
FSC® C083411

Der König des Wissens und *Das unvergleichliche Geschenk* übersetzt von Ananta Rūpa Dāsa (Arno Holzmann).
Einführung in die Bhagavad-gītā übersetzt von Śacīnandana Swami (Thorsten Petterson).

bbt.se • bbtmedia.com • bbt.org • krishna.com

ISBN 978-91-7769-365-9

Rāja-Vidyā: The King of Knowledge (German)
Kṛṣṇa Consciousness: The Matchless Gift (German)
Introduction to Bhagavad-gītā (German)
(DE-BF-2-2022-TEXT-R25)

Gedruckt im Jahr 2022

Inhalt

Das unvergleichliche Geschenk

Die Bhagavad-gītā

Anhang

Vorwort

Bewusste Freude ist eine Zusammenstellung von drei kleineren Büchern über die Wissenschaft des *bhakti-yoga* von His Divine Grace A.C. Bhaktivedanta Swami Prabhupāda, dem Gründer-*Ācārya* der Internationalen Gesellschaft für Krishna-Bewusstsein. Alle drei stützen sich auf den größten spirituellen Klassiker Indiens, die *Bhagavad-gītā,* um den Yoga der göttlichen Liebe zum Höchsten zu erkunden.

Der König des Wissens konzentriert sich in erster Linie auf das 4. und 9. Kapitel der *Gītā,* wo Kṛṣṇa zu Seinem Schüler Arjuna über das „vertraulichste Wissen" spricht, dessen Verständnis von den Leiden des materiellen Daseins befreit. In diesem kurzen Text lesen wir also darüber, welches Wissen am wichtigsten ist und wie wir es zu unserem besten Nutzen entwickeln und verwirklichen können.

Das zweite kleine Buch in dieser Zusammenstellung heißt *Das unvergleichliche Geschenk.* Es schöpft aus den Themen der *Gītā* und zusätzlich aus zwei anderen klassischen *bhakti*-Texten, dem *Śrīmad-Bhāgavatam* und der *Brahma-saṁhitā.* In diesem Buch wird weiter erörtert, wie wir uns vom Leid und der

Freude eines auf der Ausbeutung der Materie basierenden Lebens befreien und unser volles Potenzial als spirituelle Wesen entfalten können.

Für diejenigen, die die Philosophie der *Bhagavad-gītā* besser verstehen möchten, haben wir die Einführung zur *Bhagavad-gītā wie sie ist* beigefügt, in der Śrīla Prabhupāda eine klare Darstellung der Themen der *Gītā* liefert und unsere Aufmerksamkeit auf die universellen Wahrheiten lenkt, die die *Gītā* heute ebenso relevant machen, wie sie es vor 5000 Jahren war, als sie gesprochen wurde.

Wir hoffen, dass Sie in *Bewusste Freude* etwas Wertvolles für Ihre spirituelle Reise finden, sei es als Einstieg in die Praxis des *bhakti-yoga* oder zur Vertiefung des Studiums der *Bhagavad-gītā*. Sollten Sie Fragen oder Interesse an mehr haben, wenden Sie sich bitte an eines der Zentren, die in der Adressenliste am Ende dieses Buches aufgeführt sind.

Der Herausgeber

Der König des Wissens

1

Rāja-vidyā – der König des Wissens

śrī-bhagavān uvāca
idaṁ tu te guhya-tamaṁ
pravakṣyāmy anasūyave
jñānaṁ vijñāna-sahitaṁ
yaj jñātvā mokṣyase 'śubhāt

Die Höchste Persönlichkeit Gottes sprach: „Mein lieber Arjuna, weil du Mich niemals beneidest, werde Ich dir dieses vertraulichste Wissen und dessen Verwirklichung offenbaren, und durch dieses Verständnis wirst du von den Leiden des materiellen Daseins befreit werden“ (*Bhagavad-gītā* 9.1).

Diese Worte, mit denen das 9. Kapitel der *Bhagavad-gītā* beginnt, drücken aus, dass der Höchste Herr, Gott, spricht. Śrī Kṛṣṇa wird hier als Bhagavān bezeichnet. *Bhaga* bedeutet „Füllen“ und *vān* bedeutet „jemand, der besitzt“. Wir haben eine Vorstellung von Gott, doch in der vedischen Literatur wird ganz genau beschrieben und definiert, was mit dem Begriff „Gott" gemeint ist, und das lässt sich mit einem Wort ausdrücken – Bhagavān. Bhagavān besitzt alle Füllen: die Gesamtheit allen Wissens, allen Reichtums, aller Macht, aller Schönheit, allen Ruhms und aller Entsagung. Wenn wir jemanden finden, der diese Füllen in vollem Ausmaß besitzt, sollten wir wissen, dass er Gott ist. Es gibt viele reiche, weise, berühmte, schöne und starke Menschen, doch niemand kann behaupten, alle diese Füllen zu besitzen. Nur Kṛṣṇa erhebt den Anspruch, sie in ihrer Gesamtheit zu besitzen.

bhoktāraṁ yajña-tapasāṁ
sarva-loka-maheśvaram
suhṛdaṁ sarva-bhūtānāṁ
jñātvā māṁ śāntim ṛcchati

„Derjenige, der sich vollkommen über Mich bewusst ist und weiß, dass Ich der eigentliche Nutznießer aller Opfer und Entsagungen, der Höchste Herr aller Planeten und Halbgötter und der Wohltäter und wohlmeinende Freund aller Lebewesen bin, erlangt Frieden von den Qualen des materiellen Daseins" (*Bhagavad-gītā* 5.29).

Kṛṣṇa verkündet hier, dass Er der Genießer aller Tätigkeiten und der Eigentümer aller Planeten ist *(sarva-loka maheśvaram)*. Jemand mag große Ländereien sein Eigen nennen und stolz darauf sein, so viel Land zu besitzen, doch Kṛṣṇa erhebt Anspruch darauf, alle Planetensysteme zu besitzen. Kṛṣṇa erhebt auch den Anspruch, der Freund aller Lebewesen zu sein *(suhṛdaṁ sarva-bhūtānām)*. Wenn man versteht, dass Gott der

Freund eines jeden und der Eigentümer und Genießer aller Dinge ist, wird man sehr friedvoll. Das ist die wahre Friedensformel. Niemand kann Frieden finden, solange er denkt: „Ich bin der Eigentümer." Wer ist berechtigt, Besitzanspruch zu erheben? Vor nur einigen hundert Jahren galten die Indianer als die Eigentümer Amerikas. Heute behaupten wir, Amerika gehöre uns, doch in 400 Jahren oder in 1000 Jahren mag jemand anders kommen und das Gleiche behaupten. Das Land ist bereits da, und dann kommen wir und erheben den unberechtigten Anspruch, die Eigentümer zu sein. Diese Philosophie der widerrechtlichen Aneignung fremden Besitzes steht im Widerspruch zu den vedischen Anweisungen. In der *Śrī Īśopaniṣad* heißt es: „Alles Beseelte und auch alles Unbeseelte im Universum wird vom Herrn beherrscht, und alles gehört Ihm *(īśāvāsyam idaṁ sarvam)*." Das ist der wahre Sachverhalt, doch in unserer Illusion halten wir uns für die Eigentümer. In Wirklichkeit ist Gott der Eigentümer aller Dinge, weshalb man sagt, Er sei der Reichste.

Es gibt natürlich viele Menschen, die behaupten, Gott zu sein. In Indien zum Beispiel kann man ohne Schwierigkeiten jederzeit mindestens ein Dutzend Leute finden, die behaupten, Gott zu sein, doch wenn man sie fragt, ob sie der Eigentümer aller Dinge seien, fällt es ihnen schwer, eine Antwort zu geben. Das ist ein Prüfstein, mit dessen Hilfe wir ermitteln können, wer Gott ist. Gott ist der Eigentümer aller Dinge, und als solcher muss Er mächtiger sein als jeder oder alles andere. Als Kṛṣṇa persönlich auf der Erde gegenwärtig war, konnte Ihn niemand besiegen. Nirgendwo wird davon berichtet, dass Er jemals eine Schlacht verloren hätte. Er stammte aus einer Familie von *kṣatriyas* (Kriegern). Die *kṣatriyas* haben die Aufgabe, den

Schwachen Schutz zu gewähren. Kṛṣṇas Reichtum erkennt man daran, dass Er 16 108 Frauen heiratete. Jede einzelne Frau hatte ihren eigenen Palast, und Kṛṣṇa erweiterte Sich 16 108 Mal, um Sich mit ihnen allen zu vergnügen. Das mag einem unglaublich erscheinen, doch so wird es im *Śrīmad-Bhāgavatam* beschrieben. Die großen Weisen Indiens erkennen dieses Werk als heilige Schrift und Kṛṣṇa als Gott an.

Im 1. Vers des 9. Kapitels der *Bhagavad-gītā* gibt Śrī Kṛṣṇa mit dem Wort *guhya-tamam* zu verstehen, dass Er Arjuna das vertraulichste Wissen mitteilt. Warum verkündet Er dieses Wissen Arjuna? Weil Arjuna *anasūyu* (nicht neidisch) ist. Wenn in der materiellen Welt jemand größer ist als wir, sind wir neidisch auf ihn. Aber wir beneiden uns nicht nur gegenseitig, wir beneiden sogar Gott. Wenn Kṛṣṇa sagt: „Ich bin der Eigentümer", glauben wir Seinen Worten nicht. Arjuna jedoch ist anders. Er hört Kṛṣṇa ohne Neid zu. Er übt keine Kritik an Kṛṣṇa, sondern akzeptiert alles, was Er sagt. Das ist Arjunas besondere Qualifikation und die Haltung, mit der man die *Bhagavad-gītā* verstehen kann. Es ist nicht möglich, das Wesen Gottes mithilfe mentaler Spekulation zu verstehen; wir müssen zuhören und auch akzeptieren.

Weil Arjuna nicht neidisch ist, offenbart ihm Kṛṣṇa dieses besondere Wissen. Dieses Wissen ist nicht nur Theorie, es ist auch praktisch *(vijñāna-sahitam)*. Das Wissen, das wir aus der *Bhagavad-gītā* erhalten, sollte nicht als sentimental angesehen oder für Fanatismus gehalten werden. Das Wissen ist sowohl *jñāna* als auch *vijñāna,* theoretische Weisheit und wissenschaftliche Erkenntnis. Sich mit diesem Wissen gut auszukennen, führt zu Befreiung. Das Leben in der materiellen Welt verheißt von Natur aus Unheil und Leid. *Mokṣa* bedeutet Befreiung.

Es wird versprochen, dass man von allen Leiden Befreiung erlangen wird, wenn man dieses Wissen versteht. Es ist daher wichtig, zu verstehen, was Kṛṣṇa über dieses Wissen sagt:

rāja-vidyā rāja-guhyaṁ
pavitram idam uttamam
pratyakṣāvagamaṁ dharmyaṁ
su-sukhaṁ kartum avyayam

„Dieses Wissen ist der König der Bildung und das geheimste aller Geheimnisse. Es ist das reinste Wissen, und weil es durch Erkenntnis eine direkte Wahrnehmung vom Selbst vermittelt, ist es die Vollkommenheit der Religion. Es ist immerwährend und wird mit Freude praktiziert“ (*Bhagavad-gītā* 9.2).

Der *Bhagavad-gītā* zufolge ist Kṛṣṇa-Bewusstsein das höchste Wissen *(rāja-vidyā rāja guhyam),* denn in der *Bhagavad-gītā* heißt es, dass das Kennzeichen eines Menschen, der wirklich Wissen hat, darin bestehe, dass er sich Kṛṣṇa ergeben hat. Solange wir fortfahren, über Gott zu spekulieren, uns aber nicht ergeben, haben wir die vollkommene Stufe des Wissens noch nicht erreicht. Die Vollkommenheit des Wissens wird folgendermaßen beschrieben:

bahūnāṁ janmanām ante
jñānavān māṁ prapadyate
vāsudevaḥ sarvam iti
sa mahātmā su-durlabhaḥ

„Wer nach vielen Geburten und Toden tatsächlich in Wissen gründet, ergibt sich Mir, da er weiß, dass Ich die Ursache aller

Ursachen und dass Ich alles bin. Solch eine große Seele ist sehr selten" (*Bhagavad-gītā* 7.19).

Solange wir uns Gott nicht ergeben, können wir Ihn nicht verstehen. Es mag viele Leben lang dauern, bis wir an diesen Punkt kommen, doch wenn wir akzeptieren, dass Gott groß ist, können wir uns Ihm sofort ergeben. Im Allgemeinen jedoch nehmen wir Lebewesen in der materiellen Welt diese Haltung nicht an. Es ist bezeichnend, dass wir neidisch sind und daher denken: „Warum sollte ich mich Gott ergeben? Ich bin unabhängig. Ich werde handeln, wie es mir beliebt." Um diese falsche Einstellung zu berichtigen, müssen wir uns viele Leben lang bemühen. Der Name Kṛṣṇas ist dabei von besonders großer Bedeutung. *Kṛṣ* bedeutet „die Wiederholung von Geburt" und *ṇa* bedeutet „einer, der aufhält". Nur Gott kann verhindern, dass wir immer wieder geboren werden. Ohne die grundlose Gnade Gottes kann niemand dem Kreislauf von Geburt und Tod entkommen.

Das 9. Kapitel handelt von *rāja-vidyā*. *Rāja* bedeutet „König", und *vidyā* bedeutet „Wissen". Im Alltagsleben sammeln wir die Erfahrung, dass ein Mensch auf einem besonderen Gebiet König ist und ein anderer auf einem anderen Gebiet. Dieses Wissen jedoch ist das höchste, während alle anderen Arten des Wissens ihm untergeordnet oder abhängig von ihm sind. Das Wort *rāja-guhyam* drückt aus, dass dieses höchste Wissen sehr vertraulich ist, und das Wort *pavitram* bedeutet, dass es rein ist. Dieses Wissen ist auch *uttamam; ud* bedeutet „transzendieren" und *tama* bedeutet „Dunkelheit". Das Wissen, das diese Welt und das Wissen dieser Welt übersteigt, wird als *uttamam* bezeichnet. Es ist das Wissen des Lichtes, und alle Dunkelheit wurde von diesem Wissen entfernt. Wenn man diesen Pfad des Wissens beschreitet, wird man selbst verstehen, wie weit man auf dem Pfad der Vollkommenheit vorangekommen ist *(pratyakṣāvagamaṁ dharmyam)*. Die Worte *su-sukhaṁ kartum* bedeuten, dass dieses Wissen mit großer Freude verbunden ist und dass man glücklich wird, wenn man es praktiziert, während *avyayam* ausdrückt, dass dieses Wissen immerwährend ist. Wir mögen uns in der materiellen Welt um Bildung und Reichtum bemühen, doch diese Dinge sind nicht *avyayam*, denn sobald der Körper zerstört wird, haben auch sie ein Ende. Mit dem Tod ist alles aus: unsere Bildung, unsere Diplome, unsere Bankkonten, unsere Familie usw. Was auch immer wir in der materiellen Welt tun, es ist nicht ewig. Dieses Wissen dagegen ist von anderer Natur.

nehābhikrama-nāśo 'sti
pratyavāyo na vidyate
sv-alpam apy asya dharmasya
trāyate mahato bhayāt

„Bei dieser Bemühung gibt es weder Verlust noch Minderung, und schon ein wenig Fortschritt auf diesem Pfad kann einen vor der größten Gefahr bewahren" (*Bhagavad-gītā* 2.40).

Das Wissen im Kṛṣṇa-Bewusstsein ist so vollkommen, dass jemand, der im Kṛṣṇa-Bewusstsein handelt, aber dennoch nicht die Vollkommenheit erlangt, in seinem nächsten Leben wieder dort beginnt, wo er aufgehört hat. Mit anderen Worten, was man im Kṛṣṇa-Bewusstsein tut, ist von Dauer. Dagegen enden materielle Errungenschaften mit dem Tode, denn sie beziehen sich auf den Körper. Wissen, das Bezeichnungen betrifft, bleibt nicht bestehen. Ich denke, ich sei ein Mann oder eine Frau, ein Amerikaner oder ein Inder, ein Christ oder ein Hindu, doch dies sind alles Bezeichnungen, die den Körper betreffen, mit dessen Vernichtung auch diese Bezeichnungen ausgelöscht werden. Unser wahres Wesen ist spirituell, weshalb uns unsere spirituellen Handlungen begleiten werden, wohin auch immer wir gehen.

Śrī Kṛṣṇa weist auch darauf hin, dass das Praktizieren dieses Wissens einen mit Freude erfüllt. Jeder wird ohne Weiteres einsehen, dass Tätigkeiten im Kṛṣṇa-Bewusstsein voller Freude ausgeführt werden. Es wird gesungen und getanzt, man isst *prasādam* (Essen, das Kṛṣṇa geopfert wurde) und spricht über die *Bhagavad-gītā.* Das sind die wichtigsten Vorgänge. Es gibt keine strengen Regeln und Vorschriften, die verlangen, dass man lange Zeit mit geradem Rücken dasitzen oder eine Vielzahl von gymnastischen Übungen machen oder seinen Atem beherrschen muss. Nein, der Vorgang ist sehr einfach und macht Spaß. Jeder möchte tanzen, singen, essen und die Wahrheit hören. Dieser Vorgang ist wahrhaftig *su-sukham* – mit viel Freude verbunden.

In der materiellen Welt gibt es eine Vielzahl von Bildungsgraden. Einige Menschen besuchen die Mittelschule oder das Gymnasium, während andere weiterstudieren und an der Universität eine höhere Bildung und Titel wie Magister, Doktor, Professor usw. erhalten. Doch welches Wissen ist *rāja-vidyā,* der König der Bildung, das *summum bonum* des Wissens? Die Antwort lautet: Kṛṣṇa-Bewusstsein. Wirkliches Wissen bedeutet, dass wir unsere Identität kennen. Solange wir nicht an den Punkt kommen, zu verstehen, was wir sind, können wir kein wirkliches Wissen erlangen. Als Sanātana Gosvāmī von seinem Posten als Regierungsbeamter zurücktrat und zum ersten Mal Caitanya Mahāprabhu traf, fragte er den Herrn: „Was ist

Bildung?" Sanātana Gosvāmī beherrschte mehrere Sprachen, einschließlich Sanskrit, und fragte trotzdem, was wirkliche Bildung sei. „Die gewöhnlichen Leute nennen mich einen hochgebildeten Mann", sagte Sanātana Gosvāmī, „und ich bin solch ein Dummkopf, dass ich ihnen tatsächlich glaube." Der Herr antwortete: „Warum solltest du nicht denken, dass du eine gute Ausbildung genossen hast? Du bist ein großer Gelehrter des Sanskrits und der persischen Sprache." „Das mag sein", sagte Sanātana Gosvāmī, „aber ich weiß nicht, was ich bin." Dann fuhr er fort: „Ich möchte nicht leiden, doch die materiellen Leiden werden mir aufgezwungen. Ich weiß weder, woher ich gekommen bin, noch, wohin ich gehe, doch die Leute sagen, ich sei gebildet. Wenn sie mich einen großen Gelehrten nennen, bin ich zufrieden, doch in Wirklichkeit bin ich ein so großer Dummkopf, dass ich nicht weiß, was ich bin." Sanātana Gosvāmī sprach eigentlich für uns alle, denn wir befinden uns gegenwärtig in der von ihm beschriebenen Lage. Wir mögen auf unsere akademische Bildung stolz sein, doch wenn man uns fragt, was wir sind, können wir keine Antwort geben. Jeder glaubt, sein Körper sei das Selbst, doch aus den Veden erfahren wir, dass dies nicht stimmt. Erst wenn wir erkannt haben, dass wir nicht unser Körper sind, können wir wahres Wissen erwerben und verstehen, was wir wirklich sind. Diese Erkenntnis stellt den Beginn des Wissens dar.

Rāja-vidyā bedeutet des Weiteren, dass man nicht nur weiß, was man ist, sondern gleichzeitig auch entsprechend dieser Erkenntnis handelt. Wie können wir richtig handeln, wenn wir nicht wissen, wer oder was wir sind? Wenn wir unsere Identität falsch verstehen, werden auch unsere Handlungen in die falsche Richtung gehen. Nur zu wissen, dass wir nicht der materielle Körper sind, reicht nicht aus; wir müssen überzeugt sein, dass wir spirituell sind, und dementsprechend handeln. Handlungen, die auf diesem Wissen gründen – spirituelle Handlungen –, sind Handlungen im Kṛṣṇa-Bewusstsein. Es mag so aussehen, als wäre diese Art von Wissen nicht so leicht zu erlangen, doch Kṛṣṇa und Śrī Caitanya Mahāprabhu haben es uns in Ihrer Barmherzigkeit leicht gemacht, dieses Wissen zu bekommen, indem Sie uns den Vorgang des Chantens des *mahā-mantra* gegeben haben: Hare Kṛṣṇa, Hare Kṛṣṇa, Kṛṣṇa Kṛṣṇa, Hare Hare / Hare Rāma, Hare Rāma, Rāma Rāma, Hare Hare.

Caitanya Mahāprabhu teilte die Lebewesen in zwei Hauptgruppen ein: diejenigen, die sich fortbewegen, und diejenigen, die sich nicht fortbewegen. Bäume, Gräser, Pflanzen, Steine usw. bewegen sich nicht fort, weil ihr Bewusstsein nicht hoch genug entwickelt ist. Sie haben zwar auch Bewusstsein, aber es ist bedeckt. Wenn ein Lebewesen seine Position nicht kennt, ist es wie ein Stein, auch wenn es in einem menschlichen Körper wohnt. Es gibt mehr als 8 000 000 verschiedene Lebensformen – Reptilien, Säugetiere, Insekten, Menschen, Halbgötter usw. –, von denen die Menschen nur einen sehr kleinen Teil darstellen. Śrī Caitanya erklärt des Weiteren, dass von den 400 000 menschlichen Lebensformen einige zivilisiert sind und dass es unter vielen zivilisierten Menschen nur einige wenige gibt, die die Schriften mit Hingabe befolgen.

Heutzutage behaupten die meisten Leute, gläubige Anhänger irgendeiner Religion zu sein – des Christentums, des Hinduismus, des Islams, des Buddhismus usw. –, doch in Wahrheit glauben sie nicht wirklich an die Schriften. Diejenigen, die an die Schriften glauben, sind größtenteils frommen, philanthropischen Handlungen verhaftet. Sie glauben, Religion bedeute *yajña* (Opfer), *dāna* (Mildtätigkeit) und *tapas* (Buße). Jemand, der *tapasya* übt, hält sich freiwillig an äußerst strenge Regeln, wie es beispielsweise die *brahmacārī*-Studenten, die im Zölibat leben, oder die *sannyāsīs* (Menschen im Lebensstand der Entsagung) tun. Mildtätigkeit bedeutet, dass jemand freiwillig seine materiellen Besitztümer fortgibt. Im gegenwärtigen Zeitalter gibt es keine Opferdarbringungen mehr, doch aus historischen Schriften wie dem *Mahābhārata* erfahren wir, dass Könige in alter Zeit Opfer darbrachten, in deren Verlauf sie Rubine, Gold und Silber verschenkten. *Yajñas* waren in erster Linie für Könige bestimmt, während Mildtätigkeit, die in einem viel kleineren Rahmen praktiziert wurde, für die Haushälter bestimmt war. Diejenigen, die tatsächlich an die Schriften glaubten, praktizierten für gewöhnlich diese Vorgänge. Im gegenwärtigen Zeitalter sagen die Leute im Allgemeinen nur, sie gehörten einer Religion an, während sie in Wirklichkeit nichts tun. Unter vielen Millionen von solchen Menschen befinden sich nur sehr wenige, die tatsächlich Mildtätigkeit üben, Opfer darbringen und sich Bußen auferlegen. Caitanya Mahāprabhu erklärt weiter, dass von Millionen solcher Menschen im ganzen Universum, die auf diese Weise nach religiösen Grundsätzen handeln, nur einige wenige vollkommenes Wissen erlangen und verstehen, was sie sind.

Nur zu wissen: „Ich bin nicht dieser Körper, sondern spirituelle Seele" ist nicht genug. Wir müssen aus dieser Verstrickung, die die materielle Natur darstellt, herausgelangen. Das nennt man *mukti* (Befreiung). Von vielen Tausenden von Menschen, die das Selbst erkannt haben, das heißt, die wissen, wer und was sie sind, werden vielleicht nur einer oder zwei tatsächlich befreit werden. Von vielen Tausenden, die Befreiung erlangt haben, werden wiederum vielleicht einer oder zwei verstehen, wer und was Kṛṣṇa ist. Kṛṣṇa zu verstehen ist also keine leichte Sache. Aus diesem Grund hat im gegenwärtigen Zeitalter des Kali, einem Zeitalter, das von Unwissenheit und chaotischen Zuständen gekennzeichnet ist, praktisch niemand eine Chance, Befreiung zu erlangen. Man muss den ganzen beschwerlichen Weg gehen, das heißt zuerst zivilisiert und dann religiös werden, dann Mildtätigkeit üben, Opfer darbringen und zur Ebene des Wissens aufsteigen, sodann muss man zur Stufe der Befreiung kommen, und schließlich, wenn man Befreiung erlangt hat, zu dem Verständnis, was Kṛṣṇa ist. Auf diesen Vorgang wird auch in der *Bhagavad-gītā* hingewiesen:

brahma-bhūtaḥ prasannātmā
na śocati na kāṅkṣati
samaḥ sarveṣu bhūteṣu
mad-bhaktiṁ labhate parām

„Wer auf diese Weise in der Transzendenz verankert ist, erkennt sogleich das Höchste Brahman und wird von Freude erfüllt. Er klagt niemals, noch begehrt er irgendetwas. Er ist jedem Lebewesen gleichgesinnt. In diesem Zustand erreicht er reinen hingebungsvollen Dienst für Mich“ (*Bhagavad-gītā* 18.54).

Das sind die Merkmale eines befreiten Menschen. Das erste Merkmal ist, dass er sehr glücklich ist. Man wird ihn niemals furchtsam oder verdrossen antreffen, und er sagt niemals: „Dies habe ich nicht. Ach, ich muss zusehen, dass ich es irgendwie bekommen kann. Oje, ich muss diese Rechnung bezahlen. Ich muss hierhin gehen, ich muss dorthin gehen.“ Wer befreit ist, hat überhaupt keine Sorgen mehr. Er mag der ärmste Mann auf der Welt sein, doch niemals jammert er oder denkt, er sei arm. Warum sollte er auch denken, er sei arm? Wenn wir meinen, wir seien der materielle Körper und wir seien die Besitzer von Gütern, die zum Körper gehören, dann halten wir uns für arm oder reich, doch jemand, der von der materiellen Lebensauffassung befreit ist, denkt nicht in Begriffen wie „Ich habe Besitz" oder „Mir mangelt es an Besitz". Er denkt: „Ich habe nichts zu verlieren und nichts zu gewinnen. Ich habe mit diesen Dingen nicht das Geringste zu tun." Er betrachtet auch niemand anderen als reich oder arm, gebildet oder ungebildet, schön oder hässlich. Er sieht keine materielle Dualität, denn seine Sicht befindet sich völlig auf der spirituellen Ebene, auf der er sieht, dass jedes Lebewesen ein Teilchen Kṛṣṇas ist. So sieht er alle Lebewesen in ihrer wahren Identität und versucht deshalb, sie zum Kṛṣṇa-Bewusstsein zurückzubringen. Sein Standpunkt ist, dass jeder – ob *brāhmaṇa* oder *śūdra,* ob schwarz oder weiß, ob Hindu, Christ oder etwas anderes – zum Kṛṣṇa-Bewusstsein kommen sollte. Wenn man dieses Bewusstsein entwickelt hat, ist man geeignet, ein reiner Geweihter Kṛṣṇas zu werden *(mad-bhaktiṁ labhate parām).*

Praktisch gesehen, ist dieser Vorgang im Kali-yuga sehr schwer durchzuführen. Im *Śrīmad-Bhāgavatam* werden die Merkmale der Menschen im Kali-yuga beschrieben. Es heißt dort, dass ihre Lebensdauer sehr kurz sei, dass sie dazu neigten, phlegmatisch und träge zu sein und sehr viel zu schlafen, und ansonsten eifrig mit Geldverdienen beschäftigt seien. Sie haben bestenfalls zwei Stunden pro Tag für spirituelle Tätigkeiten übrig. Die Aussicht, dass sie spirituelles Verständnis erlangen werden, ist also nicht sehr groß. Weiter heißt es:

Selbst wenn jemand tatsächlich spirituellen Fortschritt erreichen will, gibt es zahllose pseudospirituelle Gesellschaften, die nur darauf lauern, ihn auszubeuten. Ein weiteres Kennzeichen der Menschen in diesem Zeitalter ist, dass sie unglückselig sind. Es bereitet ihnen größte Schwierigkeiten, die Grundbedürfnisse des Lebens – Essen, Verteidigung, Sexualität und Schlafen – zu erfüllen; Bedürfnisse also, die selbst die Tiere problemlos befriedigen können. Auch wenn es den Menschen des Kali-yuga gelingt, die lebensnotwendigen Dinge zu beschaffen, leben sie trotzdem in ständiger Angst vor einem Krieg. Sie müssen sich entweder gegen Angreifer verteidigen oder selbst in den Krieg ziehen. Darüber hinaus treten im Kali-yuga ständig störende Krankheiten und wirtschaftliche Probleme auf. Aus diesem Grund kam Śrī Kṛṣṇa zu dem Schluss, dass die Menschen in diesem Zeitalter die vollkommene Stufe der Befreiung unmöglich durch das Befolgen der vorgeschriebenen Regeln und Gebote erreichen können.

Daher ist Śrī Kṛṣṇa aus Seiner grundlosen Barmherzigkeit als Caitanya Mahāprabhu erschienen und gab jedem die Möglichkeit, die höchste Vollkommenheit des Lebens und spirituelle Ekstase zu erreichen, indem Er das Chanten von Hare Kṛṣṇa, Hare Kṛṣṇa, Kṛṣṇa Kṛṣṇa, Hare Hare/Hare Rāma, Hare Rāma, Rāma Rāma, Hare Hare verbreitete. Dieser Vorgang des Chantens ist in höchstem Maße praktisch und hängt nicht davon ab, ob man befreit ist oder nicht oder ob man für spirituelles Leben geeignet ist oder nicht; jeder, der sich diesem Vorgang zuwendet, wird sofort gereinigt, weshalb er als *pavitram* (rein) bezeichnet wird. Darüber hinaus werden die samengleichen, schlummernden Reaktionen auf sündhafte Handlungen eines Menschen, der den Vorgang des

Kṛṣṇa-Bewusstseins zu praktizieren beginnt, vollständig ausgelöscht. Genau wie ein Feuer alles, was wir hineinwerfen, in Asche verwandelt, so verwandelt dieser Vorgang alle sündhaften Reaktionen, die aus unseren vergangenen Leben stammen, zu Asche.

Wir müssen verstehen, dass die Ursache unseres Leidens in unseren sündhaften Handlungen zu suchen ist, die wiederum auf unsere Unwissenheit zurückzuführen sind; Sünden, das heißt Verstöße, werden von denen begangen, die nicht wissen, was was ist. Ein naives Kind beispielsweise mag aus Unwissenheit seine Hand ins Feuer halten. Dabei verbrennt es sich sofort, denn das Feuer unterscheidet nicht; es verbrennt jeden ohne Ausnahme, auch ein unschuldiges Kind. In ähnlicher Weise wissen wir nicht, wie die materielle Welt funktioniert und von wem und wie sie gelenkt wird. In unserer Unwissenheit handeln wir töricht, doch die Natur ist so streng, dass sie es nicht zulässt, dass jemand den Reaktionen auf seine Handlungen entgeht. Es spielt keine Rolle, ob wir eine Handlung bewusst oder unbewusst begehen – die Reaktionen und die sich daraus ergebenden Leiden bleiben nicht aus. Wenn wir jedoch Wissen erlangen, können wir verstehen, was die tatsächliche Situation ist, wer Gott ist und was unsere Beziehung zu Ihm ist.

Dieses Wissen, mit dessen Hilfe man vom Leid befreit werden kann, steht einem in der menschlichen Spezies zur Verfügung, nicht aber in tierischen Lebensformen. Überall auf der Welt gibt es Schriften, die in verschiedenen Sprachen verfasst sind; diese Werke sollen uns Wissen geben und den rechten Weg zeigen. Śrī Caitanya Mahāprabhu wies darauf hin, dass die Menschen ihre Beziehung zum Höchsten Herrn seit unvordenklichen Zeiten vergessen haben; deshalb hat Kṛṣṇa so viele Repräsentanten geschickt, die den Menschen die Schriften überbringen sollen. Die Menschheit sollte diese Schriften nutzen, vor allem die *Bhagavad-gītā,* das Schriftwerk, das für die moderne Welt am wichtigsten ist.

2

Wissen jenseits von saṁsāra

Kṛṣṇa erklärt ausdrücklich, dass der Vorgang des Kṛṣṇa-Bewusstseins *su-sukham,* sehr angenehm und einfach zu praktizieren, sei, und es stimmt: Das Praktizieren von hingebungsvollem Dienst bereitet tatsächlich viel Freude; wir singen melodische Lieder zum Klang von Instrumenten, und wer zuhört, verspürt den Drang, mit einzustimmen *(śravaṇaṁ kīrtanam).* Selbstverständlich sollte die Musik in Beziehung zum Höchsten Herrn stehen, das heißt, sie sollte Seiner Verherrlichung dienen. Sich Lesungen aus der *Bhagavad-gītā* anzuhören gehört ebenfalls zum hingebungsvollen Dienst. Man sollte nicht nur lesen und hören, sondern auch begierig sein, das Gehörte im Leben anzuwenden. Kṛṣṇa-Bewusstsein ist eine Wissenschaft, die man nicht blind akzeptieren sollte. Es gibt neun Vorgänge des hingebungsvollen Dienstes, die empfohlen werden (hören, chanten, sich erinnern, verehren, beten, dienen, für den Herrn

Aufträge ausführen, mit dem Herrn Freundschaft schließen und Ihm alles hingeben). Diese Vorgänge sind alle einfach zu praktizieren und sollten voller Freude ausgeführt werden.

Wenn man einwendet, die *Bhagavad-gītā* und das Hare-Kṛṣṇa-Mantra gehörten zur Hindu-Religion, und sie aus diesem Grund nicht nutzen will, braucht man dies selbstverständlich nicht zu tun, aber man kann als Christ ja in die Kirche gehen und dort singen. Zwischen diesem und jenem Vorgang besteht kein Unterschied; entscheidend ist, dass man gottesbewusst werden muss, gleichgültig, welchen Vorgang man wählt. Gott ist weder Muslim noch Hindu, noch Christ; Er ist Gott. Genauso wenig sind wir Hindu, Muslim oder Christ. Dies sind Bezeichnungen des Körpers. Wir sind alle reine spirituelle Wesen, Teilchen des Höchsten. Gott ist *pavitram,* rein, und wir sind ebenfalls rein. Auf irgendeine Weise jedoch sind wir in diesen materiellen Ozean gestürzt und leiden nun, da wir von den Wellen hin und her geschleudert werden. Im Grunde haben wir mit den tosenden Wellen der materiellen Leiden nichts zu schaffen. Wir müssen einfach nur beten: „Kṛṣṇa, bitte zieh mich heraus!" Sobald wir Kṛṣṇa vergessen, kommt der Ozean der Illusion und trägt uns sofort davon. Das Chanten von Hare Kṛṣṇa ist von höchster Wichtigkeit, wenn man aus diesem Ozean entkommen will. Hare Kṛṣṇa, Hare Kṛṣṇa, Kṛṣṇa Kṛṣṇa, Hare Hare / Hare Rāma, Hare Rāma, Rāma Rāma, Hare Hare ist ein Klang *(śabda)*, der von Kṛṣṇa nicht verschieden ist. Der Klang Kṛṣṇa und der wirkliche Kṛṣṇa sind ein und dasselbe. Wenn wir Hare Kṛṣṇa chanten und dazu tanzen, tanzt Kṛṣṇa auch mit. Natürlich kann man sagen: „Nun gut, aber ich sehe Ihn nicht." Doch warum legen wir so viel Wert auf das Sehen? Warum nicht auf das Hören? Sehen, Schmecken, Riechen, Berühren und Hören sind alles Instrumente, um Erfahrungen und Wissen aufzunehmen. Warum betonen wir nur das Sehen so sehr? Ein Gottgeweihter möchte Kṛṣṇa nicht unbedingt sehen; er ist schon zufrieden, wenn er einfach nur über Kṛṣṇa hören kann. Schließlich wird er Kṛṣṇa vielleicht sogar sehen, doch man sollte nicht denken, Hören sei in irgendeiner Hinsicht weniger wichtig. Es gibt Dinge, die wir hören, aber nicht sehen können. Der Wind pfeift an unseren Ohren vorbei – zwar können wir ihn hören, sehen aber können wir ihn nicht. Da die Erfahrung durch Hören nicht weniger wichtig oder wirklich ist als die durch Sehen, können wir Kṛṣṇa hören und Seine Gegenwart durch Klang erkennen. Śrī Kṛṣṇa sagt selbst: „Ich weile nicht in Meinem Reich oder im Herzen des meditierenden Yogi, sondern dort, wo Meine reinen Geweihten singen." Wir können die Gegenwart Kṛṣṇas fühlen, während wir tatsächlich Fortschritt erlangen.

Wir sollten nicht einfach nur von Kṛṣṇa nehmen und Ihm nichts geben. Jeder nimmt etwas von Gott, warum also nicht Ihm auch etwas geben? Wir nehmen von Kṛṣṇa so viel Licht, Luft, Nahrungsmittel, Wasser usw. Würde Kṛṣṇa diese Dinge nicht bereitstellen, könnte niemand leben. Ist es Liebe, ständig immer nur zu nehmen, ohne jemals als Gegenleistung etwas dafür zu geben? Liebe bedeutet nehmen und auch geben. Wenn wir von jemandem nur nehmen und ihm nichts dafür geben, so ist dies nicht Liebe, sondern Ausbeutung. Wir sollten nicht einfach nur immer selbst essen, ohne jemals Kṛṣṇa etwas zu opfern. In der *Bhagavad-gītā* (9.26–27) sagt Kṛṣṇa:

patraṁ puṣpaṁ phalaṁ toyaṁ
yo me bhaktyā prayacchati

tad ahaṁ bhakty-upahṛtam
aśnāmi prayatātmanaḥ

yat karoṣi yad aśnāsi
yaj juhoṣi dadāsi yat
yat tapasyasi kaunteya
tat kuruṣva mad arpaṇam

„Wenn Mir jemand mit Liebe und Hingabe ein Blatt, eine Blume, eine Frucht oder etwas Wasser opfert, werde Ich eine solche Gabe annehmen. Alles, was du tust, alles, was du isst, alles, was du opferst oder fortgibst, sowie alle Entsagung, die du dir auferlegst, solltest du, o Sohn Kuntīs, Mir als Opfer darbringen."

Zusätzlich zum Geben und Annehmen muss man beim Ausführen von hingebungsvollem Dienst Kṛṣṇa allen Kummer und alle vertraulichen Probleme, die man auf dem Herzen hat, anvertrauen. Man sollte sagen: „Kṛṣṇa, ich leide auf diese Weise. Ich bin in den tosenden Ozean der materiellen Illusion gestürzt. Bitte zieh mich heraus. Ich verstehe jetzt, dass ich hier hineingeraten bin, als hätte man mich in den Atlantischen Ozean geworfen. Ich mag mit dem Atlantischen Ozean nichts zu tun haben, aber trotzdem werde ich vom tosenden Wellengang hin und her geschleudert. In Wirklichkeit bin ich ein spiritueller Funke, ein winziges Teilchen von Dir." Wir stürzen uns ins Unglück, indem wir versuchen, uns mit diesem Ozean zu identifizieren und seinen tosenden Wellengang zu glätten. Dieser Versuch ist sinnlos, denn es ist nicht möglich, die Wellen zu beruhigen. Was auch immer man unternimmt, die Wellen werden weiterhin hochschlagen, denn das ist das Gesetz der Natur. Nur die Narren versuchen, sich der materiellen Welt anzupassen; die wirkliche Frage ist, wie man wieder aus dieser Welt herauskommt. Diejenigen, die versuchen, die materielle Welt in einen angenehmen Ort zu verwandeln, und sich Kṛṣṇa niemals zuwenden, werden unaufhörlich im Ozean von Geburt und Tod umhergetrieben.

aśraddadhānāḥ puruṣā
dharmasyāsya paran-tapa
aprāpya māṁ nivartante
mṛtyu-saṁsāra-vartmani

„Diejenigen, die auf dem Pfad des hingebungsvollen Dienstes ohne Glauben sind, können Mich nicht erreichen, o Bezwinger der Feinde. Folglich kehren sie zum Pfad von Geburt und Tod in der materiellen Welt zurück" (*Bhagavad-gītā* 9.3).

Religion bedeutet von der Definition her das, was uns mit Gott verbindet. Was uns nicht mit Gott verbinden kann, ist keine Religion. Religion bedeutet, nach Gott zu suchen, Gott zu verstehen und eine Beziehung zu Ihm herzustellen. Das ist Religion. Da diejenigen, die hingebungsvollen Dienst praktizieren, für Kṛṣṇa, das heißt für Gott, tätig sind und somit eine Verbindung zu Gott haben, ist Kṛṣṇa-Bewusstsein eine Religion.

Man kann sich eine Religion nicht zusammenbasteln. Eine echte Religion muss von autorisierter Stelle kommen, das heißt entweder von Gott oder von Seinem Repräsentanten. Religion wird als das Gesetz Gottes bezeichnet. Kein gewöhnlicher Mensch kann ein staatliches Gesetz erlassen. Die Gesetze existieren bereits und werden vom Staat in Kraft gesetzt. In bestimmten Gemeinschaften mögen Verordnungen erlassen werden, deren Gültigkeit sich nur auf diese Gemeinschaften beschränkt, doch diese Gesetze müssen vom Gesetz des Staates gebilligt sein. Wenn wir also ein religiöses Prinzip einführen wollen, muss dies durch die Autorität der Veden gutgeheißen werden.

Die *Bhagavad-gītā* ist ebenfalls Religion. Große Autoritäten wie Rāmānujācārya, Madhvācārya, Viṣṇusvāmī, Śrī Caitanya, Śaṅkarācārya und viele andere haben die Lehre der *Bhagavad-gītā* als das höchste Prinzip der Religion und Kṛṣṇa als die Höchste Persönlichkeit Gottes anerkannt. Darin sind sich alle einig. Auch im Westen wird die *Bhagavad-gītā* als ein bedeutendes philosophisches Werk anerkannt, das viele große Gelehrte und Philosophen des Abendlandes studiert und kommentiert haben. Obwohl die *Bhagavad-gītā* von den Gelehrten und *ācāryas* anerkannt worden ist, gibt es Menschen, die ihre Lehren nicht akzeptieren und nicht an sie glauben. Sie betrachten die *Bhagavad-gītā* als überhaupt nicht maßgeblich, denn sie halten sie für die sentimentale Übertreibung eines Menschen namens Kṛṣṇa. Aus diesem Grund sagt Kṛṣṇa in dem oben zitierten Vers, dass diejenigen, die die *Bhagavad-gītā* nicht als Autorität anerkennen, keine Beziehung zu Ihm herstellen können und dass sie – weil sie keine Beziehung zu Ihm haben – im Kreislauf von Geburt und Tod bleiben. *Aprāpya māṁ nivartante mṛtyu-saṁsāra vartmani.* Der Umstand, dass man im *saṁsāra,* dem Kreislauf von Geburt und Tod, gefangen ist, garantiert nicht, dass man im nächsten Leben wieder die Möglichkeit bekommen wird, die *Bhagavad-gītā* zu verstehen. Man muss nicht unbedingt wieder als Mensch geboren werden, in Amerika oder Indien, ja vielleicht wird man nicht einmal mehr auf diesem Planeten geboren. Nichts ist sicher; es hängt alles von unserem Handeln ab. Auf dem Pfad von Geburt und Tod werden wir geboren, bleiben eine Zeit lang am Leben, wobei wir genießen oder leiden, und verlassen dann diesen Körper wieder, um anschließend in den Schoß einer anderen Mutter einzugehen. Diese Mutter kann ein Mensch oder ein Tier sein, und in ihrem Leib wird ein neuer Körper vorbereitet, mit dem wir schließlich geboren werden und erneut zu handeln beginnen. Das nennt man *mṛtyu-saṁsāra-vartmani.* Wenn man diesen Pfad vermeiden will, muss man sich dem Kṛṣṇa-Bewusstsein zuwenden.

Als Yudhiṣṭhira Mahārāja gefragt wurde: „Was ist das Erstaunlichste auf der Welt?“, antwortete er: „Das Erstaunlichste ist, dass jeden Tag, jeden Augenblick Menschen sterben, dass aber trotzdem jeder denkt, er selbst werde niemals sterben.“ Jede Minute und jede Sekunde erleben wir, dass Lebewesen den Tod finden: Menschen, Insekten, Tiere, Vögel – niemand bildet eine Ausnahme. Diese Welt wird daher *mṛtyuloka* genannt, der Planet des Todes. Jeden Tag lesen wir Todesanzeigen, und wenn wir uns die Mühe machen, zum Friedhof oder zum Krematorium zu gehen, können wir uns an Ort und Stelle selbst davon überzeugen, ob sie stimmen. Trotzdem denkt jeder: „Auf irgendeine Weise werde ich es schaffen, am Leben zu bleiben.“ Niemand ist vom Gesetz des Todes ausgenommen, aber trotzdem nimmt niemand es ernst. Das ist Illusion. Da wir denken, wir würden für immer leben, tun wir weiterhin das, wozu wir gerade Lust haben, und glauben, wir würden nie für unsere Handlungen zur Verantwortung gezogen werden. Das ist ein sehr riskantes Leben und die dunkelste Form der Illusion. Wir sollten sehr ernsthaft werden und verstehen, dass der Tod auf uns wartet. Wir alle kennen den Ausdruck „todsicher“. Das bedeutet, dass in dieser Welt der Tod das sicherste aller Dinge ist; niemand kann ihm entrinnen. Wenn der Tod kommt, werden uns unsere aufgeblasene Philosophie oder unsere Diplome nichts mehr nützen. Dann werden unser kräftiger und gut gebauter Körper und unsere Intelligenz – die sich jetzt um nichts kümmern – zerstört. Zu dieser Zeit muss das winzige Teilchen, die Seele *(jīvātmā)*, das tun, was ihm die materielle Natur vorschreibt, während *prakṛti* (die Natur) ihm die Art von Körper gibt, die ihm zusteht. Wenn wir dieses Risiko eingehen wollen, können wir Kṛṣṇa aus dem Weg gehen; wenn wir dieses Risiko nicht auf uns nehmen wollen, wird Kṛṣṇa kommen, um uns zu helfen.

3

Wissen über Kṛṣṇas Energien

An dieser Stelle ist die Bemerkung angebracht, dass das 9. Kapitel der *Bhagavad-gītā* besonders für diejenigen bestimmt ist, die Śrī Kṛṣṇa bereits als die Höchste Persönlichkeit Gottes anerkannt haben. Es ist, mit anderen Worten, für die Geweihten Kṛṣṇas bestimmt. Wenn man Śrī Kṛṣṇa nicht als den Höchsten anerkennt, wird man im 9. Kapitel etwas anderes sehen, als es in Wirklichkeit ist. Wie schon am Anfang erwähnt wurde, behandelt das 9. Kapitel die vertraulichste Thematik der gesamten *Bhagavad-gītā*. Wenn man Kṛṣṇa nicht als den Höchsten anerkennt, wird man dieses Kapitel für reine Übertreibung halten. Das betrifft vor allem die Verse, die von Kṛṣṇas Beziehung zu Seiner Schöpfung handeln.

mayā tatam idaṁ sarvaṁ
jagad avyakta-mūrtinā
mat-sthāni sarva-bhūtāni
na cāhaṁ teṣv avasthitaḥ

„Von Mir, in Meiner unmanifestierten Form, wird das gesamte Universum durchdrungen. Alle Wesen sind in Mir, doch Ich bin nicht in ihnen“ (*Bhagavad-gītā* 9.4).

Die Welt, die wir vor uns sehen, ist ebenfalls Kṛṣṇas Energie, Seine *māyā*. In diesem Vers bedeutet *māyā* „von Mir“, in dem Sinn von: „Diese Arbeit ist von Mir getan worden.“ Dieses „von Mir“ bedeutet nicht, dass Er seine Arbeit getan hat und jetzt nicht mehr existiert oder Sich zurückgezogen hat. Wenn ich eine große Fabrik gründe und sage: „Diese Fabrik wurde von mir gegründet“, sollte man auf keinen Fall den Schluss ziehen, dass es mich nicht mehr gibt oder dass ich nicht gegenwärtig bin. Obwohl ein Unternehmer seine Produkte als „meine Erzeugnisse“ bezeichnen mag, bedeutet dies nicht, dass er sie persönlich erzeugt oder hergestellt hat, sondern dass das Produkt durch seine Energie hergestellt wurde. In ähnlicher Weise sollten wir nicht glauben, Kṛṣṇa existiere nicht mehr, wenn Er sagt: „Alles, was du auf der Welt erblickst, wurde von Mir erschaffen.“

Es ist nicht sehr schwierig, Gott überall in der Schöpfung zu sehen, denn Er ist überall gegenwärtig. Genau wie die Arbeiter der Ford-Werke Herrn Ford in jeder Ecke sehen, können diejenigen, die mit der Wissenschaft von Kṛṣṇa vertraut sind, Ihn in jedem Atom der Schöpfung sehen. Alles ruht auf Kṛṣṇa *(mat-sthāni sarva-bhūtāni)*, doch Kṛṣṇa ist nicht in allem *(na cāhaṁ teṣv avasthitaḥ)*. Kṛṣṇa und Seine Energie sind nicht voneinander verschieden, aber trotzdem ist die Energie nicht Kṛṣṇa. Die Sonne und der Sonnenschein sind nicht voneinander verschieden, doch der Sonnenschein ist nicht die Sonne. Wenn die Sonne durch unser Fenster scheint und unser Zimmer mit Sonnenlicht erfüllt, heißt das nicht, dass die Sonne in unserem

Zimmer ist. Im *Viṣṇu Purāṇa* heißt es: *parasya brahmaṇaḥ śaktiḥ. Parasya* bedeutet „höchste“, *brāhmaṇa* bedeutet „Absolute Wahrheit“, und *śaktiḥ* bedeutet „Energie“. Alles ist die Energie des Höchsten Absoluten, doch in dieser Energie kann man Kṛṣṇa nicht finden.

Es gibt zwei Arten von Energie – die materielle und die spirituelle. Die *jīvas,* die individuellen Seelen, gehören zur höheren Energie Kṛṣṇas, doch weil sie dazu neigen, von der materiellen Energie bezaubert zu werden, bezeichnet man sie als die marginale Energie. Im Grunde jedoch gibt es nur zwei Energien. Alle Planetensysteme und Universen ruhen auf den Energien Kṛṣṇas. Genau wie alle Planeten des Sonnensystems im Sonnenlicht ruhen, ruht die gesamte Schöpfung im Licht Kṛṣṇas. Ein Gottgeweihter hat Freude an all diesen Energien des Herrn, doch ein Mensch, der auf Kṛṣṇa neidisch ist, will von ihnen nichts wissen. Als Nichtgottgeweihter denkt man, die Aussagen Kṛṣṇas wären nichts als große Worte, doch ein Gottgeweihter denkt: „Oh, mein Herr ist so mächtig!“, und wird von Liebe und Bewunderung ergriffen. Weil Kṛṣṇa von Sich sagt, dass Er Gott sei, denken Nichtgottgeweihte, sie und alle anderen könnten das Gleiche sagen. Aber wenn man sie bittet, ihre universale Form zu zeigen, sind sie dazu nicht in der Lage. Das ist der Unterschied zwischen einem Pseudogott und dem echten Gott. Kṛṣṇas Spiele können nicht imitiert werden. Kṛṣṇa heiratete über 16 000 Frauen und hat in 16 000 Palästen bestens für sie gesorgt, während ein gewöhnlicher Mensch nicht einmal eine einzige Frau ordentlich versorgen kann. Kṛṣṇa hat also nicht nur viele wunderbare Dinge behauptet – Er vollbrachte auch wunderbare Taten. Wir sollten nicht das eine, was Kṛṣṇa sagt oder tut, glauben und etwas anderes wieder nicht; wenn man Glauben hat, so muss er vorbehaltlos sein.

In diesem Zusammenhang gibt es eine Geschichte von Nārada Muni, der einmal von einem *brāhmaṇa* gefragt wurde: „Oh, du gehst den Herrn besuchen? Kannst du Ihn bitte fragen, wann ich Erlösung erlangen werde?"

„In Ordnung", sagte Nārada, „ich werde ihn fragen."

Daraufhin zog Narada weiter, und unterwegs traf er einen Schuster, der unter einem Baum saß und Schuhe flickte. Der Schuster richtete eine ähnliche Bitte an Nārada: „Oh, du gehst Gott besuchen? Kannst du Ihn bitte fragen, wann ich erlöst werde?"

Als Nārada Muni auf den Vaikuṇṭha-Planeten ankam, erfüllte er die Bitte des *brāhmaṇa* und des Schusters und fragte Nārāyaṇa (Gott), wann die beiden erlöst würden, woraufhin Nārāyaṇa antwortete: „Der Schuster wird hierher zu Mir kommen, wenn er diesen Körper verlassen hat."

„Was ist mit dem *brāhmaṇa?*", fragte Nārada.

„Er wird noch einige Geburten durchmachen müssen. Ich weiß nicht, wann er zu Mir kommen wird."

Nārada Muni war erstaunt und sagte schließlich: „O Herr, Du gibst mir Rätsel auf. Ich kann Deine Aussage nicht verstehen."

„Du wirst schon noch verstehen", sagte Nārāyaṇa. „Wenn sie dich fragen, was Ich in Meinem Reich tue, sage ihnen, dass Ich einen Elefanten durch ein Nadelöhr ziehe."

Als Nārada Muni auf die Erde zurückkehrte und den *brāhmaṇa* aufsuchte, sagte dieser: „Hast du den Herrn getroffen? Was tut Er?" „Er zog gerade einen Elefanten durch ein Nadelöhr", antwortete Nārada.

„Solchen Unsinn glaube ich nicht“, entgegnete darauf der *brāhmaṇa.*

Nārada wurde sofort klar, dass der Mann keinen Glauben hatte und dass er lediglich ein Bücherwurm war.

Daraufhin zog Nārada weiter und begab sich zu dem Schuster, der ihn fragte: „Bist du beim Herrn gewesen? Sag mir, was Er tut.“

„Er war gerade dabei, einen Elefanten durch ein Nadelöhr zu ziehen“, antwortete Nārada.

Daraufhin begann der Schuster zu weinen: „Oh, mein Herr ist so wundervoll, Er kann alles.“

„Glaubst du wirklich, dass der Herr einen Elefanten durch ein Nadelöhr ziehen kann?“, fragte Nārada.

„Warum nicht?“ sagte der Schuster. „Natürlich glaube ich das.“

„Warum?“

„Wie du siehst, sitze ich unter diesem Banyanbaum“, antwortete der Schuster, „und man kann hier jeden Tag viele Früchte zu Boden fallen sehen, die alle viele Samen enthalten. In jedem Samen befindet sich ein Banyanbaum wie dieser hier. Wenn der Herr einen mächtigen Baum wie diesen in einen kleinen Samen stecken kann, warum soll es mir dann schwerfallen, zu akzeptieren, dass der Herr einen Elefanten durch ein Nadelöhr zieht?“

Das nennt man Glauben. Von blindem Glauben kann keine Rede sein. Er ist auf Vernunft gegründet. Wenn Kṛṣṇa einen riesigen Baum in einen kleinen Samen stecken kann, warum sollte Er dann mit Seiner Energie nicht auch dafür sorgen können, dass alle Planetensysteme im All schweben? Ist dies so unglaublich?

Die Wissenschaftler denken vielleicht, die Natur allein sei dafür verantwortlich, dass die Planeten in ihren Bahnen bleiben, doch hinter der Natur steht der Höchste Herr. Die Natur arbeitet unter Seiner Führung. Śrī Kṛṣṇa sagt:

mayādhyakṣeṇa prakṛtiḥ
sūyate sa-carācaram
hetunānena kaunteya
jagad viparivartate

„Die materielle Natur, die eine Meiner Energien ist, ist unter Meiner Führung tätig, o Sohn Kuntīs, und bringt alle sich bewegenden und sich nicht bewegenden Wesen hervor. Nach ihrem Gesetz wird diese Manifestation immer wieder geschaffen und aufgelöst" (*Bhagavad-gītā* 9.10).

Mayādhyakṣeṇa bedeutet „unter Meiner Aufsicht". Die materielle Natur kann solch wunderbare Dinge nur tun, weil die Hand des Herrn dahinter ist. Man kann nicht einmal ein materielles Objekt anführen, das von selbst funktioniert. Materie ist leblos und kann ohne die Berührung spiritueller Energie unmöglich aktiv werden. Materie kann nicht selbstständig oder automatisch handeln. Eine Maschine mag noch so kompliziert und wunderbar gebaut sein, doch wenn sie nicht von einem Menschen berührt wird, kann sie nicht arbeiten. Und was ist dieser Mensch? Er ist ein spiritueller Funke. Nichts kann sich bewegen, wenn es nicht mit spiritueller Energie in Kontakt kommt; deshalb beruht alles auf Kṛṣṇas unpersönlicher Energie. Kṛṣṇas Energie ist unpersönlich, doch Er ist eine Person. Wir hören oft von Menschen, die unglaubliche Taten vollbringen, aber trotz ihrer großen Leistungen immer noch Personen bleiben. Wenn dies Menschen können, warum dann nicht auch der Höchste Herr? Wir alle sind Personen, doch wir sind abhängig von Kṛṣṇa, der Höchsten Person.

Auf Bildern sieht man oft Atlas, einen starken Mann, der einen großen Planeten auf seinen Schultern trägt und sich sehr abmühen muss, um unter der schweren Last nicht zusammenzubrechen. Kṛṣṇa hält das schwere Universum in der Schwebe, und wir denken vielleicht, Er müsse Sich dabei abmühen wie Atlas, doch dem ist nicht so.

na ca mat-sthāni bhūtāni
paśya me yogam aiśvaram
bhūta-bhṛn na ca bhūta-stho
mamātmā bhūta-bhāvanaḥ

„Und dennoch ruht alles Erschaffene nicht in Mir. Sieh nur Meine mystische Größe! Obwohl Ich der Erhalter aller Lebewesen bin und obwohl Ich allgegenwärtig bin, bin Ich nicht ein Teil der kosmischen Manifestation, denn Mein Selbst ist der Ursprung der Schöpfung" (*Bhagavad-gītā* 9.5).

Obwohl alle Wesen im Universum in Kṛṣṇas Energie ruhen, sind sie nicht in Ihm. Kṛṣṇa erhält alle Lebewesen, und während Seine Energie alldurchdringend ist, befindet Er Sich doch an einem anderen Ort. Das ist Kṛṣṇas unbegreifliche mystische Kraft. Er ist überall, aber gleichzeitig ist Er weit entfernt von allem. Wir können Seine Energie wahrnehmen, doch Ihn können wir nicht sehen, denn mit materiellen Augen kann man Ihn nicht wahrnehmen. Wenn wir jedoch unsere spirituellen Eigenschaften entwickeln, heiligen wir unsere Sinne, sodass wir Ihn sogar in dieser Energie sehen können. Elektrizität zum Beispiel ist überall, und ein Elektriker weiß, wie man sie nutzen kann. In ähnlicher Weise ist die Energie des Herrn überall. Wenn man die transzendentale Ebene erreicht, kann man Gott überall von Angesicht zu Angesicht sehen. Diese Spiritualisierung der Sinne ist durch hingebungsvollen Dienst und durch Liebe zu Gott möglich. Der Herr durchdringt das gesamte Universum und befindet Sich in der Seele, im Herzen, im Wasser, in der Luft – überall. Wenn wir ein Abbild Gottes aus Ton, Stein, Holz oder irgendeinem anderen Material schaffen, sollte dieses Bildnis nicht als Puppe angesehen werden. Dieses Bildnis ist ebenfalls Gott. Wenn unsere Hingabe stark genug ist, wird dieses Bildnis auch zu uns sprechen. In Seiner unpersönlichen Form ist Gott überall *(mayā tatam idaṁ sarvam),* doch wenn wir aus irgendeinem Material Seine persönliche Gestalt herstellen oder wenn wir uns Gott im Innern vorstellen, wird Er persönlich für uns gegenwärtig sein. In den *śāstras* gibt es acht Arten von empfohlenen Bildgestalten, und jede Art von Bildnis oder Bildgestalt kann verehrt werden, denn Gott ist überall. Jemand könnte nun Einwände erheben und fragen: „Warum sollte Gott in Bildgestalten verehrt werden und nicht in Seiner echten spirituellen Gestalt?" Die Antwort lautet, dass wir Gott nicht sofort in Seiner spirituellen Gestalt sehen können. Mit unseren materiellen Augen können wir nur Stein, Erde, Holz, das heißt etwas Greifbares, sehen. Deshalb kommt Kṛṣṇa als *arcā-vigraha,* eine Form, die uns der Höchste Herr offenbart, weil sie sich für unsere Augen eignet. Das Ergebnis ist, dass Kṛṣṇa einem Gottgeweihten, der sich auf die Bildgestalt konzentriert und ihr mit Liebe und Hingabe Opferungen darbringt, durch die Bildgestalt antwortet.

Dafür lassen sich viele Beispiele anführen. In Indien gibt es einen Tempel, der Sākṣi-Gopāla heißt (Kṛṣṇa wird häufig

Gopāla genannt). Die Gopāla-*mūrti* (Bildgestalt) stand einst in einem Tempel in Vṛndāvana. Einmal pilgerten zwei *brāhmaṇas,* ein alter und ein junger, nach Vṛndāvana. Die Reise war lang, und in jenen Tagen gab es keine Eisenbahnen, weshalb Reisende viele Strapazen aushalten mussten. Der alte Mann fühlte sich dem jungen sehr zu Dank verpflichtet, weil dieser ihm die Reise erträglicher gemacht hatte. Als sie in Vṛndāvana ankamen, sagte er zu ihm: „Mein lieber Junge, du hast mir einen großen Dienst erwiesen, weswegen ich dir sehr zu Dank verpflichtet bin. Ich würde mich gerne dafür erkenntlich zeigen und möchte dir irgendeine Belohnung geben."

„Mein lieber Herr", sagte der junge *brāhmaṇa,* „du bist ein alter Mann, genau wie mein Vater. Es ist meine Pflicht, dir zu dienen. Du brauchst mir keine Belohnung zu geben."

„Nein, ich bin dir zu Dank verpflichtet und muss dir deinen Dienst vergelten." Der alte Mann beharrte auf seinem Vorhaben und versprach dem jungen Mann schließlich, er werde ihm seine Tochter zur Frau geben.

Der alte Mann war sehr reich, während der junge kaum etwas besaß, obwohl er ein gelehrter *brāhmaṇa* war. In Anbetracht dieses Umstandes sagte der junge Mann: „Gib mir ein anderes Versprechen, denn deine Familie wird niemals damit einverstanden sein. Ich bin ein armer Mann, während du dem Adel angehörst; diese Heirat wird niemals zustande kommen. Lege nicht solch ein Versprechen vor der Bildgestalt ab."

Das Gespräch fand im Tempel vor der Bildgestalt Gopāla-Kṛṣṇas statt, und der junge Mann war ängstlich darauf bedacht, sich keines Vergehens gegen die Bildgestalt schuldig zu machen. Dennoch, trotz aller Einwände des jungen *brāhmaṇa,* bestand der alte Mann auf der Heirat. Die beiden blieben eine Zeit lang in Vṛndāvana, und als sie im Anschluss daran nach Hause zurückkehrten, teilte der alte Mann seinem ältesten Sohn mit, dass seine jüngere Schwester mit dem armen *brāhmaṇa*-Jüngling verheiratet werden sollte. Daraufhin wurde der älteste Sohn sehr zornig. „Was um alles in der Welt hat dich veranlasst, diesen Almosenempfänger als Ehemann für meine Schwester auszusuchen? Das kommt gar nicht in Frage!"

Da kam auch noch die Frau des alten Mannes dazu und sagte: „Wenn du unsere Tochter diesem Jungen zur Frau gibst, nehme ich mir das Leben."

Schließlich wusste der alte Mann nicht mehr, was er tun sollte. Nach einiger Zeit wurde der junge *brāhmaṇa* sehr besorgt. „Er hat mir versprochen, er werde mir seine Tochter zur Frau geben, und er hat dieses Versprechen vor der Bildgestalt abgelegt. Jetzt versäumt er es, sein Versprechen zu erfüllen." Daraufhin stattete er dem alten Mann einen Besuch ab, um ihn an sein Versprechen zu erinnern.

„Du hast vor Śrī Kṛṣṇa dein Wort gegeben", sagte der Jüngling, „und nun hältst du dieses Versprechen nicht. Aus welchem Grund?"

Der alte Mann schwieg. Er begann zu Kṛṣṇa zu beten, denn er war verwirrt. Er wollte seine Tochter nicht mit dem Jüngling verheiraten, da dies zu Streitereien in der Familie geführt hätte. In der Zwischenzeit kam der älteste Sohn aus dem Haus und beschuldigte den jungen *brāhmaṇa* mit harten Worten: „Du hast meinen Vater am Pilgerort ausgeraubt. Du hast ihm irgendein Rauschmittel gegeben und ihm alles Geld gestohlen. Jetzt behauptest du, er habe dir die Hand meiner jüngsten Schwester versprochen. Du Schurke!"

So gab es ein lautes Geschrei, woraufhin sich immer mehr

Leute versammelten. Der Jüngling begriff, dass der alte Mann prinzipiell immer noch bereit war, sein Versprechen einzulösen, dass seine Familie es ihm aber erschwerte. Das Geschrei, das der älteste Sohn erhoben hatte, lockte viele Menschen an. Der junge *brāhmaṇa* begann, ihnen nun zu erklären, dass der alte Mann vor der Bildgestalt sein Wort gegeben habe, dass er es aber nicht halten könne, weil seine Familie ihn daran hinderte. Der älteste Sohn, der ein Atheist war, unterbrach den jungen *brāhmaṇa* mitten im Satz und sagte: „Du sagst, der Herr sei Zeuge gewesen. Nun gut, wenn Er hierher kommt und bezeugt, dass mein Vater dieses Versprechen abgelegt hat, kannst du meine Schwester heiraten."

Der junge *brāhmaṇa* antwortete: „Ja, ich werde Kṛṣṇa bitten, als Zeuge aufzutreten." Er war zuversichtlich, dass Gott kommen würde. Daraufhin wurde in der Anwesenheit aller Dorfbewohner vereinbart, dass der junge *brāhmaṇa* das Mädchen heiraten könne, wenn Kṛṣṇa aus Vṛndāvana kommen und das Versprechen bezeugen würde.

Der junge *brāhmaṇa* kehrte nach Vṛndāvana zurück und betete zu Gopāla-Kṛṣṇa: „Lieber Herr, Du musst mit mir kommen." Er war ein Gottgeweihter mit solch unerschütterlichem Glauben, dass er zu Kṛṣṇa sprach, als redete er mit einem Freund. Er dachte nicht, Gopāla sei nur eine Statue oder ein Götzenbild, sondern er betrachtete Ihn als Gott selbst. Plötzlich gab ihm die Bildgestalt Antwort: „Wie kommst du auf die Idee, dass Ich mit dir gehen kann? Ich bin eine Statue. Ich kann nicht gehen."

„Wenn eine Statue sprechen kann, dann kann sie auch gehen", antwortete der junge *brāhmaṇa.*

„Also gut", sagte die Bildgestalt schließlich, „Ich werde mit dir gehen, aber nur unter einer Bedingung. Du darfst dich auf keinen Fall umdrehen und Mich ansehen. Ich werde hinter dir hergehen, und am Klingeln Meiner Fußglöckchen wirst du erkennen, dass Ich immer noch hinter dir bin."

Der junge *brāhmaṇa* war einverstanden, und so verließen sie Vṛndāvana und begaben sich auf den Weg in die andere Stadt. Als sie das Ziel ihrer Reise beinahe erreicht hatten – sie waren gerade kurz vor seiner Heimatstadt –, hörte der junge *brāhmaṇa* plötzlich die Fußglöckchen nicht mehr. Er begann sich zu sorgen: „Oh, wo ist Kṛṣṇa?" Er konnte sich nicht mehr zurückhalten und schaute sich um. Da sah er die Statue bewegungslos hinter sich stehen. Weil er zurückgeschaut hatte, ging sie nicht weiter. Er rannte sofort in die Stadt und forderte die Leute auf, mitzukommen und Kṛṣṇa zu sehen, der als Zeuge gekommen sei. Jedermann war erstaunt, dass eine derart große Statue von so weit hergekommen war, und sie erbauten an der Stelle zu Ehren der Bildgestalt einen Tempel, in dem Sākṣi-Gopāla, der Herr als Zeuge, heute noch verehrt wird.

Deshalb sollte man schlussfolgern, dass Gott auch in Seiner Statue, in Seinem Bildnis, gegenwärtig ist, denn Er ist überall. Wenn Kṛṣṇa überall ist, was selbst die Unpersönlichkeitsanhänger zugeben, warum ist Er dann nicht auch in Seiner Bildgestalt? Ob eine Bildgestalt, eine Statue Gottes, zu uns spricht, ist vom Grad unserer Hingabe abhängig. Doch wenn wir es vorziehen, die Bildgestalt als ein bloßes Stück Holz oder einen Stein zu sehen, wird Kṛṣṇa immer Holz oder Stein für uns bleiben. Kṛṣṇa ist überall, doch wenn wir im spirituellen Bewusstsein Fortschritt machen, können wir beginnen, Ihn so zu sehen, wie Er ist. Wenn wir einen Brief in einen Briefkasten werfen, wird er an seinen Bestimmungsort gelangen, weil der Briefkasten von autorisierter Hand aufgestellt worden ist. Ebenso wird unser Glaube eine Wirkung haben, wenn wir ein autorisiertes Bildnis Gottes verehren. Wenn wir bereit sind, die verschiedenen Regeln und Vorschriften zu befolgen – das heißt, wenn wir uns qualifizieren –, ist es möglich, Gott immer und überall zu sehen. Wenn ein Gottgeweihter anwesend ist, wird Sich Kṛṣṇa mittels Seiner allgegenwärtigen Energien dort zeigen, wo auch immer es sein mag, doch wenn Sein Geweihter nicht anwesend ist, wird Er nicht erscheinen. Dafür gibt es viele Beispiele. Prahlāda Mahārāja sah Kṛṣṇa in einer Säule. Es gibt noch viele andere Beispiele. Kṛṣṇa ist immer gegenwärtig, und wir müssen nur lernen, Ihn zu sehen.

Kṛṣṇa selbst erläutert Seine Allgegenwart anhand eines Vergleiches folgendermaßen:

yathākāśa sthito nityaṁ
vāyuḥ sarvatra-go mahān
tathā sarvāṇi bhūtāni
mat-sthānīty upadhāraya

„Wisse, wie der mächtige Wind, der überall weht, sich immer innerhalb des Himmels befindet, befinden sich alle erschaffenen Wesen in Mir“ (*Bhagavad-gītā* 9.6).

Jedermann weiß, dass der Wind in der Atmosphäre weht, und auf der Erde weht er überall. Wenn wir einen luftleeren Raum schaffen wollen, müssen wir mithilfe einer Maschine künstlich ein Vakuum schaffen. Genau wie die Luft überall im Raum weht, so existiert alles in Kṛṣṇa. Wenn dies der Fall ist, wohin geht dann die materielle Schöpfung, wenn sie vernichtet wird?

sarva-bhūtāni kaunteya
prakṛtiṁ yānti māmikām
kalpa-kṣaye punas tāni
kalpādau visṛjāmy aham

„O Sohn Kuntīs, am Ende des Zeitalters gehen alle materiellen Manifestationen in Meine Natur ein, und am Anfang des nächsten Zeitalters erschaffe Ich sie durch Meine Kraft erneut" (*Bhagavad-gītā* 9.7).

Kṛṣṇa setzt Seine Natur *(prakṛti)* in Bewegung, wie man eine Uhr aufzieht. Wenn die Zeit der Natur abgelaufen ist, geht sie in den Herrn ein. Die spirituelle Schöpfung dagegen ist anders, denn sie ist ewig. In der materiellen Schöpfung ist alles vergänglich. Genau wie sich unser Körper aufgrund des spirituellen Funkens, der sich darin befindet, entwickelt, so entsteht, entwickelt und vergeht die ganze Schöpfung aufgrund des Herrn, der Sich in ihr befindet. Genau wie sich die spirituelle Seele in unserem Körper befindet, so befindet Sich der Herr im Universum als Paramātmā. Aufgrund der Gegenwart Kṣīrodakaśāyī Viṣṇus existiert die materielle Schöpfung, genau wie aufgrund unserer Gegenwart unser Körper existiert. Manchmal manifestiert Kṛṣṇa die materielle Schöpfung und manchmal nicht. In beiden Fällen existiert sie, weil Er gegenwärtig ist.

4

Wissen, das von den mahātmās übermittelt wird

Die *mahātmās,* die großen Seelen, die immer damit beschäftigt sind, Kṛṣṇa zu verehren, nehmen die Gegenwart Kṛṣṇas in allen Aspekten der Schöpfung wahr. Wie Kṛṣṇa selbst sagt, sind diese großen Seelen mit dem vertraulichen Wissen, das man im 9. Kapitel der *Bhagavad-gītā* findet, vertraut, und sie wissen, dass Kṛṣṇa der Ursprung aller Dinge ist.

mahātmānas tu māṁ pārtha
daivīṁ prakṛtim āśritāḥ
bhajanty ananya-manaso
jñātvā bhūtādim avyayam

„O Sohn Pṛthās, diejenigen, die nicht verblendet sind, die großen Seelen, stehen unter dem Schutz der göttlichen Natur. Sie sind vollständig im hingebungsvollen Dienst beschäftigt, da sie Mich als die Höchste Persönlichkeit Gottes kennen, die ursprünglich und unerschöpflich ist“ (*Bhagavad-gītā* 9.13).

Die großen Seelen haben zweifelsfreie Gewissheit darüber, dass Kṛṣṇa die Höchste Persönlichkeit Gottes und der Ursprung aller Emanationen ist. Im *Vedānta-sūtra* heißt es: *athāto brahma-jijñāsā.* Das menschliche Leben ist dafür bestimmt, durch Fragenstellen herauszufinden, was das Brahman ist. Gegenwärtig geben wir uns alle mit zeitweiligen, unbedeutenden Dingen ab. Brahman bedeutet das Größte, doch statt uns mit dem Größten zu befassen, haben wir uns in dem Versuch verfangen, die tierischen Probleme – Essen, Schlafen, Verteidigung und Sexualität – zu lösen. Diese kleinen Probleme lösen sich von selbst. Sogar die Tiere genießen Sexualität, Schlafen, Essen und Verteidigung. Es ist für alle gesorgt. Diese Bedürfnisse des Körpers sind keine echten Probleme, doch wir haben sie zu Problemen gemacht. Das *Vedānta-sūtra* rät, man solle sich über die Erfüllung dieser Bedürfnisse nicht den Kopf zerbrechen, denn dafür ist in jeder Lebensform gesorgt. Vielmehr sollten wir versuchen, herauszufinden, was der Ursprung all dieser Manifestationen ist. Die menschliche Lebensform ist nicht dafür bestimmt, sich mit der Lösung materieller Probleme abzumühen, die selbst ein Schwein, ein Kotfresser, lösen kann. Das Schwein gilt als das niedrigste Tier, aber trotzdem hat es genug zu fressen, es hat die Möglichkeit, sich zu vermehren, es hat einen Platz zum Schlafen und kann sich verteidigen. Selbst wenn wir uns nicht um diese Dinge bemühen, werden wir sie bekommen. Statt um dieser Dinge willen Anstrengungen zu unternehmen, sollte der Mensch herausfinden, wo sie herkommen, was ihr Ursprung ist. Im *Vedānta-sūtra* heißt es, dass das Brahman dasjenige ist, von dem alles ausgeht *(janmādy asya yataḥ)*. Die Philosophen, die Wissenschaftler, die Yogis, die *jñānīs* und die Transzendentalisten – sie alle versuchen herauszufinden, was die Quelle ist, von der letztlich alles kommt. Die *Brahma-saṁhitā* gibt uns Auskunft über diese Quelle: *sarva-kāraṇa-kāraṇam* – Kṛṣṇa ist die Ursache aller Ursachen.

Wie verhalten sich die großen Seelen, die verstehen, dass Kṛṣṇa der Ursprung aller Dinge ist? Kṛṣṇa selbst beschreibt sie folgendermaßen:

satataṁ kīrtayanto māṁ
yatantaś ca dṛḍha-vratāḥ
namasyantaś ca māṁ bhaktyā
nitya-yuktā upāsate

„Ohne Unterlass preisen sie Meine Herrlichkeit, bemühen sich mit großer Entschlossenheit und verneigen sich vor Mir. So verehren Mich die großen Seelen unaufhörlich mit Hingabe" (*Bhagavad-gītā* 9.14).

Das Lobpreisen, von dem hier die Rede ist, ist der *bhakti-yoga*-Vorgang, das Chanten von Hare Kṛṣṇa. Die großen Seelen verstehen das Wesen Gottes, Sein Erscheinen und Seine Mission und lobpreisen Ihn daher auf vielerlei Weise, doch es gibt auch noch andere, die nichts von Ihm wissen wollen. Kṛṣṇa erwähnt auch diese Menschen im 9. Kapitel:

avajānanti māṁ mūḍhā
mānuṣīṁ tanum āśritam
paraṁ bhāvam ajānanto
mama bhūta-maheśvaram

„Toren verspotten Mich, wenn Ich in der menschlichen Gestalt herabsteige. Sie wissen nicht, dass Ich, als der Höchste

Herr über alles Existierende, von transzendentalem Wesen bin" (*Bhagavad-gītā* 9.11).

Die *mūḍhas,* die törichten Menschen, die niedriger sind als die Tiere, verspotten Ihn. Jeder, der nicht an Gott glaubt, muss entweder ein Verrückter oder ein großer Narr sein. Es gibt keinen Grund, nicht an Gott zu glauben, und alles spricht dafür, an Ihn zu glauben. Der Mensch mag sagen, er glaube nicht an Gott, doch wer gibt ihm die Fähigkeit, dies zu sagen? Wenn der Tod kommt, kann man nicht mehr sprechen – wer gibt einem also die Fähigkeit zu sprechen? Hat sich diese Fähigkeit von selbst aus Stein entwickelt? Sobald einem die höchste Autorität die Fähigkeit zu sprechen entzieht, ist der Körper nicht besser als ein Stein. Schon allein der Umstand, dass wir sprechen können, ist der Beweis, dass eine höchste Macht existiert, die uns alles gibt. Ein Kṛṣṇa-bewusster Mensch weiß, dass nichts von dem, was er besitzt, unter seiner Kontrolle steht. Wenn wir nicht an Gott glauben, müssen wir an irgendeine Macht glauben, die höher ist als wir und die uns auf Schritt und Tritt kontrolliert, nenne man sie nun Gott oder Natur oder sonst irgendwie. Es gibt eine kontrollierende Macht im Universum, was kein vernünftiger Mensch abstreiten kann.

Kṛṣṇa erschien auf dieser Erde und sah genau wie ein Mensch mit übernatürlichen Kräften aus, doch selbst damals waren sich 99 Prozent der Menschen nicht darüber bewusst, dass Er Gott ist. Sie konnten Ihn nicht erkennen, denn sie hatten nicht die erforderlichen Augen *(paraṁ bhāvam ajānantaḥ).* Wie kann man Gott erkennen? Man kann Ihn an Seinen übernatürlichen Kräften erkennen, mithilfe der bestätigenden Aussagen von Autoritäten und mithilfe der bestätigenden Aussagen der Schriften. Alle vedischen Autoritäten haben Kṛṣṇa als

Gott anerkannt. Als Er auf der Erde weilte, vollbrachte Er übermenschliche Taten. Wenn jemand dies nicht glaubt, kann man den Schluss ziehen, dass er niemals glauben wird, auch wenn man noch so viele schlüssige Beweise erbringt.

Dazu kommt noch, dass man die richtigen Augen haben muss, um Gott sehen zu können. Man kann Gott nicht mit materiellen Sinnen sehen, weshalb *bhakti-yoga* ein Vorgang ist, der die Sinne reinigt, sodass man schließlich verstehen kann, wer und was Gott ist. Wir können sehen, hören, fühlen, schmecken usw., doch weil diese Sinne abgestumpft sind, können wir Gott nicht verstehen. Der Vorgang des Kṛṣṇa-Bewusstseins ist die Schulung dieser Sinne durch das Befolgen regulierender Prinzipien, vor allem durch das Chanten von Hare Kṛṣṇa.

Śrī Kṛṣṇa sagt noch mehr über die *mūḍhas.*

moghāśā mogha-karmāṇo
mogha-jñānā vicetasaḥ
rākṣasīm āsurīṁ caiva
prakṛtiṁ mohinīṁ śritāḥ

„Diejenigen, die solcher Täuschung unterliegen, fühlen sich zu dämonischen und atheistischen Auffassungen hingezogen. In diesem verblendeten Zustand werden all ihre Hoffnungen auf Befreiung, all ihre fruchtbringenden Handlungen und all ihre Bemühungen um Wissen zunichte gemacht“ (*Bhagavad-gītā* 9.12).

Das Wort *moghāśa* drückt aus, dass die Hoffnungen der Atheisten niemals in Erfüllung gehen. Die *karmīs,* das heißt diejenigen, die mit materiellen Motiven arbeiten, hoffen immer, in der Zukunft etwas zu bekommen, womit sie ihre Sinne besser befriedigen können. Sie sind unersättlich. Sie versuchen ihr

Bankkonto zu vergrößern und hoffen, an einem gewissen Punkt glücklich zu werden, doch dieser Punkt kommt nie, denn sie wissen nicht, wo wirkliche Befriedigung zu finden ist. Diejenigen, die sich von den Verlockungen der verblendenden Energie bezaubern lassen, können das höchste Ziel des Lebens nicht verstehen. Das Wort *mogha-karmāṇaḥ* bedeutet, dass sie sehr hart arbeiten, dass ihr Lohn am Ende aber nur Frustration sein wird. Wenn wir nicht im Kṛṣṇa-Bewusstsein verankert sind, werden alle unsere Unternehmungen am Ende fehlschlagen.

Das ist nicht das Urteil eines gewöhnlichen Menschen, sondern das Urteil Śrī Kṛṣṇas selbst. Wenn wir nach Wissen suchen, sollten wir Forschungen anstellen, um herauszufinden, ob Kṛṣṇa nicht Gott ist. Welchen Sinn hat es, für Tausende von Jahren zu spekulieren, wenn man nicht weiß, was das Ziel ist? Der Höchste Herr ist so unermesslich, dass man Ihn mithilfe von mentaler Spekulation nicht ergründen kann. Wir mögen für Millionen von Jahren mit der Geschwindigkeit des Geistes und des Windes dahinreisen, aber trotzdem ist es nicht möglich, den Höchsten durch Spekulation zu erreichen. Es ist kein einziger Fall eines Menschen bekannt, der die Höchste Absolute Wahrheit mithilfe seiner eigenen mentalen Spekulation erreicht hat. Deshalb wird das Wort *mogha-jñānāḥ* gebraucht, was bedeutet, dass die Aneignung von weltlichem Wissen verwirrend ist. Wenn die Sonne untergegangen ist, können wir sie unmöglich wieder zum Aufgehen bringen. Wir müssen warten, bis sie sich am Morgen beim Sonnenaufgang zeigt. Wenn es schon nicht möglich ist, mit unseren begrenzten Sinnen etwas Materielles wie die Sonne wahrzunehmen, wie kann es dann möglich sein, das Nichtmaterielle wahrzunehmen? Wir können Kṛṣṇa nicht aus eigener Kraft entdecken oder verstehen. Wir müssen uns durch Kṛṣṇa-Bewusstsein qualifizieren und darauf warten, dass Er Sich uns offenbart.

teṣāṁ satata-yuktānāṁ
bhajatāṁ prīti-pūrvakam
dadāmi buddhi-yogaṁ taṁ
yena mām upayānti te

„Denjenigen, die Mir ständig hingegeben sind und Mir mit Liebe dienen, gebe Ich das Verständnis, durch das sie zu Mir gelangen können" (*Bhagavad-gītā* 10.10).

Kṛṣṇa ist in uns, doch aufgrund unserer materiellen Bedingtheit sind wir uns dieser Tatsache nicht bewusst. Diejenigen, die das Wesen von bösen Geistern und Dämonen haben *(rākṣasīm āsurīm),* denken, das materielle Leben sei das ein und alles und der Sinn des menschlichen Lebens bestehe darin, so viel Genuss wie möglich aus Materie herauszupressen. Sie pressen und pressen, doch ihre Erwartungen werden ständig enttäuscht. Die materielle Natur auszupressen ist nicht das richtige Verfahren, um wirklichen Genuss zu finden. Wenn wir nach wahrem Genuss suchen, müssen wir uns dem Kṛṣṇa-Bewusstsein zuwenden. Alles Glück in der materiellen Welt hat einen Anfang und ein Ende, doch das Glück im Kṛṣṇa-Bewusstsein ist unbegrenzt und hört nie auf. Um dieses Glück zu bekommen, müssen wir einfach nur ein wenig Zeit opfern und Hare Kṛṣṇa chanten. In früheren Zeitaltern pflegten die großen Weisen und Halbgötter ihr ganzes Leben der Erkenntnis des Höchsten zu widmen, und trotzdem hatten sie manchmal keinen Erfolg. Für dieses Zeitalter hat Caitanya Mahāprabhu einen einfachen Vorgang zur Gotteserkenntnis gegeben. Alles, was nötig ist, ist aufmerksames Zuhören. Wir müssen zuhören, wenn die *Bhagavad-gītā* vorgetragen wird, und wir müssen die Namen Kṛṣṇas chanten und sie sorgfältig hören. Wir sollten nicht hochmütig sein und uns einbilden, wir wüssten viel oder seien sehr gelehrt. Wir müssen nur ein wenig demütig und bescheiden werden, dann können wir die Botschaften Kṛṣṇas aufnehmen.

Zurzeit sind die *rākṣasas* die Herren der Welt. *Rākṣasas* sind Menschenfresser, die um der Befriedigung ihrer Sinne willen ihre eigenen Söhne verschlingen. Die *rākṣasas* haben große Regime aufgebaut und befriedigen nun auf Kosten zahlloser Menschen ihre Sinne, doch sie erkennen nicht, dass es ihnen so niemals gelingen wird, ihren Sinnen Befriedigung zu verschaffen. Die *rākṣasas* kümmern sich nicht um diese Tatsache und sind zu allem fähig, um ihre launischen Wünsche zu erfüllen. Es ist für sie sehr schwierig, die wahre Situation zu verstehen, denn sie sind zu stark in das materielle Leben verliebt. Wer aber kann dann die wahre Situation verstehen? Die *mahātmās,* „diejenigen, deren Herz groß geworden ist", haben erkannt: „Alles gehört Gott, und auch ich bin das Eigentum Gottes."

Solche *mahātmās* stehen nicht unter der Gewalt der materiellen Natur *(mahātmānas tu māṁ pārtha daivīṁ prakṛtim āśritāḥ).* Gott ist groß, und das Herz des *mahātmā* wird dadurch, dass er dem Großen dient, ebenfalls groß. *Mahātmā* ist nicht ein Titel für einen politischen Führer. Man kann nicht zum *mahātmā* gewählt werden. Was einen *mahātmā* ausmacht, erfahren wir in der *Bhagavad-gītā:* Ein *mahātmā* ist derjenige, der bei der höheren Energie des Herrn Zuflucht gesucht hat. Natürlich gehören alle Energien Ihm, und aus Seiner Sicht gibt es zwischen spiritueller Energie und materieller Energie keinen Unterschied, doch vom Standpunkt der bedingten Seele aus, die sich zwischen der materiellen Energie und der spirituellen

Energie befindet – also im Einflussbereich beider Energien –, besteht sehr wohl ein Unterschied. Die *mahātmās* sind sich dieses Unterschiedes bewusst und begeben sich daher unter den Schutz der spirituellen Energie *(daivīṁ prakṛtim)*.

Dadurch, dass die *mahātmās* dem Großen dienen, werden sie ebenfalls groß, indem sie sich mit der höheren Energie identifizieren. *Ahaṁ brahmāsmi:* „Ich bin Brahman – ich bin spirituell." Das bedeutet nicht, dass sie hochmütig werden und sich für Gott halten – nein, wenn man Brahman wird, muss man auch auf der Brahman-Ebene handeln. Spirituelle Energie ist aktiv, und Brahman zu werden, führt nicht zur Untätigkeit. Das Brahman ist spirituelle Energie, während der materielle Körper nur deshalb aktiv ist, weil sich das Brahman in ihm befindet. Wenn wir trotz unseres Kontaktes mit der materiellen Energie aktiv sind, warum sollten wir dann aufhören, aktiv zu sein, wenn wir von der materiellen Verschmutzung gereinigt werden und in unserer wahren Identität als reines Brahman verankert sind? Zu erkennen „Ich bin Brahman" bedeutet, spirituelle Tätigkeiten auszuführen, denn wir sind spirituell und führen Tätigkeiten aus, obwohl wir von Materie verunreinigt sind. Brahman zu werden bedeutet nicht, ausgelöscht zu werden, sondern sich in der höheren Natur, das heißt in der höheren Energie und in höheren Tätigkeiten, zu verankern. Brahman zu werden bedeutet, dem Herrn mit ganzer Kraft hingebungsvollen Dienst darzubringen. Der *mahātmā* versteht: Wenn irgendjemandem gedient werden soll, dann Kṛṣṇa, und niemand anderem. Wir haben so lange unseren Sinnen gedient; jetzt sollten wir Kṛṣṇa dienen.

Es kann keine Rede davon sein, nicht mehr zu dienen, denn wir sind dazu bestimmt zu dienen. Gibt es jemanden, der nicht dient? Wenn wir den Präsidenten fragen, wem er dient, wird er uns sagen, dass er dem Land dient. Niemand ist vom Dienen ausgeschlossen. Wir können nicht aufhören zu dienen, sondern wir müssen unseren Dienst von der Illusion wieder auf die Realität richten. Wenn wir dies tun, werden wir zu einem *mahātmā*.

Der Vorgang des *kīrtana (kīrtayantaḥ),* den Herrn unablässig zu lobpreisen, ist der Beginn des *mahātmā.* Śrī Caitanya Mahāprabhu hat diesen Vorgang vereinfacht, indem Er der Menschheit das Chanten des *mahā-mantra* schenkte: Hare Kṛṣṇa, Hare Kṛṣṇa, Kṛṣṇa Kṛṣṇa, Hare Hare/Hare Rāma, Hare Rāma, Rāma Rāma, Hare Hare. Es gibt neun verschiedene Vorgänge des hingebungsvollen Dienstes, von denen *śravaṇaṁ kīrtanam,* Hören und Chanten, die wichtigsten sind. *Kīrtanam* bedeutet im eigentlichen Sinne des Wortes „beschreiben". Beschreiben kann man mit Musik, mit Worten, mit Bildern usw. *Śravaṇam* geht Hand in Hand mit *kīrtanam,* denn wenn wir nicht zuhören, können wir nicht beschreiben. Es sind keine materiellen Qualifikationen nötig, um den Höchsten zu erreichen. Wir brauchen lediglich von Autoritäten zu hören und das Gehörte genau zu wiederholen.

Früher hörte der Student die Veden aus dem Mund des spirituellen Meisters, weshalb die Veden als *śruti* bezeichnet wurden, als „das, was gehört wird". In der *Bhagavad-gītā* zum Beispiel lesen wir, dass Arjuna Kṛṣṇa auf dem Schlachtfeld zuhört. Er ist nicht damit beschäftigt, die *Vedānta*-Philosophie zu studieren. Wir können an jedem Ort von der höchsten Autorität hören, selbst auf dem Schlachtfeld. Das Wissen wird empfangen, nicht erfunden. Einige Leute denken: „Warum sollte ich Ihm zuhören? Ich kann selbst denken. Ich kann mir irgendetwas Neues ausdenken.“ Das ist nicht der vedische Vorgang des Wissens, das herabgereicht wird. Aufsteigendes Wissen bedeutet, dass man sich aus eigener Kraft zu erheben versucht, doch herabgereichtes Wissen bedeutet, dass man Wissen von einer höheren Quelle empfängt. In der vedischen Tradition ist es üblich, dass der Student das Wissen vom spirituellen Meister bekommt. So wurde zum Beispiel das Wissen der *Bhagavad-gītā* auf diese Weise weitergegeben *(evaṁ paramparā-prāptam imaṁ rājarṣayo viduḥ)*. Ergebenes Zuhören ist derart mächtig, dass man allein dadurch, dass man echten Autoritäten zuhört, die höchste Vollkommenheit erlangen kann. Während wir uns ergeben, werden wir uns unserer eigenen Unvollkommenheiten bewusst. Solange wir bedingt sind, sind wir vier Arten von Unvollkommenheiten unterworfen: Wir begehen mit Sicherheit Fehler, unterliegen der Täuschung, haben unvollkommene Sinne und betrügen. Der Versuch, die Absolute Wahrheit mit unseren mit Mängeln behafteten Sinnen und mit unserer fehlerhaften Wahrnehmung zu verstehen, ist sinnlos. Wir müssen einem Repräsentanten Kṛṣṇas zuhören, der selbst ein Geweihter Kṛṣṇas ist. Kṛṣṇa machte Arjuna zu Seinem Repräsentanten, weil Arjuna Sein Geweihter war: *bhakto 'si me sakhā ceti* (*Bhagavad-gītā* 4.3).

Niemand kann ein Repräsentant Gottes werden, ohne ein Geweihter Gottes zu sein. Jemand, der denkt: „Ich bin Gott“, kann nicht Gottes Vertreter sein. Weil wir Teilchen Gottes sind, haben wir dieselben Eigenschaften wie Er, weswegen wir etwas über Gott erfahren können, wenn wir diese Eigenschaften in uns selbst studieren. Das bedeutet allerdings nicht, dass wir dann die Größe Gottes verstehen werden. Dieser Vorgang der Selbsterkenntnis ist ein Weg, Gott zu verstehen, aber keinesfalls dürfen wir predigen: „Ich bin Gott." Niemand darf behaupten, Gott zu sein, wenn er nicht die Kräfte Gottes vorweisen kann. Was Kṛṣṇa anbelangt, so bewies Er, dass Er Gott ist, indem Er Seine Macht zeigte und Arjuna Seine universale Form offenbarte. Kṛṣṇa zeigte diese ehrfurchtgebietende Form, um die Menschen zu entmutigen, die sich in Zukunft als Gott ausgeben würden. Wir sollten uns nicht von jemandem, der sich als Gott ausgibt, zum Narren halten lassen; wir sollten dem Beispiel Arjunas folgen und einen solchen Menschen bitten, die universale Form zu zeigen, bevor wir ihn als Gott anerkennen. Nur ein Narr erkennt einen anderen Narren als Gott an.

Niemand kann Gott gleichkommen oder Ihn gar übertreffen. Selbst Brahmā und Śiva, die erhabensten Halbgötter, sind Ihm untergeordnet und erweisen Ihm achtungsvolle Ehrerbietungen. Statt zu versuchen, mithilfe irgendeines Meditationsvorganges oder auf andere Weise Gott zu werden, sollten wir lieber in ergebener Haltung über Gott hören und versuchen, Ihn und unsere Beziehung zu Ihm zu verstehen. Der Repräsentant Gottes oder die Inkarnation Gottes behauptet niemals, Gott zu sein, sondern betrachtet sich immer als Diener Gottes. Daran erkennt man einen echten Repräsentanten.

Alles, was wir aus maßgeblichen Quellen über Gott lernen, können wir an andere weitergeben, was uns helfen wird, spirituellen Fortschritt zu erlangen. Dieses Weitergeben wird als *kīrtana* bezeichnet. Wenn wir das, was wir hören, zu wiederholen versuchen, werden wir im Wissen verankert. Durch den Vorgang von *śravaṇaṁ kīrtanam,* Hören und Chanten, können wir von materieller Bedingtheit frei werden und in das Königreich Gottes gelangen. In diesem Zeitalter ist es unmöglich, mit Erfolg Opfer darzubringen, zu spekulieren oder Yoga zu praktizieren. Wir haben keine andere Wahl: Der einzige Weg, der uns offensteht, besteht darin, in ergebener Haltung von autoritativen Quellen zu hören. Das ist die Art und Weise, wie die *mahātmās* das vertraulichste Wissen empfingen. Es ist die Art und Weise, wie Arjuna es von Kṛṣṇa empfing, und es ist die Art und Weise, wie wir es von der Schülernachfolge empfangen müssen, die von Arjuna herabkommt.

5

Wissen, das durch die Schülernachfolge herabgereicht wird

śrī-bhagavān uvāca
imaṁ vivasvate yogaṁ
proktavān aham avyayam
vivasvān manave prāha
manur ikṣvākave 'bravīt

Die Persönlichkeit Gottes, Śrī Kṛṣṇa, sprach: „Ich unterwies den Sonnengott, Vivasvān, in dieser unvergänglichen Wissenschaft des Yoga; Vivasvān unterwies Manu, den Vater der Menschheit, darin, und Manu seinerseits lehrte es Ikṣvāku" (*Bhagavad-gītā* 4.1).

Vor langer, langer Zeit enthüllte Kṛṣṇa das göttliche Wissen der *Bhagavad-gītā* Vivasvān, dem Sonnengott. Von der Sonne wissen wir, dass sie sehr heiß ist, und wir halten es für unmöglich, dass dort irgendjemand leben kann. Mit Körpern wie den unseren ist es nicht einmal möglich, sich in die Nähe der Sonne zu begeben. Aus den vedischen Schriften erfahren wir jedoch, dass die Sonne ein Planet genau wie der unsere ist, dass er jedoch gänzlich aus Feuer besteht. Genau wie der Planet, auf dem wir leben, hauptsächlich aus Erde besteht, gibt es Planeten, die hauptsächlich aus Feuer, aus Wasser oder aus Luft bestehen.

Die Lebewesen auf diesen verschiedenen Planeten erhalten einen Körper, der dem Element, das auf dem jeweiligen Planeten vorherrscht, angepasst ist; die Wesen, die auf der Sonne leben, haben daher Körper, die aus Feuer bestehen. Das Oberhaupt aller Wesen, die auf der Sonne leben, ist der Halbgott namens Vivasvān. Er ist als der Sonnengott bekannt *(sūrya-nārāyaṇa)*. Auf allen Planeten gibt es führende Persönlichkeiten; in den Vereinigten Staaten beispielsweise ist der Präsident der erste Mann im Staat. Aus dem Geschichtswerk namens *Mahābhārata* erfahren wir, dass einst immer nur ein König über die Erde herrschte. Vor ungefähr 5000 Jahren war Mahārāja Bharata der Weltherrscher, weswegen die Erde nach ihm benannt wurde. Später wurde die Erde in eine Vielzahl kleiner Länder unterteilt. Es gibt also manchmal eine und manchmal mehrere Persönlichkeiten, die über die verschiedenen Planeten im Universum herrschen.

Aus diesem Vers (*Bhagavad-gītā* 4.1) erfahren wir, dass Śrī Kṛṣṇa das Wissen vom *karma-yoga* vor Millionen von Jahren dem Sonnengott Vivasvān offenbarte. Śrī Kṛṣṇa, der die Lehre der *Bhagavad-gītā* an Arjuna weitergibt, weist hier darauf hin, dass diese Lehren ganz und gar nichts Neues sind, sondern dass sie schon vor langer, langer Zeit auf einem anderen Planeten verkündet wurden. Vivasvān wiederum gab diese Lehren an seinen Sohn Manu weiter; Manu wiederum teilte das Wissen seinem Schüler Ikṣvāku mit. Mahārāja Ikṣvāku war ein großer König und ein Vorfahr Śrī Rāmacandras. Hier wird hervorgehoben, dass ein Mensch, der die *Bhagavad-gītā* lernen und von ihr profitieren möchte, sich an einen bestimmten Vorgang des Verstehens halten muss, und dieser Vorgang wird hier beschrieben. Kṛṣṇa sprach die *Bhagavad-gītā* nicht zum ersten Mal, als Er sie Arjuna vortrug. Vedische Autoritäten schätzen, dass der Herr diese göttlichen Lehren vor ungefähr 400 Millionen Jahren Vivasvān offenbarte. Aus dem *Mahābhārata* erfahren wir, dass die *Bhagavad-gītā* vor ungefähr 5000 Jahren zu Arjuna gesprochen wurde. Vor der Zeit Arjunas wurden diese Lehren durch die Schülernachfolge weitergereicht, doch über einen so großen Zeitraum hinweg waren sie verlorengegangen.

evaṁ paramparā-prāptam
imaṁ rājarṣayo viduḥ
sa kāleneha mahatā
yogo naṣṭaḥ paran-tapa

sa evāyaṁ mayā te 'dya
yogaḥ proktaḥ purātanaḥ
bhakto 'si me sakhā ceti
rahasyaṁ hy etad uttamam

„Diese höchste Wissenschaft wurde so durch die Kette der Schülernachfolge empfangen, und die heiligen Könige erlernten sie auf diese Weise. Aber im Laufe der Zeit wurde die Nachfolge unterbrochen, und daher scheint diese Wissenschaft, wie sie ist, verlorengegangen zu sein. Diese uralte Wissenschaft von der Beziehung zum Höchsten wird dir heute von Mir mitgeteilt, weil du Mein Geweihter und Mein Freund bist und weil du deshalb das transzendentale Mysterium dieser Wissenschaft verstehen kannst" (*Bhagavad-gītā* 4.2–3).

In der *Bhagavad-gītā* werden mehrere Yogasysteme beschrieben – *bhakti-yoga, karma-yoga, jñāna-yoga, haṭha-yoga* –, weshalb sie hier als Yoga bezeichnet wird. Das Wort *Yoga* bedeutet „sich verbinden", und zwar verbinden wir unser Bewusstsein mit Gott, wenn wir Yoga praktizieren. Yoga ist eine Methode, mit deren Hilfe wir wieder mit Gott in Verbindung treten und unsere Beziehung zu Ihm wiederherstellen können. Im Laufe der Zeit ging dieser Yoga, den Śrī Kṛṣṇa lehrte, verloren. Aus welchem Grund? Gab es keine gelehrten Weisen zu der Zeit, als Śrī Kṛṣṇa Arjuna unterwies? Doch, es gab damals viele Weise. Mit „verloren gegangen" ist gemeint, dass der Sinn der *Bhagavad-gītā* verloren ging. Wenn Gelehrte ihre eigene Interpretation von der *Bhagavad-gītā* vorlegen und sie so analysieren, wie es ihnen gerade passt, ist das nicht die *Bhagavad-gītā*. Das ist der Punkt, auf den Śrī Kṛṣṇa mit Nachdruck hinweist; ein Mensch, der die *Bhagavad-gītā* studiert, sollte ihn zur Kenntnis nehmen. Jemand mag vom materiellen Standpunkt aus ein hervorragender Gelehrter sein, doch das bedeutet nicht, dass er geeignet ist, die *Bhagavad-gītā* zu kommentieren. Wenn wir die *Bhagavad-gītā* verstehen wollen, müssen wir das Prinzip der Schülernachfolge *(paramparā)* akzeptieren. Wir müssen den Geist der *Bhagavad-gītā* erfassen und dürfen sie nicht nur vom sprachwissenschaftlichen Standpunkt aus betrachten.

Warum hat Śrī Kṛṣṇa unter all den vielen Menschen Arjuna als den Empfänger für dieses Wissen ausgesucht? Arjuna war weder ein großer Gelehrter noch ein Yogi, noch ein Heiliger, und er meditierte auch nicht. Er war ein Krieger, der sich auf den Kampf vorbereitete. Es lebten damals viele große Weise, zu denen Śrī Kṛṣṇa die *Bhagavad-gītā* hätte sprechen können. Die Antwort lautet, dass Arjuna zwar ein gewöhnlicher Mensch war, aber dennoch eine überragende Eigenschaft besaß: *bhakto 'si me sakhā ceti* – „Du bist Mein Geweihter und Mein Freund." Das war die besondere Eigenschaft Arjunas, die ihn vor allen Weisen auszeichnete. Arjuna wusste, dass Kṛṣṇa die Höchste Persönlichkeit Gottes war, weshalb er sich Ihm ergab und Ihn als seinen spirituellen Meister annahm. Solange man kein Geweihter Śrī Kṛṣṇas ist, kann man die *Bhagavad-gītā* unmöglich verstehen. Wenn man die *Bhagavad-gītā* verstehen will, werden einem keine anderen Methoden helfen. Man muss sie so verstehen, wie es in der *Bhagavad-gītā* selbst vorgeschrieben wird, nämlich so, wie Arjuna sie verstand. Wenn wir die *Bhagavad-gītā* anders verstehen oder sie auf unsere eigene Art interpretieren wollen, zeigen wir dadurch vielleicht, wie gelehrt wir sind, aber das ist nicht der Sinn der *Bhagavad-gītā*.

Unsere Gelehrtheit ermöglicht es uns vielleicht, eine Theorie über die *Bhagavad-gītā* aufzustellen, wie Mahatma Gandhi es tat, als er die *Bhagavad-gītā* mit der Absicht interpretierte, seine Theorie der Gewaltlosigkeit zu rechtfertigen. Wie kann man unter Berufung auf die *Bhagavad-gītā* für Gewaltlosigkeit eintreten? Die *Bhagavad-gītā* handelt ja gerade davon, dass Arjuna nicht kämpfen wollte und dass Kṛṣṇa ihn dazu bewegte, seine Gegner zu töten. Tatsächlich sagt Kṛṣṇa zu Arjuna, dass die Schlacht bereits vom Höchsten entschieden worden ist und dass es den auf dem Schlachtfeld versammelten Kriegern vorherbestimmt war, nicht mehr zurückzukehren. Es war Kṛṣṇas

Vorsehung, dass alle Krieger den Tod finden sollten, und Kṛṣṇa gab Arjuna die Möglichkeit, dass ihm das Verdienst für den Sieg zukam. Wenn es in der *Bhagavad-gītā* heißt, dass Kämpfen eine Notwendigkeit ist, wie kann man sich dann auf die *Gītā* berufen und für Gewaltlosigkeit eintreten? Solche Interpretationen sind Versuche, den Sinn der *Bhagavad-gītā* zu verdrehen. Sowie jemand die *Gītā* interpretiert, um seine privaten Zwecke zu erreichen, geht die Bedeutung verloren. Es heißt, dass man mithilfe der eigenen Logik oder Beweiskraft nicht zur Schlussfolgerung der vedischen Literatur gelangen kann. Es gibt viele Dinge, die wir mit unserer Vernunft nicht erklären können. Was Schriften anbelangt, so gibt es verschiedene Schriften, die die Absolute Wahrheit auf verschiedene Weise darstellen. Wenn wir sie alle analysieren, werden wir in Verwirrung geraten. Außerdem gibt es viele Philosophen, die verschiedene Ansichten vertreten und sich gegenseitig immer widersprechen. Wenn man die Wahrheit nicht mithilfe verschiedener Schriften, logischer Beweisführung oder philosophischer Theorie verstehen kann, wie kann man sie dann verstehen? Tatsächlich ist das Wissen von der Absoluten Wahrheit sehr vertraulich, doch wenn wir den Autoritäten folgen, können wir es verstehen.

In Indien gibt es viele Schülernachfolgen, die von Rāmānujācārya, Madhvācārya, Nimbārka, Viṣṇusvāmī und anderen großen Weisen ausgehen. Zu einem Verständnis der vedischen Schriften gelangt man durch die spirituellen Meister, die auf einer höheren Stufe stehen. Arjuna empfing die *Bhagavad-gītā* aus dem Munde Kṛṣṇas, und wenn wir sie verstehen wollen, müssen wir sie aus dem Munde Arjunas empfangen, nicht aus irgendeiner anderen Quelle. Wenn wir irgendetwas über die *Bhagavad-gītā* wissen, müssen wir uns fragen, ob sich unser

Wissen mit dem Verständnis Arjunas deckt. Wenn wir die *Bhagavad-gītā* auf dieselbe Weise verstehen wie Arjuna, können wir sicher sein, dass wir sie richtig verstehen. Wenn wir die *Bhagavad-gītā* studieren, sollte dies unser Prüfstein sein. Wer wirklich einen Nutzen aus der *Bhagavad-gītā* ziehen will, muss nach diesem Grundsatz handeln. Die *Bhagavad-gītā* ist kein gewöhnliches Buch des Wissens, das man im Geschäft kaufen, lesen und verstehen kann, indem man lediglich im Wörterbuch nachschlägt. So kann man sie nicht verstehen. Wenn dem so wäre, hätte Kṛṣṇa niemals zu Arjuna gesagt, dass die Wissenschaft verloren gegangen sei.

Es ist nicht schwierig einzusehen, dass man die *Bhagavad-gītā* nur verstehen kann, wenn man sich an die Schülernachfolge hält. Wenn jemand Rechtsanwalt, Ingenieur oder Arzt werden will, muss er Wissen von den staatlich anerkannten Rechtsanwälten, Ingenieuren und Ärzten empfangen. Ein angehender Anwalt muss bei einem erfahrenen Rechtsanwalt in die Lehre gehen, während ein Medizinstudent als Hilfsarzt mit Ärzten zusammenarbeiten muss, die ihr Studium bereits absolviert haben und in der Praxis tätig sind. Wir können unser Wissen auf einem bestimmten Gebiet nur dann vervollkommnen, wenn wir es von jemandem empfangen, der befugt ist, es zu vermitteln.

Es gibt zwei Methoden, Wissen zu erwerben – die eine ist induktiv und die andere deduktiv. Die deduktive Methode wird als vollkommener angesehen. Nehmen wir einmal die These „Alle Menschen sind sterblich“. Über die Richtigkeit dieser Aussage brauchen wir nicht zu streiten, denn es ist allgemein anerkannt, dass sie stimmt. Die deduktive Schlussfolgerung lautet: „Herr Soundso ist ein Mensch, daher ist er sterblich." Wie ist man jedoch zu der Prämisse gekommen, dass alle Menschen sterblich sind? Die Anhänger der induktiven Methode möchten durch Experimente und Beobachtungen zu dieser Schlussfolgerung kommen. Sie müssten also beobachten, dass verschiedene Menschen sterben, und wenn sie dieselbe Beobachtung bei sehr vielen Menschen gemacht haben, können sie den Schluss ziehen oder die allgemeingültige Aussage treffen, dass alle Menschen sterblich sind; doch diese induktive Methode weist einen großen Mangel auf, nämlich, dass unsere durch Sinneswahrnehmung gewonnene Erfahrung begrenzt ist. Wir mögen nie einen Menschen gesehen haben, der nicht sterblich ist, doch unsere Schlussfolgerung gründet sich auf unsere persönliche Erfahrung, die begrenzt ist. Die Wahrnehmungsfähigkeit unserer Sinne ist begrenzt, und im bedingten Zustand sind wir mit einer Vielzahl von Mängeln behaftet. Der induktive Vorgang ist daher nicht immer vollkommen, während der deduktive Vorgang, Ableitung des Wissens von einer vollkommenen Quelle, vollkommen ist. Der vedische Vorgang ist deduktiv.

Obwohl die Autorität der *Bhagavad-gītā* anerkannt wird, gibt es in ihr viele Stellen, die dogmatisch zu sein scheinen. Im 7. Kapitel zum Beispiel sagt Śrī Kṛṣṇa:

mattaḥ parataraṁ nānyat
kiñcid asti dhanañ-jaya
mayi sarvam idaṁ protaṁ
sūtre maṇi-gaṇā iva

„O Eroberer von Reichtum [Arjuna], es gibt keine Wahrheit über Mir. Alles ruht auf Mir wie Perlen auf einer Schnur" (*Bhagavad-gītā* 7.7).

Śrī Kṛṣṇa sagt, es gebe keine Autorität über Ihm, was sehr dogmatisch zu sein scheint. Wenn ich sage: „Es gibt niemanden, der größer ist als ich", würden die Leute denken: „Oh, Swāmījī ist sehr eingebildet." Wenn ein Mensch, der mit einer Vielzahl von Unvollkommenheiten behaftet ist, sagt, er sei der Größte von allen, macht er sich der Lästerung schuldig. Kṛṣṇa dagegen darf so etwas sagen, denn aus den Geschichtswerken können wir entnehmen, dass Er sogar schon während Seines Aufenthaltes auf der Erde als die größte Persönlichkeit Seiner Zeit angesehen wurde. Er war tatsächlich in jeder Hinsicht der Größte.

Dem vedischen System zufolge ist Wissen, das man von der höchsten Autorität bekommt, als vollkommen anzusehen. In den Veden ist von drei Arten der Entwicklung von Wissen die Rede: *pratyakṣa, anumāna* und *śabda.* Die erste Art beruht auf direkter visueller Wahrnehmung. Wenn ein Mensch vor mir sitzt, kann ich ihn dasitzen sehen, und das Wissen, dass er vor mir sitzt, erhalte ich durch meine Augen. Die zweite Methode, *anumāna,* beruht auf Schlussfolgern: Wenn wir Kinder vor dem Haus spielen hören, lässt dies den Schluss zu, dass sie sich tatsächlich dort befinden. Die dritte Methode schließlich besteht darin, Wahrheiten von einer höheren Autorität zu übernehmen. Aussagen wie „Der Mensch ist sterblich" werden von höheren Autoritäten übernommen. Jedermann akzeptiert diese Aussage, obwohl niemand selbst die Erfahrung gemacht hat, dass alle Menschen sterben müssen. Aussagen dieser Art müssen wir einfach übernehmen. Wenn jemand fragt: „Wer hat diese Wahrheit als Erster herausgefunden? Hast du sie entdeckt?", ist es sehr schwierig, eine Antwort zu geben. Alles, was wir sagen können, ist, dass das Wissen herabgereicht wird und dass wir es übernehmen. In den Veden heißt es, dass von den drei Methoden des Erwerbens von Wissen die dritte Methode, Wissen von höheren Autoritäten zu übernehmen, die beste ist. Direkte Wahrnehmung ist immer unvollkommen, vor allem auf der bedingten Stufe des Lebens. Direkte Wahrnehmung vermittelt uns den Eindruck, dass die Sonne genau wie eine Scheibe ist, nicht größer als der Teller, von dem wir essen. Die Wissenschaftler klären uns jedoch auf, dass die Sonne vieltausendmal größer ist als die Erde. Was sollen wir also glauben? Sollen wir der Aussage der Wissenschaftler glauben, der Aussage der Autoritäten, oder sollen wir unserer eigenen Erfahrung glauben? Obwohl wir selbst nicht in der Lage sind, zu beweisen, wie groß die Sonne ist, schenken wir den Angaben der Astronomen Glauben. Auf diese Weise akzeptieren wir in jedem Lebensbereich die Aussagen von Autoritäten. So erfahren wir zum Beispiel aus Zeitungsberichten und Radioreportagen, was sich in China und Indien und in anderen Ländern auf der ganzen Welt ereignet. Wir erleben diese Ereignisse nicht direkt und haben keinen Beweis, dass sie sich tatsächlich zugetragen haben, doch wir vertrauen der Autorität der Zeitung und des Radios. Wenn wir Wissen bekommen wollen, haben wir keine andere Wahl – wir müssen Autoritäten Glauben schenken, und wenn die Autorität vollkommen ist, ist unser Wissen vollkommen.

Laut Aussage der Veden ist Kṛṣṇa die höchste und vollkommenste aller Autoritäten *(mattaḥ parataraṁ nānyat kiñcid asti dhanañ-jaya)*. Kṛṣṇa erklärt Sich nicht nur selbst zur höchsten Autorität, sondern Er wird auch von großen Weisen und Gelehrten der *Bhagavad-gītā* als solcher anerkannt. Wenn wir Kṛṣṇa nicht als Autorität anerkennen und Seine Worte nicht so nehmen, wie sie sind, können wir aus der *Bhagavad-gītā* keinen

Nutzen ziehen. Die Lehre der *Bhagavad-gītā* ist nicht dogmatisch; sie ist die Wahrheit. Wenn wir Kṛṣṇas Aussagen genau prüfen, werden wir herausfinden, dass sie stimmen. Selbst Gelehrte wie Śaṅkarācārya, die eine andere Auffassung vertreten als die Persönlichkeit Gottes, geben zu, dass Kṛṣṇa *svayaṁ bhagavān,* der Höchste Herr, ist.

Vedisches Wissen ist nicht etwas, das vor Kurzem entdeckt wurde, sondern es ist durchweg altes offenbartes Wissen. Es wird von Kṛṣṇa als *purātanaḥ* (aus alter Zeit stammend) bezeichnet. Kṛṣṇa sagt, dass Er diesen Yoga vor Millionen von Jahren dem Sonnengott erklärt habe, und wir wissen nicht, wie viele Millionen von Jahren davor Er dieses Wissen zu jemand anderem gesprochen hatte. Dieses Wissen wird immer wieder verkündet, genau wie der Sommer, der Herbst, der Winter und der Frühling alle Jahre wiederkehren. Wir wissen nur sehr wenig; wir wissen nicht einmal, was auf diesem Planeten vor über 5000 Jahren geschehen ist, doch in den vedischen Schriften finden wir Berichte von Ereignissen, die sich vor Millionen von Jahren zugetragen haben. Nur weil wir nicht wissen, was vor 3000 Jahren auf diesem Planeten geschah, können wir nicht den Schluss ziehen, dass sich damals überhaupt nichts ereignete. Natürlich kann man sagen, man glaube nicht daran, dass Kṛṣṇa eine historische Persönlichkeit sei. Man kann sagen, Kṛṣṇa habe dem *Mahābhārata* zufolge vor 5000 Jahren gelebt und deshalb habe Er die *Bhagavad-gītā* unmöglich vor vielen Millionen von Jahren zum Sonnengott sprechen können. Wenn ich sagen würde, ich hätte vor einigen Millionen von Jahren vor dem Sonnengott eine Rede über die Sonne gehalten, würden die Leute sagen: „Svāmījī redet unsinniges Zeug daher." Kṛṣṇa redet jedoch keinen Unsinn, denn Er ist die Höchste Persönlichkeit Gottes. Wir mögen es glauben oder nicht, dass Kṛṣṇa die *Bhagavad-gītā* zum Sonnengott sprach – Arjuna jedenfalls akzeptierte diese Tatsache. Arjuna akzeptierte Kṛṣṇa als den Höchsten Herrn, weswegen er wusste, dass es sehr wohl möglich war, dass Kṛṣṇa vor Millionen von Jahren zu jemandem gesprochen hatte. Obwohl Arjuna persönlich den Worten Śrī Kṛṣṇas glaubte, stellte er Ihm eine Frage, um den Menschen, die nach ihm kommen würden, ein klares Verständnis zu ermöglichen:

aparaṁ bhavato janma
paraṁ janma vivasvataḥ
katham etad vijānīyāṁ
tvam ādau proktavān iti

„Der Sonnengott Vivasvān ist von Geburt her älter als Du. Wie ist es zu verstehen, dass Du ihn am Anfang in dieser Wissenschaft unterwiesest?" (*Bhagavad-gītā* 4.4)

Das ist eine sehr intelligente Frage, die Kṛṣṇa folgendermaßen beantwortet:

bahūni me vyatītāni
janmāni tava cārjuna
tāny ahaṁ veda sarvāṇi
na tvaṁ vettha paran-tapa

„Viele, viele Male wurden wir beide schon geboren. Ich kann mich an all diese Leben erinnern, doch du kannst es nicht, o Bezwinger des Feindes" (*Bhagavad-gītā* 4.5).

Obwohl Kṛṣṇa Gott ist, inkarniert Er Sich unzählige Male. Arjuna, der ein Lebewesen ist, wird ebenfalls unzählige Male geboren. Der Unterschied zwischen der Höchsten Persönlichkeit Gottes und einem Lebewesen ist folgender: *tāny ahaṁ veda sarvāṇi.* Kṛṣṇa kann Sich erinnern, was während Seiner vergangenen Inkarnationen geschah, während sich das Lebewesen nicht mehr erinnern kann. Das ist einer der Unterschiede zwischen Gott und den Menschen. Gott ist ewig, und wir sind ebenfalls ewig, doch im Gegensatz zu Ihm wechseln wir ständig unseren Körper. Wenn wir sterben, vergessen wir, was sich während unseres Lebens ereignete; Tod bedeutet Vergessen – nichts weiter. Nachts, wenn wir einschlafen, vergessen wir, dass wir der Ehemann einer bestimmten Frau und der Vater bestimmter Kinder sind. Im Schlaf vergessen wir unsere Identität, und wenn wir aufwachen, erinnern wir uns wieder: „Oh, ich bin Herr Soundso, und ich muss dieses und jenes tun." Es ist eine Tatsache, dass wir in unseren vergangenen Leben andere Körper, andere Familienangehörige, Väter, Mütter usw. hatten und dass wir in anderen Ländern lebten, doch all dies haben wir vergessen. Wir sind vielleicht Hunde oder Katzen, Menschen oder Halbgötter gewesen, doch was auch immer wir waren, jetzt haben wir es vergessen.

Obwohl sich all diese Dinge verändern, sind wir, das Lebewesen, ewig. Genau wie wir in vergangenen Leben den jetzigen Körper vorbereitet haben, bereiten wir im gegenwärtigen Leben den nächsten Körper vor. Wir bekommen einen Körper entsprechend unserem Karma, unseren Handlungen. Diejenigen, die sich in der Erscheinungsweise der Tugend befinden, werden auf die höheren Planeten erhoben, auf eine höhere Stufe des Lebens (*Bhagavad-gītā* 14.14). Diejenigen, die in der Erscheinungsweise der Leidenschaft sterben, bleiben auf der Erde, und diejenigen, die in der Erscheinungsweise der Unwissenheit sterben, werden in die tierischen Lebensformen hinabsinken oder auf einen der niedrigen Planeten versetzt werden (*Bhagavad-gītā* 14.15). So geht dies schon seit unvordenklichen Zeiten, doch wir haben es vergessen.

Indra, der König des Himmels, machte sich einst eines Vergehens gegen die Füße seines spirituellen Meisters schuldig, woraufhin dieser ihn dazu verfluchte, als Schwein geboren zu werden. In der Folge musste Indra auf der Erde den Körper eines Schweines annehmen, während der Thron des himmlischen Königreiches unbesetzt blieb. Als Brahmā dies bemerkte, kam er auf die Erde herab und wandte sich an das Schwein: „Mein lieber Indra, du bist zu einem Schwein auf der Erde geworden. Ich bin gekommen, um dich zu befreien. Komm unverzüglich mit mir." Doch das Schwein antwortete: „Nein, ich kann nicht mit dir gehen. Ich habe so viele Verpflichtungen – meine Kinder, meine Frau und diese schöne Schweinegesellschaft." Obwohl Brahmā Indra versprach, ihn in den Himmel zurückzubringen, weigerte sich Indra, der die Gestalt eines Schweines angenommen hatte. Das nennt man Vergessen. In ähnlicher Weise kommt Śrī Kṛṣṇa und sagt zu uns: „Was tust du in der materiellen Welt? *Sarva-dharmān parityajya mām ekaṁ śaraṇaṁ vraja* – Komm zu Mir, und Ich werde dich in jeder Hinsicht beschützen." Aber wir sagen: „Ich glaube Dir nicht, Herr. Ich habe hier wichtige Dinge zu tun." Das bedingte Lebewesen befindet sich von Natur aus in Vergessenheit. Diese Vergessenheit hat bald ein Ende, wenn man dem Pfad der Schülernachfolge folgt.

6

Wissen über Kṛṣṇas Erscheinen und Taten

In uns wirken zwei Kräfte der Natur. Die eine veranlasst uns, den Entschluss zu fassen, in diesem Leben spirituellen Fortschritt zu machen, doch im nächsten Augenblick sagt die andere Kraft, *māyā,* die verblendende Energie, zu uns: „Warum mühst du dich so ab? Genieße einfach das Leben und mach es dir bequem." Diese Tendenz, von Vergessen überwältigt zu werden, ist der Unterschied zwischen Gott und den Menschen. Arjuna ist ein Freund und Gefährte Kṛṣṇas, und immer wenn Kṛṣṇa auf irgendeinem Planeten erscheint, wird Arjuna ebenfalls dort geboren und erscheint mit Ihm. Als Kṛṣṇa die *Bhagavad-gītā* zum Sonnengott sprach, war Arjuna ebenfalls bei Ihm, doch da er ein begrenztes Lebewesen ist, konnte er sich nicht mehr daran erinnern. Es ist die Natur des Lebewesens, dass es vergisst. Wir können uns nicht einmal mehr erinnern, was wir gestern oder vor einer Woche genau um dieselbe Zeit getan haben. Wenn wir uns nicht einmal mehr hieran erinnern können, wie können wir uns dann daran erinnern, was in unserem vergangenen Leben geschah? Dieser Punkt wirft die Frage auf, wie es kommt, dass Kṛṣṇa Sich erinnern kann und wir nicht. Die Antwort darauf lautet, dass Kṛṣṇa Seinen Körper nicht wechselt.

ajo 'pi sann avyayātmā
bhūtānām īśvaro 'pi san
prakṛtiṁ svām adhiṣṭhāya
sambhavāmy ātma-māyayā

„Obwohl Ich ungeboren bin und Mein transzendentaler Körper niemals vergeht und obwohl Ich der Herr aller Lebewesen bin, erscheine Ich in jedem Zeitalter in Meiner ursprünglichen transzendentalen Gestalt" (*Bhagavad-gītā* 4.6).

Das Wort *ātma-māyayā* bedeutet, dass Kṛṣṇa herabsteigt, wie Er ist. Er wechselt Seinen Körper nicht, wohingegen wir als bedingte Seelen unseren Körper wechseln und deshalb vergessen. Kṛṣṇa weiß nicht nur, was Er in der Vergangenheit getan hat, was Er gegenwärtig tut und was Er in Zukunft noch tun wird, sondern Er weiß auch von jedem Lebewesen, was es in der Vergangenheit getan hat, was es gerade tut und was es in Zukunft noch tun wird.

vedāhaṁ samatītāni
vartamānāni cārjuna
bhaviṣyāṇi ca bhūtāni
māṁ tu veda na kaścana

„O Arjuna, als die Höchste Persönlichkeit Gottes weiß Ich alles, was in der Vergangenheit geschah, alles, was in der

Gegenwart geschieht, und alles, was sich in der Zukunft ereignen wird. Ich kenne auch alle Lebewesen, doch Mich kennt niemand" (*Bhagavad-gītā* 7.26).

Auch im *Śrīmad-Bhāgavatam* wird der Höchste Herr als derjenige definiert, der alles weiß. Nicht einmal die am weitesten fortgeschrittenen Lebewesen wie Brahmā und Śiva sind allwissend. Nur Viṣṇu oder Kṛṣṇa weiß alles. Man könnte auch fragen, warum der Herr als Inkarnation kommt, wenn Er Seinen Körper nicht wechselt. Hinsichtlich dieser Frage gehen die Meinungen der Philosophen weit auseinander. Einige sagen, Kṛṣṇa nehme einen materiellen Körper an, wenn Er auf der Erde erscheint, was jedoch nicht der Fall ist. Würde Er einen materiellen Körper wie wir annehmen, könnte Er Sich nicht erinnern, denn der Umstand, dass man vergisst, ist auf den materiellen Körper zurückzuführen. Die wahre Schlussfolgerung ist, dass Er Seinen Körper nicht wechselt. Man sagt, Gott sei allmächtig, und im oben zitierten Vers wird Seine Allmacht erklärt. Kṛṣṇa wird nie geboren – Er ist ewig. Auf ähnliche Weise gibt es auch für das Lebewesen keine Geburt: Es ist ebenfalls ewig. Einzig der Körper, mit dem sich das Lebewesen identifiziert, wird geboren.

Schon ganz am Anfang der *Bhagavad-gītā,* im 2. Kapitel, erklärt Kṛṣṇa, dass das, was wir als Geburt und Tod betrachten, seine Ursache im Körper habe; sobald wir unseren spirituellen Körper zurückerlangen und aus dem unreinen Zustand von Geburt und Tod hinausgelangen, würden wir qualitativ gleich sein wie Kṛṣṇa. Das ist der ganze Zweck des Kṛṣṇa-Bewusstseins – die Wiedererlangung unseres ursprünglichen Körpers, des spirituellen *sac-cid-ānanda*-Körpers. Dieser Körper ist ewig *(sat)*, voller Wissen *(cit)* und glückselig *(ānanda)*. Der materielle Körper ist weder *sat* noch *cit,* noch *ānanda.* Er ist vergänglich, während die Person, die im Körper wohnt, unvergänglich ist. Darüber hinaus ist er voller Unwissenheit, und weil er unwissend und zeitweilig ist, ist er voller Leid. Wir leiden unter glühender Hitze oder eisiger Kälte, weil wir einen materiellen Körper haben, doch sowie wir unseren spirituellen Körper wiederentwickeln, berührt uns solche Dualität nicht mehr. Es gibt Yogis, die sogar schon zu einem Zeitpunkt, zu dem sie sich noch im materiellen Körper befinden, einer Dualität wie Hitze und Kälte völlig gleichgültig gegenüberstehen. Wenn wir allmählich spirituellen Fortschritt machen, während wir uns noch im materiellen Körper befinden, nehmen wir nach und nach die Eigenschaften eines spirituellen Körpers an. Wenn man Eisen in ein Feuer hält, wird es heiß, und wenn es schließlich glüht, ist es kein Eisen mehr, sondern Feuer, und alles, was man damit berührt, beginnt zu brennen. Wenn wir im Kṛṣṇa-Bewusstsein Fortschritte erzielen, wird unser materieller Körper spiritualisiert werden, weshalb uns die materielle Verunreinigung nicht mehr beeinflussen wird.

Kṛṣṇas Geburt, Sein Erscheinen und Sein Fortgehen werden mit dem Erscheinen und Fortgehen der Sonne verglichen. Am Morgen sieht es so aus, als werde die Sonne am östlichen Horizont geboren, was in Wirklichkeit jedoch nicht der Fall ist. Die Sonne geht weder auf noch geht sie unter; sie bleibt immer an derselben Stelle. Alle Sonnenauf- und -untergänge haben ihre Ursache in der Rotation der Erde. Ähnlich wie bei der Sonne gibt es für Kṛṣṇas Erscheinen einen festgelegten Zeitplan, den man in den vedischen Schriften nachlesen kann. Kṛṣṇas Erscheinen ist wie das Aufgehen der Sonne. Die Sonne geht ständig auf und unter; irgendwo auf der Welt erleben die

Menschen gerade den Sonnenaufgang, während sie irgendwo gerade Zeuge des Sonnenunterganges sind. Es ist nicht so, dass Kṛṣṇa zu einem gewissen Zeitpunkt geboren wird und zu einem anderen wieder fortgeht. Er ist immer irgendwo, doch sieht es so aus, als komme und gehe Er. Kṛṣṇas Erscheinen und Fortgehen findet in zahllosen Universen statt. Wir kennen nur dieses eine Universum, in dem wir uns befinden, doch aus den vedischen Schriften erfahren wir, dass dieses Universum lediglich ein Bruchteil der unendlich vielen Schöpfungen des Höchsten Herrn ist.

Obwohl Kṛṣṇa der Höchste Herr ist und obwohl Er ungeboren ist und Sich niemals verändert, erscheint Er in Seiner ursprünglichen transzendentalen Natur. Das Wort *prakṛti* bedeutet „Natur". Im 7. Kapitel der *Bhagavad-gītā* heißt es, dass es viele verschiedene Arten der Natur gibt, die sich in drei Grundformen unterteilen lassen. Es gibt die äußere Natur, die innere Natur und die marginale Natur. Die äußere Natur ist die materielle Schöpfung; im 7. Kapitel der *Bhagavad-gītā* wird diese Natur als *aparā* oder materielle Natur bezeichnet. Wenn Kṛṣṇa erscheint, tut Er dies in Seinem Körper aus höherer Natur *(prakṛtiṁ svām)*; Er nimmt keinen Körper aus niedriger, materieller Natur an. Manchmal kommt es vor, dass ein Staatsoberhaupt ein Gefängnis besucht, um die Anstalt und ihre Insassen zu inspizieren, doch die Häftlinge irren sich, wenn sie denken: „Der Staatschef ist ins Gefängnis gekommen, er ist also ein Gefangener wie wir." Wie vorhin erwähnt wurde, sagt Śrī Kṛṣṇa, dass Ihn Narren verspotten, wenn Er in menschlicher Gestalt herabsteigt (*Bhagavad-gītā* 9.11).

Als der Höchste Herr kann Kṛṣṇa jederzeit in diese Welt kommen, und wir können Ihm dies nicht verbieten oder Ihn daran hindern. Er ist völlig unabhängig und kann kommen und gehen, wann es Ihm beliebt. Wenn der Staatspräsident ein Gefängnis besucht, dürfen wir nicht denken, er sei dazu gezwungen. Kṛṣṇa kommt mit einer bestimmten Absicht, und zwar möchte Er die gefallenen bedingten Seelen zurückrufen. Wir lieben Kṛṣṇa nicht, doch Kṛṣṇa liebt uns. Er erklärt, dass jeder Sein Sohn sei.

sarva-yoniṣu kaunteya
mūrtayaḥ sambhavanti yāḥ
tāsāṁ brahma mahad yonir
ahaṁ bīja-pradaḥ pitā

„Man sollte verstehen, dass alle Lebensformen, o Sohn Kuntīs, durch Geburt in der materiellen Natur ermöglicht werden und dass Ich der samengebende Vater bin" (*Bhagavad-gītā* 14.4).

Der Vater liebt den Sohn immer. Der Sohn mag den Vater vergessen, niemals aber vergisst der Vater den Sohn. Veranlasst von Seiner Liebe zu uns, kommt Kṛṣṇa in das materielle Universum, um uns von den Leiden von Geburt und Tod zu befreien. Er sagt: „Meine lieben Söhne, warum verkommt ihr in dieser erbärmlichen Welt? Kommt zu Mir, und Ich werde euch allen Schutz gewähren." Wir sind Söhne des Höchsten und haben die Möglichkeit, ein Leben höchsten Genusses zu führen, frei von allem Leid und allen Zweifeln. Deshalb sollten wir nicht denken, Kṛṣṇa komme hierher genau wie wir, nämlich gezwungen von den Gesetzen der Natur. Das Sanskritwort *avatāra* bedeutet wörtlich „jemand, der herabsteigt". Jemand, der aus freiem Willen vom spirituellen Universum in das materielle Universum herabsteigt, wird als *avatāra* bezeichnet. Manchmal kommt Śrī Kṛṣṇa selbst herab, wohingegen

Er manchmal Seinen Repräsentanten schickt. Die wichtigsten Religionen der Welt – das Christentum, der Hinduismus, der Buddhismus und der Islam – glauben an eine höchste Autorität oder Persönlichkeit, die aus dem Königreich Gottes herabkommt. Jesus Christus beispielsweise sagte von sich, er sei der Sohn Gottes und er sei aus dem Königreich Gottes herabgekommen, um die bedingten Seelen zurückzurufen. Als Anhänger der *Bhagavad-gītā* erkennen wir diese Aussage als wahr an. Im Grunde unterscheiden sich also die verschiedenen Ansichten nicht. Es mag kleine Unterschiede geben, die auf einer unterschiedlichen Kultur, unterschiedlichen klimatischen Bedingungen und einer andersgearteten Mentalität der Menschen beruhen, doch das Grundprinzip bleibt das gleiche: Gott oder Seine Repräsentanten kommen, um die bedingten Seelen zurückzurufen.

yadā yadā hi dharmasya
glānir bhavati bhārata
abhyutthānam adharmasya
tadātmānam sṛjāmy aham

„Wann und wo auch immer das religiöse Leben verfällt, o Nachkomme Bharatas, und Irreligiosität überhandnimmt, zu der Zeit erscheine Ich" (*Bhagavad-gītā* 4.7).

Gott ist sehr mitleidig. Er möchte sehen, dass wir nicht mehr leiden müssen, doch wir versuchen uns an diese Leiden zu gewöhnen. Weil wir Teilchen des Höchsten Herrn sind, sind wir nicht zum Leiden bestimmt, doch aus irgendwelchen Gründen haben wir uns freiwillig in eine Welt begeben, in der wir leiden müssen. Es gibt Leiden, die ihre Ursache im Körper und im Geist haben, Leiden, die einem von anderen Lebewesen zugefügt werden, und Leiden, die von Naturkatastrophen verursacht werden. Entweder plagen uns alle drei dieser Leiden oder zumindest eines oder zwei. Wir versuchen ständig, eine Lösung zu finden, die diesen Leiden ein Ende bereitet, und dieses ständige Bemühen bildet unseren Daseinskampf. Die gesuchte Lösung können wir allerdings nicht mit unserem winzigen Gehirn finden. Unsere Probleme können nur gelöst werden, wenn wir beim Höchsten Herrn Zuflucht suchen.

Wir können glücklich werden, wenn wir uns wieder in unserer wesenseigenen Position befinden, wozu uns die *Bhagavad-gītā* verhelfen kann. Zudem kommen uns auch noch Gott und Sein Repräsentant zu Hilfe. Wie vorher schon gesagt wurde, steigen sie aus der höheren Natur in die materielle Welt herab und sind den Gesetzen von Geburt, Alter, Krankheit und Tod nicht unterworfen. Kṛṣṇa nennt Arjuna folgende Gründe, warum Er auf die Erde herabkommt:

paritrāṇāya sādhūnāṁ
vināśāya ca duṣkṛtām
dharma-saṁsthāpanārthāya
sambhavāmi yuge yuge

„Um die Frommen zu erretten und die Gottlosen zu vernichten und um die Prinzipien der Religion wiedereinzuführen, erscheine Ich Zeitalter nach Zeitalter“ (*Bhagavad-gītā* 4.8).

Hier sagt Kṛṣṇa, dass Er kommt, wenn der *dharma* verfällt. Das Sanskritwort *dharma* wird oft mit „Glaube“ übersetzt, doch unter Glauben versteht man ein Religionssystem wie das Christentum, den Islam, den Hinduismus, den Buddhismus usw. Genaugenommen jedoch bedeutet das Wort *dharma* nicht Glaube. Man kann seinen Glauben ändern und vom Hindu zum Buddhisten werden, vom Christen zum Muslim usw. Man kann aus einem Glauben austreten und einem anderen beitreten, seinen *dharma* aber kann man nicht wechseln. Es ist die Natur eines jeden Lebewesens zu dienen, entweder sich selbst, seiner Familie, seiner Stadt, seinem Staat oder der gesamten Menschheit. Diese Eigenschaft des Dienens kann niemals vom Lebewesen getrennt werden, und das Darbringen von Dienst ist der *dharma* eines jeden Lebewesens. Ohne zu dienen, kann man nicht leben. Die Geschehnisse in der Welt nehmen ihren Lauf, weil wir alle dienen und weil andere uns dienen. Wir müssen vergessen, dass wir Christ, Muslim oder Hindu sind, und verstehen, dass wir Lebewesen sind, deren wesenseigene Position darin besteht, dem höchsten Lebewesen zu dienen. Wenn wir diese Stufe des Verständnisses erreichen, sind wir befreit.

Befreiung bedeutet Freisein von zeitweiligen Bezeichnungen, die wir durch Kontakt mit der materiellen Natur erworben haben. Das ist es, was wirkliche Befreiung ausmacht. Weil wir einen materiellen Körper haben, nehmen wir zahllose Bezeichnungen an; wir bezeichnen uns als Mensch, als Vater oder Mutter, als Amerikaner, als Christ, als Hindu usw. Wenn wir überhaupt frei werden wollen, müssen wir diese Bezeichnungen aufgeben. Wir sind niemals der Meister. Gegenwärtig dienen wir, doch wir tun dies mit Bezeichnungen. Wir sind der Diener einer Frau, einer Familie, eines Berufes, unserer eigenen Sinne, unserer Kinder, und wenn wir keine Kinder haben, werden wir die Diener unserer Katzen oder Hunde. Auf jeden Fall müssen wir irgendjemanden oder irgendetwas haben, dem wir dienen können. Wenn wir keine Frau oder kein Kind haben, müssen wir uns einen Hund oder ein anderes niedriges Tier besorgen, damit wir ihm dienen können. Das ist unsere Natur – sie treibt uns dazu. Wenn wir schließlich von diesen Bezeichnungen frei werden und beginnen, dem Herrn transzendentalen liebevollen Dienst darzubringen, erreichen wir die Stufe der Vollkommenheit. Dann werden wir in unserem wahren *dharma* verankert.

Śrī Kṛṣṇa sagt also, dass Er immer dann erscheint, wenn der *dharma* der Lebewesen entartet, das heißt, wenn die Lebewesen aufhören, dem Höchsten zu dienen. Mit anderen Worten, wenn sich das Lebewesen zu sehr damit beschäftigt, seinen Sinnen zu dienen, und sich allzu zügellos der Sinnenbefriedigung hingibt, kommt der Herr. Als zum Beispiel die Menschen in Indien übermäßig viele Tiere schlachteten, kam Buddha, um den Grundsatz der *ahiṁsā,* der Gewaltlosigkeit gegenüber allen Lebewesen, einzuführen. Wie Śrī Kṛṣṇa in dem oben zitierten Vers sagt, kommt Er aus einem ähnlichen Grund, nämlich um die *sādhus* zu beschützen *(paritrāṇāya sādhūnām).* Das besondere Merkmal der *sādhus* ist, dass sie allen anderen Lebewesen gegenüber sehr nachsichtig sind. Trotz aller möglichen Unannehmlichkeiten und Gefahren versuchen sie, den Menschen wirkliches Wissen zu geben. Ein *sādhu* ist nicht der Freund eines bestimmten Volkes, einer bestimmten Gemeinschaft oder eines bestimmten Landes, sondern er ist der Freund aller – nicht nur der Freund der Menschen, sondern auch der der Tiere und der niedrigeren Lebensformen. Kurz gesagt, der *sādhu* ist niemandem feindlich gesinnt, sondern er ist der Freund eines jeden. Daher erfüllt ihn immer vollkommener Frieden. Solche Menschen, die für den Herrn alles geopfert haben, sind Ihm besonders lieb. Obwohl es den *sādhus* nichts ausmacht, wenn sie beleidigt werden, duldet Kṛṣṇa die Beleidigung eines *sādhu* niemals. Wie es im 9. Kapitel der *Bhagavad-gītā* heißt, ist Kṛṣṇa allen gleichgesinnt, aber trotzdem ist Er Seinen Geweihten besonders zugetan:

samo 'haṁ sarva-bhūteṣu
na me dveṣyo 'sti na priyaḥ
ye bhajanti tu māṁ bhaktyā
mayi te teṣu cāpy aham

„Ich beneide niemanden, noch bevorzuge Ich jemanden. Ich bin allen gleichgesinnt. Doch jeder, der Mir in Hingabe dient, ist Mein Freund, ist in Mir, und auch Ich bin sein Freund" (*Bhagavad-gītā* 9.29).

Obwohl Kṛṣṇa allen Lebewesen gleichgesinnt ist, bietet Er einem Menschen, der ständig Kṛṣṇa-bewusst ist und die Botschaft der *Bhagavad-gītā* verbreitet, besonderen Schutz. Śrī Kṛṣṇa verspricht, dass Sein Geweihter niemals vergehen werde: *kaunteya pratijānīhi na me bhaktaḥ praṇaśyati* (*Bhagavad-gītā* 9.31).

Kṛṣṇa kommt nicht nur, um Seine Geweihten zu beschützen und zu retten, sondern auch, um die Gottlosen zu vernichten *(vināśāya ca duṣkṛtām)*. Kṛṣṇa wollte Arjuna und die fünf Pāṇḍavas, die frömmsten aller *kṣatriyas* und Gottgeweihten, zu Herrschern der Welt erheben. Er wollte auch ihre atheistischen Gegner unter der Führung Duryodhanas vernichten. Ein dritter Grund für Sein Erscheinen ist – wie vorher erwähnt wurde –, dass Er der wahren Religion wieder Geltung verschaffen will *(dharma-saṁsthāpanārthāya)*. Śrī Kṛṣṇa kommt also aus drei Gründen: um Seine Geweihten zu beschützen, um die Dämonen zu vernichten und um die wahre Religion des Lebewesens wiedereinzuführen. Er kommt nicht bloß einmal, sondern immer wieder *(sambhavāmi yuge yuge)*, denn die materielle Welt ist so beschaffen, dass alles, was man aufbaut, nach einiger Zeit wieder zerfällt.

Die Welt ist so entworfen, dass alles – selbst wenn wir noch so gute Vorkehrungen treffen – allmählich verfällt. Nach dem Ersten Weltkrieg wurde ein Friedensvertrag unterzeichnet, wonach eine gewisse Zeit lang Frieden herrschte, doch schon bald kam der Zweite Weltkrieg, und jetzt, wo er vorüber ist, sind Vorbereitungen für den Dritten Weltkrieg im Gange. So wirkt die Zeit *(kāla)* in der materiellen Welt. Wir bauen ein wunderschönes Haus, doch nach 50 Jahren zeigen sich Verfallserscheinungen, und nach 100 Jahren ist es noch mehr zerfallen. Ebenso wird der Körper, solange er jung ist, ständig verwöhnt und liebkost, doch wenn er alt ist, kümmert sich niemand mehr um ihn. Das ist die Natur der materiellen Welt – selbst wenn man sehr gut für etwas Sorge trägt, wird es im Lauf der Zeit zerfallen. Deshalb sind von Zeit zu Zeit korrigierende Maßnahmen vonnöten, und der Höchste Herr oder Sein Repräsentant kommt Zeitalter für Zeitalter, um solche Maßnahmen zu treffen, die die Zivilisation wieder in die richtigen Bahnen lenken sollen. Śrī Kṛṣṇa steigt also immer wieder herab, um die verschiedenen Religionen wiederherzustellen oder ihnen neues Leben zu geben.

7

Wissen als Vertrauen in den Guru und Hingabe an Kṛṣṇa

Im 4. Kapitel der *Bhagavad-gītā* erklärt Śrī Kṛṣṇa, dass das beste aller Opfer das Erwerben von Wissen sei.

śreyān dravya-mayād yajñāj
jñāna-yajñaḥ paran-tapa
sarvaṁ karmākhilaṁ pārtha
jñāne parisamāpyate

„O Bezwinger des Feindes, Opfer in Wissen darzubringen ist besser, als bloß materielle Besitztümer zu opfern. O Sohn Pṛthās, letztlich gipfeln alle Opfer von Arbeit in transzendentalem Wissen" (*Bhagavad-gītā* 4.33).

Wissen ist das größte Opfer, denn die Ursache des bedingten Lebens ist Unwissenheit. Opfer, Bußen, Yoga und philosophische Debatten haben den Zweck, uns zu Wissen zu verhelfen. Es gibt drei Stufen transzendentalen Wissens: das Wissen, durch das man den unpersönlichen Aspekt Gottes erkennt (Brahman-Erkenntnis), das Wissen, durch das man den lokalisierten Aspekt Gottes im Herzen und in jedem Atom erkennt (Erkenntnis des Paramātmā, der Überseele), und das Wissen, durch das man die Höchste Persönlichkeit Gottes erkennt (Bhagavān-Erkenntnis). Der allererste Schritt beim Erwerben von Wissen aber besteht darin, zu verstehen: „Ich bin nicht dieser Körper. Ich bin spirituelle Seele, und das Ziel meines Lebens ist es, aus der materiellen Verstrickung herauszukommen." Der entscheidende Punkt ist, dass uns alle Opfer – gleichgültig, welcher Art sie sind – auf die Ebene wirklichen Wissens erheben sollen. Die höchste Vollkommenheit des Wissens wird in der *Bhagavad-gītā* (7.19) als Hingabe an Kṛṣṇa definiert *(bahūnāṁ janmanām ante jñānavān māṁ prapadyate).* Nur ein *jñānavān,* aber niemals ein Dummkopf, ergibt sich Kṛṣṇa. Diese Hingabe ist die höchste Stufe des Wissens. Am Ende der *Bhagavad-gītā* finden wir eine ähnliche Aussage. Śrī Kṛṣṇa rät dort Arjuna:

sarva-dharmān parityajya
mām ekaṁ śaraṇaṁ vraja
ahaṁ tvāṁ sarva-pāpebhyo
mokṣayiṣyāmi mā śucaḥ

„Gib alle Arten von Religion auf und ergib dich einfach Mir. Ich werde dich von allen sündhaften Reaktionen befreien. Fürchte dich nicht" (*Bhagavad-gītā* 18.66).

Das ist der vertraulichste Teil des Wissens. Wenn wir die vedischen Schriften analytisch studieren und sie von allen Gesichtspunkten aus untersuchen, werden wir erkennen, dass die Essenz allen Wissens darin besteht, sich Kṛṣṇa zu ergeben.

Und welche Art von Hingabe wird empfohlen? – Hingabe in vollkommenem Wissen; wenn man die Stufe der Vollkommenheit erreicht, muss man die Sicht erlangt haben, dass Vāsudeva, Kṛṣṇa, alles ist. Das wird auch in der *Brahma-saṁhitā* bestätigt:

īśvaraḥ paramaḥ kṛṣṇaḥ
sac-cid-ānanda-vigrahaḥ
anādir ādir govindaḥ
sarva-kāraṇa-kāraṇam

„Kṛṣṇa, der als Govinda bekannt ist, ist der Höchste Herr. Er hat einen ewigen spirituellen Körper, der voller Glückseligkeit ist. Er ist der Ursprung aller Dinge. Er selbst hat keinen anderen Ursprung, und Er ist die urerste Ursache aller Ursachen" (*Brahma-saṁhitā* 5.1).

Die Worte *sarva-kāraṇa* bedeuten, dass Kṛṣṇa die Ursache aller Ursachen ist. Wenn wir ergründen wollten, wer der Vater unseres Vaters ist, wer dessen Vater ist usw., und wenn es uns irgendwie gelänge, die Kette unserer Ahnen bis zum ersten Urahnen zurückzuverfolgen, würden wir beim Höchsten Vater, der Höchsten Persönlichkeit Gottes, anlangen.

Natürlich möchte jeder Gott sofort sehen, doch wir können Gott erst sehen, wenn wir dazu geeignet sind und vollkommenes Wissen haben. Wir können Gott von Angesicht zu Angesicht sehen, genau wie wir uns jetzt gegenseitig sehen, doch dazu müssen wir die notwendige Voraussetzung besitzen, und diese Voraussetzung ist Kṛṣṇa-Bewusstsein. Kṛṣṇa-Bewusstsein beginnt mit *śravaṇam,* das heißt, wir hören über Kṛṣṇa aus der *Bhagavad-gītā* und anderen vedischen Schriften, und *kīrtanam* – wir wiederholen das Gehörte und lobpreisen Kṛṣṇa, indem wir Seinen Namen chanten. Wenn wir diese beiden Vorgänge – *śravaṇam* und *kīrtanam* – praktizieren, können wir direkt mit Ihm zusammensein, denn Er ist absolut; zwischen Ihm selbst sowie Seinen Namen, Seinen Eigenschaften, Seinen Formen und Seinen Spielen besteht kein Unterschied. Wenn wir mit Kṛṣṇa zusammen sind, hilft Er uns, Ihn zu verstehen, und vertreibt die Dunkelheit der Unwissenheit mit dem Licht des Wissens. Kṛṣṇa weilt in unserem Herzen und handelt als Guru. Wenn wir beginnen, Erzählungen über Ihn zu hören, wird der Staub, der sich während langer Jahre materieller Verunreinigung in unserem Geist angesammelt hat, allmählich fortgewaschen. Kṛṣṇa ist der Freund eines jeden, doch Er ist der besondere Freund Seiner Geweihten. Sobald wir auch nur ein wenig die Absicht erkennen lassen, uns Ihm zu nähern, gibt Er uns vom Herzen her Weisungen, die uns helfen, allmählich Fortschritt zu machen. Kṛṣṇa ist der erste spirituelle Meister, und wenn unser Interesse an Ihm erwacht und wir mehr über Ihn wissen wollen, müssen wir einen *sādhu,* einen Heiligen, aufsuchen, der als spiritueller Meister von außen dient. So lautet die Anweisung Śrī Kṛṣṇas in der *Bhagavad-gītā:*

tad viddhi praṇipātena
paripraśnena sevayā
upadekṣyanti te jñānaṁ
jñāninas tattva-darśinaḥ

„Versuche die Wahrheit zu erfahren, indem du dich an einen spirituellen Meister wendest. Stelle ihm in ergebener Haltung Fragen und diene ihm. Die selbstverwirklichten Seelen können dir Wissen offenbaren, weil sie die Wahrheit gesehen haben" (*Bhagavad-gītā* 4.34).

Es ist nötig, dass wir einen Menschen ausfindig machen,

dem wir uns ergeben können. Natürlich liebt es niemand, sich einem anderen zu unterwerfen. Selbst wenn wir nur ein wenig Wissen haben, sind wir hochmütig und denken: „Von wem muss ich mich schon belehren lassen?“ Einige Leute sagen, für spirituelle Erkenntnis benötige man keinen spirituellen Meister, doch was die vedische Literatur, die *Bhagavad-gītā,* das *Śrīmad-Bhāgavatam* und die Upaniṣaden betrifft, so heißt es in diesen Schriften, dass man einen spirituellen Meister braucht. Selbst wenn man in der materiellen Welt ein Instrument erlernen will, muss man einen Musiker finden, der einen unterrichtet, oder wenn man Ingenieur werden will, muss man eine technische Hochschule besuchen und von den Menschen lernen, die über das erforderliche technische Wissen verfügen. Auch kann niemand Arzt werden, indem er einfach in ein Geschäft geht, ein Buch kauft und es zu Hause liest. Man muss in einer Hochschule für Medizin aufgenommen werden und sich von Ärzten, die vom Staat zur Ausübung des Ärzteberufes befugt sind, ausbilden lassen. Es ist nicht möglich, irgendeine höhere Wissenschaft zu erlernen, indem man einfach Bücher kauft und sie zu Hause liest. Wir brauchen jemanden, der uns zeigt, wie das in den Büchern enthaltene Wissen in der Praxis anzuwenden ist. Denjenigen, die die Wissenschaft von Gott erlernen wollen, rät Śrī Kṛṣṇa, die Höchste Persönlichkeit Gottes selbst, jemanden aufzusuchen, dem sie sich ergeben können. Das bedeutet, dass wir prüfen müssen, ob die betreffende Person in der Lage ist, die *Bhagavad-gītā* und andere Schriften über Gotteserkenntnis zu erklären. Wir sollten den spirituellen Meister nicht aus einer Laune heraus wählen, sondern sehr ernsthaft darauf bedacht sein, jemanden zu finden, der wirklich Wissen hat und sein Fach versteht.

Zu Beginn der *Bhagavad-gītā* sprach Arjuna mit Kṛṣṇa genau wie mit einem Freund, worauf Kṛṣṇa ihn fragte, wie es möglich sei, dass er als Krieger den Kampf scheue. Dann aber erkannte Arjuna, dass freundschaftliche Gespräche seine Probleme nicht lösen würden, und so unterwarf er sich Kṛṣṇa und sagte: *śiṣyas te 'haṁ śādhi māṁ tvāṁ prapannam* – „Jetzt bin ich Dein Schüler und eine Dir ergebene Seele. Bitte unterweise mich" (*Bhagavad-gītā* 2.7). Das ist der Vorgang. Wir sollten uns nicht blind unterwerfen, sondern in der Lage sein, von unserer Intelligenz Gebrauch zu machen und Fragen zu stellen.

Ohne Fragen zu stellen, können wir keinen Fortschritt machen. Ein Schüler, der dem Lehrer Fragen stellt, ist für gewöhnlich intelligent. Im Allgemeinen ist es ein Zeichen von Intelligenz, wenn ein kleines Kind seinen Vater fragt: „Was ist dies? Was ist da drüben?" Wir mögen einen hervorragenden spirituellen Meister haben, doch wenn wir nicht imstande sind, Fragen zu stellen, können wir keinen Fortschritt machen. Allerdings sollte man keine herausfordernden Fragen stellen. Man sollte nicht denken: „Jetzt möchte ich einmal sehen, was für ein spiritueller Meister er ist. Ich werde ihn ein wenig provozieren." Unsere Fragen *(paripraśnena)* sollten das Thema Dienst *(sevayā)* betreffen. Ist dies nicht der Fall, so werden unsere Fragen umsonst sein, doch sogar schon bevor wir Fragen stellen, sollten wir in bestimmter Hinsicht qualifiziert sein. Wenn wir in ein Juweliergeschäft gehen, um Gold oder Juwelen zu kaufen, aber von Juwelen und Gold nichts verstehen, werden wir wahrscheinlich betrogen werden. Wenn wir zu einem Juwelier gehen und sagen: „Können Sie mir einen Diamanten geben?", wird er merken, dass jemand vor ihm steht, der von Juwelen keine Ahnung hat. Wenn er wollte, könnte er uns irgendetwas verkaufen und einen viel zu hohen Preis dafür verlangen. Diese Art von Suchen wird uns keinen Zentimeter weiterbringen. Wir müssen zuerst ein wenig intelligent werden, denn sonst ist es nicht möglich, spirituellen Fortschritt zu machen.

Das *Vedānta-sūtra* beginnt mit den Worten *athāto brahma-jijñāsā:* „Jetzt ist es an der Zeit, Fragen über das Brahman zu stellen." Das Wort *atha* bedeutet, dass jemand, der intelligent ist und sich der grundlegenden Frustrationen des materiellen Lebens bewusst geworden ist, in der Lage ist, Fragen zu stellen. Im *Śrīmad-Bhāgavatam* heißt es, dass man einen spirituellen Meister über Themen befragen sollte, die „jenseits der Dunkelheit" sind. Die materielle Welt ist von Natur aus dunkel und wird durch Feuer künstlich beleuchtet. Unsere Fragen sollten die transzendentalen Welten betreffen, die jenseits unseres Universums liegen. Wenn man etwas über diese spirituellen Welten erfahren will, sollte man einen spirituellen Meister suchen; andernfalls hat es gar keinen Sinn zu suchen. Wenn jemand die *Bhagavad-gītā* oder das *Vedānta-sūtra* studieren will, um auf diese Weise seine materielle Situation zu verbessern, braucht er keinen spirituellen Meister aufzusuchen. Zuerst sollte man den Wunsch haben, etwas über das Brahman zu erfahren, wonach man einen spirituellen Meister aufsuchen sollte, der die Absolute Wahrheit genau kennt *(jñāninas tattva-darśinaḥ)*. Kṛṣṇa ist das höchste *tattva,* die Absolute Wahrheit. Im 7. Kapitel der *Bhagavad-gītā* sagt Śrī Kṛṣṇa:

manuṣyāṇāṁ sahasreṣu
kaścid yatati siddhaye
yatatām api siddhānāṁ
kaścin māṁ vetti tattvataḥ

„Unter vielen Tausenden von Menschen bemüht sich vielleicht einer um Vollkommenheit, und von denen, die die Vollkommenheit erreicht haben, kennt kaum einer Mich in Wahrheit“ (*Bhagavad-gītā* 7.3).

Von vielen Spiritualisten, die die Vollkommenheit erreicht haben, weiß also vielleicht einer, was Kṛṣṇa wirklich ist. Wie in diesem Vers angedeutet wird, ist es nicht einfach, Kṛṣṇa zu verstehen – ganz im Gegenteil, es ist sehr schwierig. Dennoch sagt die *Bhagavad-gītā* auch, dass es einfach sei.

bhaktyā mām abhijānāti
yāvān yaś cāsmi tattvataḥ
tato māṁ tattvato jñātvā
viśate tad-anantaram

„Nur durch hingebungsvollen Dienst kann man Mich so, wie Ich bin, als die Höchste Persönlichkeit Gottes, erkennen. Und wenn man sich durch solche Hingabe vollkommen über Mich bewusst ist, kann man in das Königreich Gottes eingehen“ (*Bhagavad-gītā* 18.55).

Wenn wir den Vorgang des hingebungsvollen Dienstes zu praktizieren beginnen, wird es für uns sehr einfach, Kṛṣṇa zu verstehen. Mithilfe dieses Vorganges können wir die Wissenschaft von Kṛṣṇa vollkommen verstehen und uns dafür qualifizieren, in das spirituelle Königreich einzutreten. Wenn wir uns, wie es in der *Bhagavad-gītā* heißt, nach vielen Leben schließlich sowieso Kṛṣṇa ergeben müssen, warum ergeben wir uns Ihm dann nicht gleich? Warum so viele Leben warten? Wenn Hingabe der Gipfel der Vollkommenheit ist, warum sollen wir dann die Vollkommenheit nicht sofort erreichen?

Die Antwort lautet natürlich, dass die Menschen für gewöhnlich Zweifel hegen. Kṛṣṇa-Bewusstsein kann in einer Sekunde erlangt werden oder selbst nach Tausenden von Geburten und Toden immer noch nicht. Wenn wir wollen, können wir auf der Stelle große Seelen werden, indem wir uns Kṛṣṇa ergeben, doch weil wir Zweifel hegen, ob Kṛṣṇa wirklich der Höchste ist oder nicht, dauert es eine Zeit lang, bis wir diese Zweifel durch Studieren der Schriften beseitigt haben. Wenn wir die *Bhagavad-gītā* unter der Führung eines echten spirituellen Meisters studieren, können wir diese Zweifel beseitigen und deutlich erkennbaren Fortschritt machen.

Das Feuer des Wissens verbrennt alle Zweifel und fruchtbringenden Handlungen zu Asche. Was das Ergebnis sein wird, wenn man jemanden über die Absolute Wahrheit befragt, der sie tatsächlich gesehen hat, wird von Śrī Kṛṣṇa wie folgt erklärt:

yaj jñātvā na punar moham
evaṁ yāsyasi pāṇḍava
yena bhūtāny aśeṣāṇi
drakṣyasy ātmany atho mayi

api ced asi pāpebhyaḥ
sarvebhyaḥ pāpa-kṛt-tamaḥ
sarvaṁ jñāna-plavenaiva
vṛjinaṁ santariṣyasi

yathaidhāṁsi samiddho 'gnir
bhasma-sāt kurute 'rjuna
jñānāgniḥ sarva-karmāṇi
bhasma-sāt kurute tathā

„Wenn du auf diese Weise von einer selbstverwirklichten Seele wirkliches Wissen empfangen hast, wirst du nie wieder in solche Illusion fallen, denn durch dieses Wissen wirst du sehen, dass alle Lebewesen nichts anderes als Teile des Höchsten sind oder, mit anderen Worten, dass sie Mein sind. Du magst sogar der sündigste aller Sünder sein, doch wenn du dich im Boot des transzendentalen Wissens befindest, wirst du fähig sein, den Ozean der Leiden zu überqueren. So wie ein loderndes Feuer Brennholz zu Asche verwandelt, o Arjuna, so verbrennt das Feuer des Wissens alle Reaktionen auf materielle Tätigkeiten zu Asche“ (*Bhagavad-gītā* 4.35–37).

Das Feuer des Wissens wird vom spirituellen Meister entfacht, und wenn es hoch auflodert, werden alle Reaktionen auf unsere Handlungen zu Asche verwandelt. Die Reaktionen auf unser Handeln (Karma) bewirken, dass wir gebunden werden. Es gibt gute wie auch schlechte Handlungen, und das in diesem Vers gebrauchte Wort *sarva-karmāṇi* umfasst beide. Für jemanden, der aus der materiellen Gefangenschaft befreit werden möchte, wirken sich sowohl die Reaktionen auf gute als auch jene auf schlechte Handlungen nachteilig aus. Ein Lebewesen in der materiellen Welt, das sich in der Erscheinungsweise der Tugend befindet, liebt es, gute Werke zu tun. Steht ein Lebewesen aber unter dem Einfluss der Erscheinungsweisen der Leidenschaft und Unwissenheit, begeht es schlechte Taten in Leidenschaft und Unwissenheit. Für diejenigen jedoch, die auf dem Weg sind, Kṛṣṇa-bewusst zu werden, besteht keine Notwendigkeit zu guten oder schlechten Taten. Gute Taten können uns dazu verhelfen, mit Geburt in einer aristokratischen oder reichen Familie gesegnet zu werden. Wenn wir schlechte Handlungen begehen, werden wir vielleicht sogar im Tierreich oder in einer heruntergekommenen menschlichen Familie geboren. Doch in beiden Fällen bedeutet Geburt Fesselung. Jemand, der sich bemüht, Kṛṣṇa-bewusst zu werden, strebt nach Befreiung von der Fessel der Wanderung durch verschiedene Körper. Was nützt es einem schon, wenn man in einer reichen oder adeligen Familie geboren wird, aber trotzdem die materiellen Leiden ertragen muss? In jedem Fall – ob wir nun die Reaktionen auf gute Taten genießen oder aufgrund der Reaktionen auf unsere schlechten Handlungen leiden – müssen wir einen materiellen Körper annehmen und deshalb die materiellen Leiden durchmachen.

Wenn wir uns im transzendentalen Dienst Kṛṣṇas betätigen, kommen wir tatsächlich aus dem Kreislauf von Geburt und Tod heraus. Weil aber in unserem Verstand das Feuer des Wissens nicht brennt, betrachten wir das materielle Dasein als Glück. Hunde oder Schweine können nicht verstehen, was für ein erbärmliches Dasein sie fristen. Sie sind tatsächlich davon überzeugt, dass sie das Leben genießen, und das nennt man den bedeckenden oder verblendenden Einfluss der materiellen Energie: Im Bowery-Viertel in New York gibt es viele Betrunkene, die auf der Straße liegen und denken: „Wir genießen das Leben." Aber diejenigen, die an ihnen vorbeigehen, denken: „Was für ein jämmerliches Leben!" So wirkt die täuschende Energie. Selbst wenn wir uns in einer elenden Lage befinden, finden wir uns damit ab und denken, wir seien glücklich. Das nennt man Unwissenheit. Wenn jemand aber zu Wissen erwacht, sagt er sich: „Ich bin nicht glücklich. Ich möchte Freiheit, aber ich bin nicht frei. Ich möchte nicht sterben, aber der Tod ist unvermeidlich. Ich möchte nicht alt werden, aber das Alter kommt. Ich möchte nicht krank werden, aber trotzdem treten Krankheiten auf.“ Dies sind die Hauptprobleme des menschlichen Daseins, doch wir ignorieren sie und konzentrieren uns darauf, völlig nebensächliche Probleme zu lösen. Wir messen dem wirtschaftlichen Fortschritt am meisten Bedeutung bei und vergessen dabei, wie lange wir hier in der materiellen Welt leben werden. Wenn die sechzig oder hundert Jahre unseres Lebens um sind, werden wir sterben, ob die Wirtschaft nun einen Aufschwung erlebt oder nicht. Selbst wenn wir eine Million Dollar gespart haben, können wir nichts mitnehmen, wenn wir diesen Körper verlassen. Wir müssen einsehen, dass alles, was wir in der materiellen Welt unternehmen, durch den Einfluss der materiellen Natur vereitelt wird. Wir wollen frei sein, wir wollen durch die Welt und durch das ganze Universum reisen, und dies ist als spirituelle Seele auch unser gutes Recht. Die spirituelle Seele wird in der *Bhagavad-gītā* als *sarva-gataḥ* bezeichnet, was bedeutet, dass sie die Fähigkeit hat, an jeden beliebigen Ort zu gehen. Auf den Siddhalokas gibt es vollkommene Wesen oder Yogis, die ohne Flugzeuge und andere mechanische Hilfsmittel an jeden beliebigen Ort reisen können. Wenn wir erst einmal von der materiellen Bedingtheit befreit sind, können wir große Macht erlangen. Wir haben keine Ahnung, wie mächtig wir als spirituelle Funken eigentlich sind. Stattdessen begnügen wir uns damit, auf der Erde zu bleiben und ein paar Raumschiffe ins Weltall zu schießen, und denken dabei, unsere materielle Wissenschaft habe gewaltige Fortschritte erzielt. Wir geben Millionen und Abermillionen von Dollars für den Bau von Raumschiffen aus, ohne zu wissen, dass wir die Fähigkeiten haben, kostenlos an jeden beliebigen Ort zu reisen.

Der springende Punkt ist, dass wir unsere spirituellen Kräfte durch Wissen entwickeln sollten. Das Wissen ist bereits vorhanden; wir müssen es nur noch annehmen. In früheren Zeitaltern nahmen die Menschen viele Bußen und Entsagungen auf sich, um Wissen zu erlangen, doch im gegenwärtigen Zeitalter ist dieser Vorgang nicht mehr möglich, denn unser Leben ist sehr kurz, und wir sind immer verwirrt. Der Vorgang für dieses Zeitalter ist der Vorgang des Kṛṣṇa-Bewusstseins, das Chanten von Hare Kṛṣṇa, das von Śrī Caitanya Mahāprabhu eingeführt wurde. Wenn es uns mithilfe dieses Vorganges gelingt, das Feuer des Wissens zu entzünden, werden alle Reaktionen auf unsere Handlungen zu Asche verbrennen, und wir werden gereinigt werden.

na hi jñānena sadṛśaṁ
pavitram iha vidyate
tat svayaṁ yoga-saṁsiddhaḥ
kālenātmani vindati

„Auf dieser Welt gibt es nichts, was so erhaben und rein ist wie transzendentales Wissen. Solches Wissen ist die reife Frucht aller Mystik, und wer auf dem Pfad des hingebungsvollen Dienstes fortgeschritten ist, genießt dieses Wissen schon bald in sich selbst" (*Bhagavad-gītā* 4.38).

Was ist nun dieses erhabene, reine Wissen? Es ist das Wissen, dass wir Teilchen Gottes sind und dass wir unser Bewusstsein mit dem Höchsten Bewusstsein verbinden müssen. Dies ist das reinste Bewusstsein, das in der materiellen Welt möglich ist, wo alles von den drei Erscheinungsweisen der materiellen Natur – Tugend, Leidenschaft und Unwissenheit – verunreinigt ist. Auch Tugend ist eine Art der Verunreinigung. In Tugend wird man sich seiner Position bewusst, man versteht transzendentale Themen usw., doch man macht den Fehler zu denken: „Jetzt habe ich alles verstanden. Jetzt ist alles in Ordnung." Ein solcher Mensch möchte in dieser Welt bleiben. Mit anderen Worten, der Mensch in der Erscheinungsweise der Tugend wird ein Gefangener erster Klasse, und da er sich im Gefängnis glücklich wähnt, möchte er dort bleiben – ganz zu schweigen von den Menschen in den Erscheinungsweisen der Leidenschaft und Unwissenheit. Wir müssen also selbst die Erscheinungsweise der Tugend transzendieren. Die transzendentale Ebene beginnt mit der Erkenntnis *ahaṁ brahmāsmi* – „Ich bin nicht von materieller, sondern von spiritueller Natur." Aber selbst wenn jemand diese Ebene erreicht, ist seine Position nicht sicher. Es ist noch mehr erforderlich.

brahma-bhūtaḥ prasannātmā
na śocati na kāṅkṣati
samaḥ sarveṣu bhūteṣu
mad-bhaktiṁ labhate parām

„Wer auf diese Weise in der Transzendenz verankert ist, erkennt sogleich das Höchste Brahman und wird von Freude erfüllt. Er klagt unter keinen Umständen noch begehrt er irgendetwas. Er ist jedem Lebewesen gleichgesinnt. In diesem Zustand erreicht er reinen hingebungsvollen Dienst für Mich" (*Bhagavad-gītā* 18.54).

Auf der *brahma-bhūtaḥ*-Ebene identifiziert man sich nicht mehr mit Materie. Das erste Kennzeichen eines Menschen, der auf der *brahma-bhūtaḥ*-Ebene verankert ist, besteht darin, dass er voller Freude ist *(prasannātmā)*. Auf dieser Ebene gibt es weder Klagen noch Verlangen. Aber selbst auf dieser Stufe besteht die Möglichkeit, dass wir wieder in den materiellen Sog zurückfallen, wenn wir uns nicht dem liebevollen Dienst Kṛṣṇas zuwenden. Wir mögen hoch in den Himmel hinauffliegen, aber wenn wir dort keine Zufluchtsstätte finden, das heißt, wenn wir nicht auf irgendeinem Planeten landen, werden wir wieder herunterkommen müssen. Das bloße Verstehen der *brahma-bhūtaḥ*-Ebene wird uns nicht weiterhelfen, wenn wir nicht bei den Lotosfüßen Kṛṣṇas Zuflucht suchen. Sobald wir uns im Dienst Kṛṣṇas betätigen, besteht keine Möglichkeit mehr, dass wir wieder in die materielle Welt zurückfallen.

Es ist unsere Natur, dass wir irgendeine Beschäftigung wollen. Manchmal stellt ein Kind etwas an, und man kann es nur daran hindern, weiter Unfug zu treiben, wenn man ihm eine andere Beschäftigung gibt. Wenn man dem Kind ein paar Spielsachen gibt, wird seine Aufmerksamkeit ganz davon in Anspruch genommen, und es hört auf, Unfug anzustellen. Wir sind wie ungezogene Kinder, weswegen wir eine spirituelle Beschäftigung haben müssen. Einfach nur zu verstehen, dass man eine spirituelle Seele ist, wird einem nicht helfen. Wenn wir verstehen, dass wir von spiritueller Natur sind, müssen wir uns auf dieser Ebene halten, indem wir spirituelle Tätigkeiten ausführen. In Indien ist es nichts Ungewöhnliches, dass ein Mann alle materiellen Tätigkeiten aufgibt, sein Zuhause und seine Familie verlässt, den Lebensstand der Entsagung, *sannyāsa,* annimmt und nach einiger Zeit der Meditation dann beginnt, anderen Menschen zu helfen, indem er Krankenhäuser eröffnet oder politisch tätig ist. Um den Bau von Krankenhäusern kümmert sich jedoch bereits die Regierung; die Pflicht eines *sannyāsī* besteht nicht darin, Krankenhäuser zu errichten, in denen der materielle Körper der Menschen zusammengeflickt wird, sondern „Krankenhäuser", die es den Menschen ermöglichen, sich tatsächlich aus ihrem materiellen Körper zu befreien. Da wir jedoch nicht wissen, was wirkliche spirituelle Tätigkeiten sind, wenden wir uns materieller Wohlfahrtsarbeit zu.

Wenn man im Kṛṣṇa-Bewusstsein vollkommen wird, werden einem mit der Zeit auch Wissen und Weisheit zuteil. Es kann sein, dass wir am Anfang aus dem einen oder anderen Grund den Mut verlieren, doch das Wort *kālena* („im Lauf der Zeit") drückt aus, dass unsere Bemühungen von Erfolg gekrönt sein werden, wenn wir einfach nur beharrlich weitermachen. Man muss Vertrauen haben, wie aus dem nachstehenden Vers hervorgeht.

śraddhāvāl̐ labhate jñānaṁ
tat-paraḥ saṁyatendriyaḥ
jñānaṁ labdhvā parāṁ śāntim
acireṇādhigacchati

„Ein gläubiger Mensch, der sich dem transzendentalen Wissen gewidmet hat und der seine Sinne unter Kontrolle hat, ist befähigt, solches Wissen zu erlangen, und wenn er es erlangt hat, erreicht er sehr schnell den höchsten spirituellen Frieden" (*Bhagavad-gītā* 4.39).

Für diejenigen, die zögern und kein Vertrauen haben, ist es sehr schwierig, Kṛṣṇa-bewusst zu werden. Selbst bei ganz alltäglichen Dingen brauchen wir ein gewisses Maß an Vertrauen. Wenn wir einen Flug buchen, haben wir Vertrauen, dass uns die Fluggesellschaft an unser Reiseziel bringen wird. Ohne Vertrauen kann man nicht einmal in der materiellen Welt zurechtkommen, geschweige denn, dass man spirituellen Fortschritt machen könnte. Wir sollten unser Vertrauen aber nur auf Autoritäten setzen. Wir sollten unseren Flug nicht bei einer Gesellschaft buchen, die keine Lizenz zur Beförderung von Passagieren hat. Wir müssen unser Vertrauen auf Kṛṣṇa, den Sprecher der *Bhagavad-gītā,* setzen. Um dieses Vertrauen zu entwickeln, ist es nötig, dass wir die Sinne beherrschen *(saṁyatendriyaḥ)*. Wir sind in der materiellen Welt, weil wir unsere Sinne befriedigen wollen. Wenn wir das Vertrauen haben, dass uns ein Arzt heilen kann, und wenn uns dieser Arzt dann bestimmte Speisen verbietet und wir sie trotzdem essen, erscheint unser Vertrauen in einem recht fragwürdigen Licht. Wenn wir unserem Arzt vertrauen, werden wir uns an das halten, was er uns zu unserer Heilung verordnet. Wichtig dabei ist, dass wir die Anweisungen vertrauensvoll befolgen müssen – dann wird sich Wissen manifestieren. Wenn wir die Stufe des Wissens erreichen, wird dies *parāṁ śāntim,* höchsten Frieden, zur Folge haben. Kṛṣṇa weist darauf hin, dass ein Mensch, der seine Sinne beherrscht, schon nach kurzer Zeit Vertrauen entwickelt *(acireṇa)*. Wenn man diese Stufe des Vertrauens auf Kṛṣṇa erreicht hat, hat man das Gefühl, der glücklichste Mensch auf der Welt zu sein. Das ist unsere natürliche Stellung. Wir müssen das, was uns aufgetragen wird, akzeptieren und es mit Vertrauen ausführen. Dieses Vertrauen müssen wir in die höchste Autorität setzen, nicht in einen drittklassigen Menschen. Wir müssen einen spirituellen Meister finden, in den wir unser Vertrauen setzen können. Kṛṣṇa ist die beste Autorität, aber auch jeder, der Kṛṣṇa-bewusst ist, kann als Autorität anerkannt werden, denn ein Mensch, der fest im Kṛṣṇa-Bewusstsein verankert ist, ist ein echter Repräsentant Kṛṣṇas. Wenn wir die Worte des Repräsentanten Kṛṣṇas gekostet haben, werden wir uns genauso befriedigt fühlen wie nach einer ausgiebigen Mahlzeit.

ajñaś cāśraddadhānaś ca
saṁśayātmā vinaśyati
nāyaṁ loko 'sti na paro
na sukhaṁ saṁśayātmanaḥ

„Unwissende und ungläubige Menschen aber, die an den offenbarten Schriften zweifeln, erreichen kein Gottesbewusstsein; sie kommen zu Fall. Für die zweifelnde Seele gibt es Glück weder in dieser Welt noch in der nächsten" (*Bhagavad-gītā* 4.40).

Diejenigen, die zögern, diesen Pfad des Wissens einzuschlagen, haben keine Chance. Zögern ist auf Unwissenheit zurückzuführen *(ajñaś ca)*. Jemand, der zögert, Kṛṣṇa-Bewusstsein zu praktizieren, wird nicht einmal in der materiellen Welt glücklich werden, geschweige denn im nächsten Leben. Die materielle Welt ist ohnehin schon ein leidvoller Ort, doch wenn man kein Vertrauen hat, wird man noch mehr leiden müssen. Die Ungläubigen befinden sich also in einer prekären Lage. Wir zahlen Tausende von Dollars auf ein Bankkonto ein, weil wir darauf vertrauen, dass die Bank nicht in Konkurs geht. Wenn wir unser Vertrauen auf Banken und Fluggesellschaften setzen, warum dann nicht auf Śrī Kṛṣṇa, der von den vielen vedischen Schriften und Weisen als die höchste Autorität anerkannt wird? Unsere Pflicht besteht darin, den Fußspuren großer Autoritäten wie Śaṅkarācārya, Rāmānujācārya und Caitanya Mahāprabhu zu folgen. Wenn wir unser Vertrauen aufrechterhalten, indem wir unsere Pflichten erfüllen und ihren Fußspuren folgen, ist uns der Erfolg garantiert.

Wie gesagt, müssen wir jemanden ausfindig machen, der die Absolute Wahrheit gesehen hat, und uns ihm ergeben und ihm dienen. Wenn wir dies getan haben, ist uns spirituelle Erlösung sicher – darüber besteht kein Zweifel. Jeder möchte unbedingt Gott sehen, doch in unserer gegenwärtigen Verfassung sind wir bedingt und verblendet. Wir haben eine völlig falsche Vorstellung von der Realität. Obwohl wir Brahman sind und Glückseligkeit zu unserer Natur gehört, sind wir auf irgendeine Weise von unserer wesenseigenen Position heruntergefallen. Wir sind von Natur aus *sac-cid-ānanda,* ewig, glückselig und voller Wissen, doch der Körper ist dazu verurteilt zu sterben, und solange er lebt, ist er voller Unwissenheit und Leiden. Die Sinne sind unvollkommen. Mit ihrer Hilfe ist es nicht möglich, vollkommenes Wissen zu erlangen. Deshalb heißt es in der *Bhagavad-gītā,* dass wir uns an jemanden wenden müssen, der die Absolute Wahrheit tatsächlich gesehen hat *(tad-viddhi praṇipātena)* – vorausgesetzt, wir haben überhaupt den Wunsch, zu lernen und transzendentales Wissen zu empfangen. Die herkömmliche Aufgabe der *brāhmaṇas* besteht darin, spiritueller Meister zu sein, aber im Zeitalter des Kali ist es sehr schwierig, einen qualifizierten *brāhmaṇa* zu finden. Folglich ist es auch sehr schwierig, einen qualifizierten spirituellen Meister zu finden. Caitanya Mahāprabhu sagte deshalb: *kibā vipra, kibā nyāsī, śūdra kene naya / yei kṛṣṇa-tattva-vettā, sei ‚guru' haya.* „Es spielt keine Rolle, ob jemand ein *brāhmaṇa,* ein *śūdra,* ein *sannyāsī* oder ein Haushälter ist – wenn er die Wissenschaft von Kṛṣṇa kennt, ist er ein echter spiritueller Meister."

Die *Bhagavad-gītā* ist die Wissenschaft von Kṛṣṇa, die wir erlernen werden, wenn wir sie genau studieren – mit aller Intelligenz, aller Vernunft und allem philosophischen Wissen, das uns zu Gebote steht. Es wird von uns nicht verlangt, dass wir uns blind unterwerfen. Der spirituelle Meister mag selbstverwirklicht und in der Absoluten Wahrheit verankert sein, aber wir müssen ihm Fragen stellen, um alle spirituellen Themen zu verstehen. Ist jemand in der Lage, alle Fragen, die die Wissenschaft von Kṛṣṇa betreffen, tatsächlich zu beantworten, so ist er ein spiritueller Meister, gleichgültig, wo er geboren wurde oder was er ist – ob *brāhmaṇa* oder *śūdra,* ob Amerikaner, Inder oder sonst irgendetwas. Wenn wir zu einem Arzt gehen, fragen wir nicht, ob er ein Hindu, Christ oder *brāhmaṇa* ist. Er hat die nötigen beruflichen Qualifikationen, weshalb wir unser volles Vertrauen in ihn setzen und sagen: „Bitte behandeln Sie mich, ich leide."

Kṛṣṇa ist das endgültige Ziel der spirituellen Wissenschaft. Wenn wir von Kṛṣṇa sprechen, meinen wir damit natürlich Gott. Es gibt auf der Welt und im ganzen Universum viele Namen für Gott, doch Kṛṣṇa ist dem vedischen Wissen zufolge der höchste Name. Deshalb empfahl Śrī Caitanya Mahāprabhu das Chanten von Hare Kṛṣṇa, Hare Kṛṣṇa, Kṛṣṇa Kṛṣṇa, Hare Hare/Hare Rāma, Hare Rāma, Rāma Rāma, Hare Hare als die beste Methode der Selbstverwirklichung im jetzigen Zeitalter. Caitanya Mahāprabhu achtete nicht auf die Kastenangehörigkeit oder die soziale Stellung eines Menschen, ja die meisten seiner führenden Schüler galten in der Gesellschaft sogar als gefallen. Caitanya Mahāprabhu ernannte sogar Haridāsa Ṭhākura, einen Muslim, zum *nāmācārya,* zum Lehrer der heiligen Namen. Rūpa und Sanātana Gosvāmī, zwei der wichtigsten Schüler Śrī Caitanyas, standen als Sākara Mallik und Dhabir Khās im Dienst der islamischen Regierung, bevor sie Śrī Caitanyas Schüler wurden. In jenen Tagen waren die Hindus dermaßen strikt, dass sie einen *brāhmaṇa* sofort aus der Hindu-Gemeinschaft ausstießen, wenn er in die Dienste eines Nicht-Hindus trat. Trotzdem erhob Śrī Caitanya Mahāprabhu

Rūpa Gosvāmī und Sanātana Gosvāmī zu den führenden Autoritäten in der Wissenschaft von Kṛṣṇa. Es ist also niemand ausgeschlossen, jeder kann spiritueller Meister werden – die einzige Bedingung besteht darin, die Wissenschaft von Kṛṣṇa zu kennen, die im Wesentlichen in der *Bhagavad-gītā* enthalten ist. Gegenwärtig werden Tausende von spirituellen Meistern benötigt, damit diese große Wissenschaft auf der ganzen Welt verbreitet werden kann.

Kṛṣṇa spricht in der *Bhagavad-gītā* nicht nur zu Arjuna, sondern zur gesamten Menschheit. Śrī Kṛṣṇa selbst erklärt, dass Arjuna nicht mehr der Illusion unterworfen sein würde, wenn er einfach nur die Wissenschaft von Kṛṣṇa verstehe *(yaj jñātvā na punar moham)*. Wenn wir ein sehr gutes Schiff haben, können wir den Atlantischen Ozean ohne jede Schwierigkeit überqueren. Zurzeit befinden wir uns mitten im Ozean der Unwissenheit, denn die materielle Welt wird mit einem riesigen Ozean der Unwissenheit verglichen. Śrī Caitanya Mahāprabhu betete deshalb folgendermaßen zu Kṛṣṇa:

ayi nanda-tanūja kiṅkaraṁ
patitaṁ māṁ viṣame bhavāmbudhau
kṛpayā tava pāda-paṅkaja
sthita-dhūlī-sadṛśaṁ vicintaya

„O Sohn Mahārāja Nandas, ich bin Dein ewiger Diener, aber irgendwie bin ich trotzdem in den Ozean von Geburt und Tod gestürzt. Bitte zieh mich aus diesem Meer des Todes, und lass mich eines der Staubteile an Deinen Lotosfüßen sein" (*Śikṣāṣṭakam* 5).

Wenn wir im Boot vollkommenen Wissens sitzen, haben

wir nichts zu befürchten, denn wir können den Ozean ohne jede Schwierigkeit überqueren. Selbst wenn ein Mensch äußerst sündhaft ist, kann er den Ozean der Unwissenheit sehr leicht überqueren, wenn ihm das Boot der Wissenschaft von Kṛṣṇa zuteil wird. Wie bereits gesagt (*Bhagavad-gītā* 4.36), spielt es keine Rolle, was wir in unseren vergangenen Leben waren. Weil wir in Unwissenheit waren, kann es sein, dass wir zahllose abscheuliche Handlungen begangen haben. Tatsächlich kann niemand sagen, er sei frei von sündhaftem Handeln, doch der *Bhagavad-gītā* zufolge ist dies nicht von Belang. Man braucht einfach nur die Wissenschaft von Kṛṣṇa zu kennen, dann wird man frei.

Es ist deshalb unbedingt notwendig, dass wir nach Wissen streben. Die Vollkommenheit des Wissens besteht darin, Kṛṣṇa zu verstehen. Heutzutage gibt es so viele Theorien, und jeder behauptet, er wisse, was die beste Lebensweise sei; auf diese Weise sind unzählige „Ismen" entstanden. So hat beispielsweise der Kommunismus weltweite Bedeutung erlangt, doch im *Śrīmad-Bhāgavatam* finden wir die Grundlage für spirituellen Kommunismus. Dort erklärt Nārada Muni, dass alle natürlichen Reichtümer im materiellen Universum – ob nun im unteren, im mittleren oder im oberen Planetensystem oder sogar im Weltraum – vom Höchsten Herrn erschaffen wurden. Nichts von dem, was in dieser Welt existiert, wurde von irgendeinem Menschen erschaffen, vielmehr ist alles das Werk Gottes. Diese Tatsache kann kein vernünftiger Mensch bestreiten. In der *Śrī Īśopaniṣad* (1) heißt es:

īśāvāsyam idaṁ sarvaṁ
yat kiñca jagatyāṁ jagat

tena tyaktena bhuñjīthā
mā gṛdhaḥ kasya svid dhanam

„Alles Beseelte und Unbeseelte im Universum wird vom Herrn kontrolliert und gehört Ihm. Man darf deshalb nur notwendige Dinge nehmen, die einem als Anteil zugemessen worden sind, und man darf keine anderen Dinge annehmen, weiß man wohl, wem sie gehören."

Somit haben also alle Lebewesen, von Brahmā, dem höchsten Halbgott, bis herab zur niedrigsten Ameise, das Recht, die Schätze der Natur zu benutzen. Nārada Muni macht darauf aufmerksam, dass wir von den Gaben der Natur so viel Gebrauch machen können, wie es nötig ist, doch wenn wir mehr nehmen, als wir brauchen, werden wir zu Dieben. Leider versucht jeder zu erobern und zu beherrschen. Verschiedene Länder machen einen Wettlauf zum Mond, um dort ihre Flaggen aufzustellen und diesen Planeten für sich zu beanspruchen. Als die Europäer nach Amerika kamen, rammten sie ihre Flaggen in den Boden und behaupteten, dies sei nun ihr Land. Dieses ganze Hissen und Schwenken von Fahnen ist ein Zeichen von Unwissenheit. Wir denken ständig darüber nach, wo wir unsere Fahne noch aufstellen könnten. Doch es ist nicht unser, sondern Gottes Eigentum. Wenn man dies begreift, besitzt man Wissen. Wenn man denkt: „Das ist mein Eigentum", ist man in Unwissenheit. Wir haben das Recht, Gottes Eigentum zu benutzen, doch wir dürfen es weder horten noch unser Eigen nennen.

Wenn wir einen Sack Getreide auf die Straße schütten, werden Tauben dahergeflogen kommen, vier oder fünf Körnchen fressen und dann wieder davonfliegen; sie werden nicht mehr nehmen, als sie fressen können, und fliegen wieder davon, sobald sie satt sind. Wenn wir aber viele Säcke Mehl auf den Bürgersteig stellen und die Leute einladen, sich zu bedienen, wird der eine zehn oder zwanzig Säcke nehmen, der andere fünfzehn oder dreißig Säcke und so weiter. Diejenigen jedoch, die nicht über geeignete Transportmittel verfügen, werden nicht in der Lage sein, mehr als einen oder zwei Säcke mitzunehmen. Das Mehl wird also ungerecht aufgeteilt werden. Das bezeichnet man als Fortschritt der Zivilisation; es fehlt uns sogar das Wissen, das die Tauben, Hunde und Katzen haben. Alles gehört dem Höchsten Herrn, und wir können alles nehmen, was wir brauchen, aber nicht mehr – das ist Wissen. Der Herr hat es so eingerichtet, dass es auf der Welt an nichts mangelt. Es ist von allem genug da, vorausgesetzt, wir wissen, wie es aufgeteilt werden muss. Heutzutage ist es jedoch bedauerlicherweise so, dass der eine mehr nimmt, als er braucht, während ein anderer verhungert. Dies hat zur Folge, dass die hungernden Massen revoltieren und fragen: „Warum sollen wir verhungern?" Aber ihr Ansatz ist unvollkommen. Die Vollkommenheit des spirituellen Kommunismus liegt in dem Wissen, dass alles Gott gehört. Wenn wir die Wissenschaft von Kṛṣṇa kennen, können wir die Unwissenheit der falschen Besitzvorstellungen mit Leichtigkeit überwinden.

Der eigentliche Grund unseres Leidens ist unsere Unwissenheit. Wenn man vor Gericht steht, kann man nicht als Entschuldigung vorbringen: „Das habe ich nicht gewusst." Wenn wir dem Richter sagen, dass wir das Gesetz nicht kennen, werden wir trotzdem bestraft werden. Wenn sich jemand einen großen Geldbetrag widerrechtlich angeeignet hat, aber behauptet, er sei sich der Gesetzwidrigkeit seiner Tat nicht bewusst, wird er trotzdem bestraft werden. Die Welt hat keine Ahnung von diesem Wissen, und deshalb werden Tausende von Lehrern benötigt, die die Wissenschaft von Kṛṣṇa lehren können. Wir sollten nicht glauben, das Wissen der *Bhagavad-gītā* sei sektiererisch oder Kṛṣṇa sei ein sektiererischer Gott, weil Er in Indien geboren wurde. Schließlich erklärt Śrī Kṛṣṇa im 14. Kapitel sogar selbst, dass Er der Vater aller Wesen sei (*Bhagavad-gītā* 14.4), was vorher schon erwähnt wurde.

Als spirituelle Seelen sind wir Teilchen der höchsten spirituellen Seele, doch weil wir den Wunsch hatten, die materielle Welt zu genießen, sind wir in die materielle Natur hineinversetzt worden. Auch wenn wir uns in den verschiedensten Lebensformen befinden, ist Kṛṣṇa immer noch unser Vater. Die *Bhagavad-gītā* ist daher nicht für irgendeine bestimmte Gruppe oder Nation bestimmt, sondern für alle Lebewesen auf der ganzen Welt – sogar für die Tiere. Jetzt, wo die Söhne des Höchsten aufgrund von Unwissenheit Diebstahl begehen, haben diejenigen Menschen, die mit dem Wissen der *Bhagavad-gītā* vertraut sind, die Pflicht, dieses höchste Wissen an alle Wesen weiterzugeben. Auf diese Weise bekommen die Menschen die Möglichkeit, ihre wahre, spirituelle Natur und ihre Beziehung zum höchsten spirituellen Ganzen zu erkennen.

8

Handeln im Wissen über Kṛṣṇa

na māṁ karmāṇi limpanti
na me karma-phale spṛhā
iti māṁ yo 'bhijānāti
karmabhir na sa badhyate

„Es gibt keine Arbeit, die Mich beeinflusst; auch strebe Ich nicht nach den Früchten des Handelns. Wer diese Wahrheit über Mich kennt, wird ebenfalls nicht in die fruchttragenden Reaktionen des Handelns verstrickt" (*Bhagavad-gītā* 4.14).

Die ganze Welt wird durch Karma gebunden. Wir alle haben schon von den Mikroben und Bakterien gehört, von denen auf einer Fläche von einem Quadratmillimeter mehrere Millionen leben. In der *Brahma-saṁhitā* heißt es, dass, angefangen von der Mikrobe, dem sogenannten *indragopa,* bis hinauf zu Indra, dem König der himmlischen Planeten, alle von Karma, den

Reaktionen auf ihre Handlungen, gebunden werden. Wir alle ernten die Reaktionen unseres Handelns, gute oder schlechte, und müssen dementsprechend entweder leiden oder genießen. Solange wir diese Reaktionen erleiden oder genießen müssen, sind wir an den materiellen Körper gefesselt.

Die Natur hat es so eingerichtet, dass das Lebewesen den materiellen Körper bekommt, damit es entweder leiden oder genießen kann. Man bekommt verschiedene Körper zu verschiedenen Zwecken. Der Körper eines Tigers ist so beschaffen, dass er töten und rohes Fleisch fressen kann. In einem Schweinekörper kann man Kot fressen, während die Zähne des Menschen für das Essen von Gemüse und Obst bestimmt sind. Die Beschaffenheit all dieser Körper richtet sich nach den Handlungen, die das Lebewesen in vergangenen Leben ausgeführt hat. Wie unser nächster Körper aussehen wird, richtet sich nach den Handlungen, die wir jetzt ausführen, doch in dem oben zitierten Vers erklärt Śrī Kṛṣṇa, dass ein Mensch, der die transzendentale Natur Seiner Taten kennt, von den Reaktionen auf seine Handlungen frei wird. Unsere Handlungen sollten so geartet sein, dass wir uns durch sie nicht wieder in die materielle Welt verstricken. Solches Handeln ist möglich, wenn wir Kṛṣṇa-bewusst werden, indem wir Kṛṣṇa und die transzendentale Natur Seiner Taten studieren und verstehen, wie Er in der materiellen und in der spirituellen Welt handelt.

Wenn Kṛṣṇa auf die Erde kommt, ist Er nicht wie wir, sondern Er ist völlig transzendental. Wir begehren die Früchte unserer Handlungen, doch Kṛṣṇa begehrt weder irgendwelche Früchte, noch folgen auf Seine Handlungen irgendwelche Reaktionen, noch hat Er das Verlangen, fruchtbringend zu handeln *(na me karma-phale spṛhā)*. Bei all unseren Geschäften hoffen wir darauf, einen Gewinn zu erzielen, womit wir uns Dinge kaufen wollen, die das Leben zum Genuss machen. Immer wenn bedingte Seelen etwas tun, steckt dahinter der Wunsch nach Genuss, während dies bei Kṛṣṇa nicht der Fall ist. Er ist die Höchste Persönlichkeit Gottes, und da Er alles hat, mangelt es Ihm an nichts. Als Kṛṣṇa auf die Erde kam, hatte Er viele Freundinnen und über 16 000 Frauen, und einige Leute glauben, Er sei sehr lüstern gewesen, was jedoch nicht stimmt.

Wir müssen das Wesen der Beziehungen verstehen, die man zu Kṛṣṇa haben kann. In der materiellen Welt haben wir viele Beziehungen als Vater, Mutter, Frau oder Ehemann. Alle Beziehungen, die wir hier finden, sind nichts weiter als eine verzerrte Widerspiegelung der Beziehung, die wir zum Höchsten Herrn haben. Alles, was wir in der materiellen Welt sehen, hat seinen Ursprung in der Absoluten Wahrheit, doch hier wird es unter dem Einfluss der Zeit verzerrt widergespiegelt. Unsere Beziehung zu Kṛṣṇa bleibt bestehen, welcher Art sie auch sein mag. Wenn wir eine Beziehung in Freundschaft haben, ist diese Freundschaft ewig und besteht Leben für Leben weiter. In der materiellen Welt bleibt eine Freundschaft ein paar Jahre lang bestehen und geht dann in die Brüche; deswegen sagt man, sie sei verzerrt, zeitweilig und unwirklich. Wenn wir mit Kṛṣṇa Freundschaft schließen, wird diese Freundschaft niemals in die Brüche gehen. Wenn wir Kṛṣṇa zu unserem Herrn und Meister machen, werden wir nie betrogen werden. Wenn wir Kṛṣṇa als unseren Sohn lieben, wird Er niemals sterben. Wenn wir Kṛṣṇa als unseren Liebhaber lieben, wird Er der beste von allen sein, und es wird niemals zu Trennung kommen. Weil Kṛṣṇa der Höchste Herr ist, ist Er unbegrenzt und hat unendlich viele Geweihte. Einige versuchen, Ihn als Liebhaber oder Ehemann zu lieben, weshalb Kṛṣṇa diese Rolle übernimmt. Wie auch immer wir uns Kṛṣṇa nähern – Er wird uns akzeptieren, wie Er es in der *Bhagavad-gītā* (4.11) sagt:

ye yathā māṁ prapadyante
tāṁs tathaiva bhajāmy aham
mama vartmānuvartante
manuṣyāḥ pārtha sarvaśaḥ

„Alle belohne Ich in dem Maße, wie sie Sich Mir ergeben. Jeder folgt Meinem Pfad in jeder Hinsicht, o Sohn Pṛthās."

Die *gopīs,* die Kuhhirtenmädchen, die Kṛṣṇas Freundinnen waren, hatten in ihren vergangenen Leben sehr harte Bußen auf sich genommen, um Kṛṣṇa zum Ehemann zu bekommen. Auch die Jungen, die mit Kṛṣṇa spielten, hatten – wie es Śukadeva Gosvāmī im *Śrīmad-Bhāgavatam* sagt – in ihren vergangenen Leben schwere Bußen und Entsagungen auf sich genommen, um Kṛṣṇa zum Spielkameraden zu bekommen. Die Spielkameraden, die Gefährten und die Frauen Kṛṣṇas sind also keine gewöhnlichen Lebewesen. Weil wir vom Kṛṣṇa-Bewusstsein keine Ahnung haben, halten wir Seine Taten für belanglos, doch in Wirklichkeit sind sie erhaben. Es ist eine Tatsache, dass unsere Wünsche zur Vollkommenheit gelangen können. Alles, was wir von unserer Veranlagung her wünschen, wird vollkommen in Erfüllung gehen, wenn wir im Kṛṣṇa-Bewusstsein sind.

Kṛṣṇa braucht keine Freunde zum Spielen, und es verlangte Ihn auch nicht nach einer Frau, nicht einmal nach einer einzigen. Wir heiraten eine Frau, weil wir Wünsche haben, die wir uns erfüllen wollen, doch Kṛṣṇa ist in Sich selbst vollkommen *(pūrṇam).* Ein armer Mann hat vielleicht den Wunsch, tausend Dollar auf der Bank liegen zu haben, doch ein reicher Mann, der Millionen hat, wünscht sich nichts dergleichen. Wenn Kṛṣṇa die Höchste Persönlichkeit Gottes ist, warum sollte Er dann Wünsche haben? Stattdessen erfüllt Er die Wünsche anderer. Der Mensch denkt, Gott lenkt. Hätte Kṛṣṇa irgendeinen Wunsch, wäre Er unvollkommen, denn es würde Ihm an etwas mangeln. Deshalb sagt Er, dass Er keinen Wunsch hat. Da Er Yogeśvara, der Meister aller Yogis, ist, wird Sein Wille unmittelbar verwirklicht. Von Wünschen kann gar keine Rede sein. Er wird Ehemann, Liebhaber oder Freund, nur um die Wünsche Seiner Geweihten zu erfüllen. Wenn Kṛṣṇa unser Freund, Meister, Sohn oder Liebhaber wird, werden wir niemals enttäuscht werden. Jedes Lebewesen hat eine bestimmte Beziehung zu Kṛṣṇa, doch gegenwärtig ist diese Beziehung bedeckt. Wenn wir im Kṛṣṇa-Bewusstsein Fortschritte machen, wird sie offenbart werden.

Obwohl der Höchste Herr vollkommen ist und es nichts gibt, was Er zu tun braucht, handelt Er, um ein Beispiel zu geben. Seine Handlungen in der materiellen Welt binden Ihn nicht, und ein Mensch, der dies weiß, wird ebenfalls frei von Handlungen, die Reaktionen erzeugen.

evaṁ jñātvā kṛtaṁ karma
pūrvair api mumukṣubhiḥ
kuru karmaiva tasmāt tvaṁ
pūrvaiḥ pūrva-taraṁ kṛtam

„Alle befreiten Seelen der vergangenen Zeiten handelten in diesem Wissen über Mein transzendentales Wesen. Deshalb solltest du deine vorgeschriebene Pflicht erfüllen, indem du ihrem Beispiel folgst" (*Bhagavad-gītā* 4.15).

Der Vorgang des Kṛṣṇa-Bewusstseins verlangt, dass wir den Fußspuren der großen *ācāryas* folgen, die im spirituellen Leben Erfolg erlangt haben. Wenn man handelt, indem man dem Beispiel folgt, das große *ācāryas,* Weise, Gottgeweihte und erleuchtete Könige gegeben haben, die während ihres Lebens *karma-yoga* praktizierten, wird man ebenfalls frei werden.

Arjuna wollte auf dem Schlachtfeld von Kurukṣetra nicht kämpfen, denn er hatte große Angst vor den Auswirkungen auf seine kriegerischen Handlungen. Kṛṣṇa versicherte ihm deshalb, es sei ausgeschlossen, dass er sich verstricke, wenn er um Seinetwillen, das heißt um Kṛṣṇas willen, kämpfe.

kiṁ karma kim akarmeti
kavayo 'py atra mohitāḥ
tat te karma pravakṣyāmi
yaj jñātvā mokṣyase 'śubhāt

„Selbst die Intelligenten sind verwirrt, wenn sie bestimmen sollen, was Handeln und was Nichthandeln ist. Ich werde dir jetzt erklären, was Handeln ist, und wenn du dies weißt, wirst du von allem Unglück befreit sein" (*Bhagavad-gītā* 4.16).

Die Menschen wissen tatsächlich nicht genau, was Handeln (Karma) und was Nichthandeln *(akarma)* ist. Kṛṣṇa deutet hier an, dass selbst große Gelehrte *(kavayaḥ)* verwirrt sind, wenn es darum geht, die Natur des Handelns zu verstehen. Man muss zwischen vorteilhaften und unvorteilhaften, autorisierten und nicht autorisierten sowie verbotenen und nicht verbotenen Handlungen unterscheiden können. Wenn wir das Prinzip des Handelns verstehen, können wir von materieller Bindung frei werden. Man muss deshalb wissen, wie man handeln soll, damit man nach dem Verlassen des materiellen Körpers nicht mehr gezwungen sein wird, einen weiteren Körper anzunehmen, sondern ungehindert in die spirituelle Welt eintreten kann. Der Leitsatz richtigen Handelns wird von Śrī Kṛṣṇa im letzten Vers des 11. Kapitels klar formuliert:

mat-karma-kṛn mat-paramo
mad-bhaktaḥ saṅga-varjitaḥ
nirvairaḥ sarva-bhūteṣu
yaḥ sa mām eti pāṇḍava

„Mein lieber Arjuna, wer sich in Meinem reinen hingebungsvollen Dienst beschäftigt, frei von den Verunreinigungen durch fruchtbringende Tätigkeiten und gedankliche Spekulation, wer für Mich arbeitet, wer Mich zum höchsten Ziel seines Lebens macht und wer jedem Lebewesen ein Freund ist, gelangt mit Sicherheit zu Mir" (*Bhagavad-gītā* 11.55).

Dieser Vers reicht aus, um uns ein Verständnis von der Essenz der *Bhagavad-gītā* zu vermitteln. Man muss „Meine Handlungen" verrichten. Welche Handlungen damit gemeint sind, geht aus der letzten Anweisung hervor, die Kṛṣṇa Arjuna in der *Bhagavad-gītā* gibt. Er rät ihm dort nämlich, sich Ihm zu ergeben (*Bhagavad-gītā* 18.66).

Das Beispiel Arjunas soll uns lehren, dass wir nur solche Handlungen verrichten sollten, die von Kṛṣṇa gutgeheißen werden. Das ist die Mission des menschlichen Lebens, doch wir sind uns dessen nicht bewusst. Aufgrund unserer Unwissenheit führen wir ständig Handlungen aus, die mit der körperlichen, materiellen Lebensauffassung verbunden sind. Kṛṣṇa wollte, dass Arjuna kämpfte, und obwohl Arjuna dies ablehnte, tat er es, weil Kṛṣṇa es so wünschte. Wir müssen von ihm lernen und seinem Beispiel folgen.

Natürlich war Kṛṣṇa in Arjunas Fall gegenwärtig und sagte ihm, was er zu tun hatte, doch wer sagt uns, was wir tun sollen? Śrī Kṛṣṇa wies Arjuna persönlich an, auf bestimmte Art und Weise zu handeln, doch nur weil Kṛṣṇa nicht persönlich vor uns steht, sollten wir nicht denken, niemand zeige uns den Weg. Es wird uns sehr wohl gesagt, wie wir handeln sollen. Im letzten Kapitel der *Bhagavad-gītā* wird beschrieben, welche Tätigkeiten für uns die besten sind.

ya idaṁ paramaṁ guhyaṁ
mad-bhakteṣv abhidhāsyati
bhaktiṁ mayi parāṁ kṛtvā
mām evaiṣyaty asaṁśayaḥ

na ca tasmān manuṣyeṣu
kaścin me priya-kṛttamaḥ
bhavitā na ca me tasmād
anyaḥ priya-taro bhuvi

„Demjenigen, der dieses höchste Geheimnis den Gottgeweihten erklärt, ist reiner hingebungsvoller Dienst garantiert, und am Ende wird er zu Mir zurückkehren. Kein Diener auf dieser Welt ist Mir lieber als er, und niemals wird Mir einer lieber sein" (*Bhagavad-gītā* 18.68–69).

Es ist daher unsere Pflicht, die Lehre der *Bhagavad-gītā* zu predigen und die Menschen Kṛṣṇa-bewusst zu machen. Die Menschen leiden, weil es ihnen an Kṛṣṇa-Bewusstsein mangelt. Wir sollten es uns alle zur Aufgabe machen, die Wissenschaft von Kṛṣṇa zum Nutzen der ganzen Welt zu verbreiten. Śrī Caitanya Mahāprabhu kam mit der Mission, Kṛṣṇa-Bewusstsein zu lehren. Er sagte, dass ein Mensch, ungeachtet seines Ranges, als spiritueller Meister angesehen werden müsse, wenn er Kṛṣṇa-Bewusstsein lehre. Sowohl die *Bhagavad-gītā* als auch das *Śrīmad-Bhāgavatam* sind voll von Wissen, wie man Kṛṣṇa-bewusst werden kann. Śrī Caitanya Mahāprabhu wählte diese zwei Bücher aus und äußerte die Bitte, dass die Menschen aus aller Welt die Wissenschaft von Kṛṣṇa in jeder Stadt und in jedem Dorf verbreiten mögen. Śrī Caitanya Mahāprabhu war Kṛṣṇa selbst, und wir sollten Seine Worte als Kṛṣṇas Hinweis auf die Art der Handlung verstehen, die wir verrichten sollen. Allerdings sollten wir sehr darauf achten, die *Bhagavad-gītā* so zu präsentieren, wie sie ist, ohne eigene Interpretation und selbstische Motivation. Einige Leute präsentieren Interpretationen der *Bhagavad-gītā,* doch wir sollten die Worte so darlegen, wie sie von Śrī Kṛṣṇa gesprochen wurden.

Es mag so aussehen, als handle ein Mensch, der für Kṛṣṇa tätig ist, genau wie jeder andere in der materiellen Welt, doch dem ist nicht so. Arjuna mag genau wie ein gewöhnlicher Krieger gekämpft haben, doch weil er im Kṛṣṇa-Bewusstsein kämpfte, wurde er in die Ergebnisse seiner Handlungen nicht verwickelt. Seine Handlungen sahen daher zwar materiell aus, waren aber in Wirklichkeit nicht im Geringsten materiell. Jede Handlung, die von Kṛṣṇa gebilligt worden ist – welcher Art sie auch sein mag –, hat keine Reaktion. Kämpfen mag etwas Unschönes sein, doch in manchen Fällen, wie beispielsweise bei der Schlacht von Kurukṣetra, ist es absolut notwendig. Andererseits mögen wir Arbeit verrichten, die in den Augen der Welt altruistisch oder menschenfreundlich ist, aber trotzdem wird uns diese Arbeit binden, weil sie materiell ist. Es ist also nicht die Handlung selbst, die wichtig ist, sondern das Bewusstsein, mit dem die Handlung ausgeführt wird.

karmaṇo hy api boddhavyaṁ
boddhavyaṁ ca vikarmaṇaḥ
akarmaṇaś ca boddhavyaṁ
gahanā karmaṇo gatiḥ

„Die Kompliziertheit des Handelns ist sehr schwer zu verstehen. Deshalb sollte man genau wissen, was Handeln ist, was verbotenes Handeln ist und was Nichthandeln ist" (*Bhagavad-gītā* 4.17).

Der Pfad des Karma ist sehr verworren; deshalb sollten wir die Unterschiede zwischen Karma, *akarma* und *vikarma* kennen. Wenn wir uns einfach im Kṛṣṇa-Bewusstsein betätigen, wird alles offenbart. Wenn wir uns jedoch nicht im Kṛṣṇa-Bewusstsein betätigen, werden wir zwischen dem, was wir tun sollten, und dem, was wir nicht tun sollten, unterscheiden müssen, um uns vor den Reaktionen auf unsere Handlungen zu schützen. Genau wie es auch im alltäglichen Leben vorkommt, dass wir unbewusst gegen ein Gesetz verstoßen und die Konsequenz in Kauf nehmen müssen, so sind auch die Gesetze der Natur hart und unerbittlich und lassen keine Entschuldigung gelten. Es ist ein Naturgesetz, dass Feuer brennt, was es auch tun wird, wenn es von einem Kind berührt wird, das unwissend und unschuldig ist. Wir müssen daher sehr sorgfältig überlegen, bevor wir handeln, damit uns die strengen Naturgesetze nicht als Reaktion Leid aufzwingen. Wir müssen also wissen, welche Handlungen wir ausführen und welche wir unterlassen sollen.

Das Wort Karma bezieht sich auf vorgeschriebene Pflichten. Das Wort *vikarma* bezieht sich auf Handlungen, die gegen die vorgeschriebenen Pflichten verstoßen, während das Wort *akarma* sich auf Handlungen bezieht, die überhaupt keine Reaktion nach sich ziehen. Wenn jemand *akarma*-Handlungen ausführt, mag es so aussehen, als stellten sich einige Reaktionen ein, was in Wirklichkeit jedoch nicht der Fall ist. Wenn wir im Einklang mit den Anweisungen Kṛṣṇas handeln, sind wir tatsächlich frei von Reaktionen. Wenn wir uns entschließen, jemanden umzubringen, wird die Staatsregierung die Todesstrafe über uns verhängen. Eine solche Handlung wird als *vikarma* bezeichnet, denn sie verstößt gegen die vorgeschriebene Handlungsweise. Wenn uns die Regierung jedoch zum Militärdienst einberuft und wir in der Schlacht kämpfen und jemanden töten, zieht dies keine Reaktionen nach sich. Das nennt man *akarma.* In dem einen Fall handeln wir eigenmächtig und in dem anderen auf den Befehl der Regierung hin. In ähnlicher Weise werden die Handlungen, die wir auf die Anweisung Kṛṣṇas hin ausführen, als *akarma* bezeichnet, denn diese Art von Handlungen erzeugt keine Reaktionen.

karmaṇy akarma yaḥ paśyed
akarmaṇi ca karma yaḥ
sa buddhimān manuṣyeṣu
sa yuktaḥ kṛtsna-karma-kṛt

„Wer Nichthandeln in Handeln und Handeln in Nichthandeln sieht, ist intelligent unter den Menschen, und er befindet sich auf der transzendentalen Ebene, obwohl er allen möglichen Tätigkeiten nachgeht" (*Bhagavad-gītā* 4.18).

Jemand, der wirklich sieht, dass es auch Handlungen gibt, die kein Karma verursachen, der, mit anderen Worten, die

Natur von *akarma* versteht, sieht die Dinge so, wie sie in Wirklichkeit sind. Das Wort *akarmaṇi* bezieht sich auf jemanden, der die auf Karma folgenden Reaktionen zu vermeiden versucht. Wenn man seine Tätigkeiten im Kṛṣṇa-Bewusstsein ausführt, ist man frei, obwohl man allen möglichen Tätigkeiten nachgeht. Auf dem Schlachtfeld von Kurukṣetra kämpften sowohl Arjuna als auch diejenigen, die auf der Seite Duryodhanas standen. Es ist wichtig, zu verstehen, aus welchem Grund Arjuna im Gegensatz zu Duryodhana keine Reaktion bekommt. Nach außen hin hat es den Anschein, als bestehe zwischen dem Kämpfen beider Parteien kein Unterschied, doch Arjuna wird nicht von Reaktionen gebunden, weil er auf den Befehl Kṛṣṇas hin kämpft. Wenn jemand im Kṛṣṇa-Bewusstsein handelt, bringt sein Handeln also keine Reaktion mit sich. Wer dies erkennen und verstehen kann, muss als überaus intelligent angesehen werden *(sa buddhimān)*. Es ist also nicht so wichtig, dass man sieht, was ein Mensch tut, sondern dass man versteht, warum er es tut.

Eigentlich tat Arjuna auf dem Schlachtfeld Dinge, die ihm sehr unangenehm waren, doch weil er im Kṛṣṇa-Bewusstsein handelte, hatte er keine Reaktionen zu erleiden. Wir mögen irgendeine Handlung ausführen, die wir für eine sehr gute Tat halten, doch wenn wir sie nicht im Kṛṣṇa-Bewusstsein ausführen, müssen wir dafür Reaktionen erleiden. Vom materiellen Standpunkt aus gesehen war Arjunas anfänglicher Beschluss, nicht zu kämpfen, gut, vom spirituellen Standpunkt aus gesehen aber war er nicht gut. Wenn wir fromm handeln, bekommen wir bestimmte Ergebnisse. Zum Beispiel kann es sein, dass wir in einer guten Familie wie der eines *brāhmaṇa* oder eines reichen Mannes geboren werden und dass wir sehr reich oder sehr gelehrt werden oder einen schönen Körper erhalten.

Wenn wir dagegen unfromm handeln, kann es sein, dass wir in einer niedrigen Familie oder in einer Tierfamilie geboren werden müssen oder dass wir ungebildet, dumm oder sehr hässlich werden. Auch wenn wir sehr fromme Werke tun und in einer guten Familie geboren werden, sind wir den strengen Gesetzen von Aktion und Reaktion unterworfen. Unser Hauptziel sollte es sein, den Gesetzen der materiellen Welt zu entrinnen. Wenn wir dies nicht verstehen, werden wir uns von einer aristokratischen Herkunft, Reichtum, guter Bildung oder einem schönen Körper betören lassen. Wir sollten begreifen, dass man selbst dann, wenn man all diese Vorzüge materiellen Lebens hat, nicht von Geburt, Alter, Krankheit und Tod frei ist. Um uns darauf aufmerksam zu machen, warnt uns Śrī Kṛṣṇa in der *Bhagavad-gītā* (8.16):

ā-brahma-bhuvanāl lokāḥ
punar āvartino 'rjuna
mām upetya tu kaunteya
punar janma na vidyate

„Alle Planeten in der materiellen Welt – vom höchsten bis hinab zum niedrigsten – sind Orte des Leids, an denen sich Geburt und Tod wiederholen. Wer aber in Mein Reich gelangt, o Sohn Kuntīs, wird niemals wieder geboren."

Selbst auf Brahmaloka, dem höchsten Planeten im materiellen Universum, wiederholen sich Geburt und Tod. Wenn wir aus diesem Kreislauf befreit werden wollen, müssen wir Kṛṣṇas Planeten erreichen. Es mag sehr angenehm sein, ein reicher oder schöner Mensch zu sein, doch wie lange werden wir dies bleiben können? Das ist nicht unser ewiges Leben. Wir können vielleicht fünfzig, sechzig oder höchstens hundert Jahre lang gelehrt, reich und schön bleiben, doch das wahre Leben ist weder nach fünfzig noch nach hundert Jahren, ja nicht einmal nach Tausenden oder Millionen von Jahren beendet. Wir sind ewig, doch wir müssen unser ewiges Leben wiedererlangen. Unser ganzes Problem besteht darin, dass wir es noch nicht erlangt haben; doch dieses Problem findet seine Lösung, wenn wir Kṛṣṇa-bewusst werden.

Wenn wir unseren materiellen Körper im Kṛṣṇa-Bewusstsein verlassen, werden wir nicht wieder in die materielle Welt zurückkehren müssen. Das Entscheidende ist, dass das materielle Dasein gänzlich vermieden werden sollte. Unser Problem wird nicht gelöst, wenn wir unsere Situation in der materiellen Welt verbessern. Wenn ein Häftling versucht, seine Situation im Gefängnis zu verbessern, um ein Gefangener erster Klasse zu werden, wird ihm die Regierung diesen Status vielleicht erteilen, doch kein vernünftiger Mensch wird zufrieden sein, nur weil er seine Strafe in einer Zelle erster Klasse absitzen darf. Man sollte versuchen, ganz aus dem Gefängnis herauszukommen. Jeder in der materiellen Welt ist ein Gefangener – ob nun erster Klasse, zweiter Klasse oder dritter Klasse. Wirkliches Wissen besteht nicht darin, dass man eine Professur oder einen Doktortitel bekommt, sondern dass man diese Grundprobleme des Daseins versteht.

yasya sarve samārambhāḥ
kāma-saṅkalpa-varjitāḥ
jñānāgni-dagdha-karmāṇaṁ
tam āhuḥ paṇḍitaṁ budhaḥ

„Jemanden, der in vollkommenem Wissen gründet, erkennt man daran, dass jede seiner Bemühungen frei ist von dem

Wunsch nach Sinnenbefriedigung. Über jemanden, der so handelt, sagen die Weisen, dass das Feuer des vollkommenen Wissens alle Reaktionen auf seine Tätigkeiten verbrannt hat" (*Bhagavad-gītā* 4.19).

Das Wort *paṇḍitam* bedeutet „gelehrt", während *budhāḥ* „über viel Wissen verfügend" bedeutet. Das Wort *budhāḥ* finden wir auch im 10. Kapitel in dem Vers *budhā bhāva samanvitāḥ* (*Bhagavad-gītā* 10.8). Der *Bhagavad-gītā* zufolge muss man nicht unbedingt ein Gelehrter sein, nur weil man lange Zeit an einer Universität studiert hat. In der *Bhagavad-gītā* heißt es, dass derjenige ein gelehrter Mensch ist, der alles mit gleichen Augen sieht.

vidyā-vinaya-sampanne
brāhmaṇe gavi hastini
śuni caiva śva-pāke ca
paṇḍitāḥ sama-darśinaḥ

„Die demütigen Weisen sehen kraft wahren Wissens einen gelehrten und edlen *brāhmaṇa,* eine Kuh, einen Elefanten, einen Hund und einen Hundeesser [Kastenlosen] mit gleicher Sicht" (*Bhagavad-gītā* 5.18).

In der vedischen Kultur Indiens gilt ein gelehrter *brāhmaṇa* als die höchste Persönlichkeit in der Gesellschaft. Der *paṇḍita,* der gelehrt und sanftmütig ist, sieht einen solchen *brāhmaṇa* auf derselben Stufe wie einen Hund oder einen Unberührbaren, der Hunde isst. Mit anderen Worten, er sieht zwischen den Höchsten und den Niedrigsten keine Unterschiede. Soll das heißen, dass es keinen Unterschied macht, ob man ein gelehrter *brāhmaṇa* oder ein Hund ist? Doch, es macht sehr wohl einen Unterschied, doch der *paṇḍita* sieht sie mit gleicher Sicht, denn er sieht nicht die Haut, sondern die spirituelle Seele. Jemand, der die Kunst gelernt hat, in jedem Lebewesen die gleiche spirituelle Seele zu sehen, wird als *paṇḍita* angesehen, denn in Wirklichkeit ist jedes Lebewesen ein spiritueller Funke, ein Teilchen des vollständigen spirituellen Ganzen. Der spirituelle Funke, der sich in allen Lebewesen befindet, bleibt immer der gleiche, doch die Kleidung, die er trägt, ist verschieden. Wenn ein ehrenwerter Mann in einem schäbigen Gewand kommt, so bedeutet dies nicht, dass er respektlos behandelt werden sollte. In der *Bhagavad-gītā* wird der materielle Körper mit Kleidern verglichen, die die spirituelle Seele trägt.

vāsāṁsi jīrṇāni yathā vihāya
navāni gṛhṇāti naro parāṇi
tathā śarīrāṇi vihāya jīrṇāny
anyāni saṁyāti navāni dehī

„Wie ein Mensch alte Kleider ablegt und neue anzieht, so gibt die Seele alt und unbrauchbar gewordene Körper auf und nimmt neue materielle Körper an" (*Bhagavad-gītā* 2.22).

Wann immer wir ein Lebewesen sehen, sollten wir denken: „Hier ist eine spirituelle Seele." Jeder, der dies versteht und solch eine spirituelle Sicht vom Leben hat, ist ein *paṇḍita*. Cāṇakya Paṇḍita definiert Bildung bzw. die Eigenschaften, durch die sich ein *paṇḍita* auszeichnet, folgendermaßen: „Ein gelehrter Mann sieht alle Frauen, mit Ausnahme seiner eigenen, als seine Mutter; er betrachtet alle materiellen Besitztümer als Abfall auf der Straße, und er betrachtet die Leiden anderer, als wären sie seine eigenen." Buddha lehrte, dass man niemandem, nicht einmal Tieren, Schmerz zufügen sollte, weder mit Worten noch mit Taten. Das ist die Eigenschaft, die einen *paṇḍita* ausmacht – ein Grundsatz, nach dem jeder leben sollte. Ein Mensch sollte nicht bloß auf Grundlage eines akademischen Grades als gebildet angesehen werden, sondern wenn er eine spirituelle Sicht vom Leben hat und entsprechend dieser Sicht handelt. Das ist die Bedeutung des Wortes *paṇḍita,* wie es in der *Bhagavad-gītā* definiert wird. In ähnlicher Weise bezeichnet man mit dem Wort *budhāḥ* speziell einen Menschen, der die Schriften eingehend studiert hat und darin sehr bewandert ist. Das Ergebnis solcher Verwirklichung und Kenntnis der Schriften wird in der *Bhagavad-gītā* folgendermaßen beschrieben:

ahaṁ sarvasya prabhavo
mattaḥ sarvaṁ pravartate
iti matvā bhajante māṁ
budhā bhāva-samanvitāḥ

„Ich bin der Ursprung aller spirituellen und materiellen Welten. Alles geht von Mir aus. Die Weisen, die dies vollkommen verstanden haben, beschäftigen sich in Meinem hingebungsvollen Dienst und verehren Mich von ganzem Herzen" (*Bhagavad-gītā* 10.8).

Ein Gelehrter *(budhāḥ)* zeichnet sich dadurch aus, dass er Kṛṣṇa als den Ursprung aller Emanationen erkannt hat. Alles, was wir sehen, ist nur eine Emanation Kṛṣṇas. Seit Millionen und Abermillionen von Jahren sendet die Sonne ihre Strahlen aus, aber trotzdem bleibt sie immer gleich. In ähnlicher Weise kommen alle materiellen und spirituellen Energien von Kṛṣṇa. Wenn ein Mensch dies weiß, wird er ein Geweihter Kṛṣṇas.

Wirklich gelehrt ist also derjenige, der nicht mehr den Wunsch hat, die materielle Welt zu genießen, und der weiß, dass er im Kṛṣṇa-Bewusstsein handeln muss. Jeder in der materiellen Welt wird von Lust *(kāma)* getrieben, doch der Weise ist frei von der Herrschaft dieser Lust *(kāma-saṅkalpa-varjitāḥ)*. Und wie ist das möglich? *Jñānāgni-dagdha-karmāṇam:* Das Feuer des Wissens verbrennt alle Reaktionen auf sündhafte Handlungen. Dies ist der mächtigste aller Reinigungsvorgänge. Unser Leben hat nur in dem Maße einen Sinn und ein Ziel, wie wir uns bemühen, das transzendentale Wissen des Kṛṣṇa-Bewusstseins zu erlangen, das als *rāja-vidyā* bezeichnet wird, der König allen Wissens.

Das unvergleichliche Geschenk

1

Spirituelles Wissen durch Kṛṣṇa

Das Ziel der Bewegung für Kṛṣṇa-Bewusstsein besteht darin, alle Lebewesen zu ihrem ursprünglichen Bewusstsein zurückzubringen. Alle Lebewesen in der materiellen Welt sind – in verschiedenem Ausmaß – von einer Art Wahnsinn befallen. Die Bewegung für Kṛṣṇa-Bewusstsein hat es sich zur Aufgabe gemacht, den Menschen von seiner materiellen Krankheit zu heilen und sein ursprüngliches Bewusstsein wiederherzustellen. In einem bengalischen Gedicht, das von einem großen Vaiṣṇava-Dichter verfasst wurde, heißt es: „Wenn man von einem Geist besessen ist, kann man nur Unsinn reden. Ebenso sollte jemand, der unter dem Einfluss der materiellen Natur steht, als besessen angesehen werden, und alles, was er von sich gibt, als bloßes unsinniges Geschwätz." Wenn man von dem Geist *māyās,* der Illusion, besessen ist, werden alle Theorien, die man aufstellt, und alles, was man sagt, mehr oder weniger unsinnig sein, selbst wenn man als großer Philosoph oder Wissenschaftler gilt.

Mörder berufen sich oft darauf, dass sie sich während der Tat in einem Zustand des Wahnsinns befunden haben. In einem indischen Gerichtsverfahren wurde ein Psychiater hinzugezogen, um einen Mörder zu untersuchen, der auf diese Weise Strafmilderung begehrte. Der Psychiater wandte sich dann folgendermaßen an den Richter: „Meine Erfahrung zeigt, dass jeder Täter mehr oder weniger wahnsinnig ist. Alle sind verrückt. Ob Sie diese Tatsache in diesem Fall in Betracht ziehen möchten, überlasse ich gerne Ihnen."

Es ist schwierig, in der materiellen Welt geistig gesunde Leute zu finden. Wo immer man hinsieht, herrscht eine Atmosphäre der Verrücktheit vor. Dies liegt ausschließlich daran, dass die gesamte Welt von materiellem Bewusstsein verseucht ist.

Der Zweck der Hare-Kṛṣṇa-Bewegung besteht darin, den Menschen wieder zu seinem ursprünglichen, klaren Bewusstsein, dem Kṛṣṇa-Bewusstsein, zurückzubringen. Wenn das Regenwasser aus den Wolken fällt, ist es so rein wie destilliertes Wasser, doch sobald es den Boden berührt, wird es trübe. In ähnlicher Weise sind wir ursprünglich eine reine spirituelle Seele, ein Teilchen Kṛṣṇas. Wir sind daher von unserem Wesen her eigentlich so rein wie Gott. In der *Bhagavad-gītā* sagt Śrī Kṛṣṇa:

mamaivāṁśo jīva-loke
jīva-bhūtaḥ sanātanaḥ
manaḥ ṣaṣṭhānīndriyāṇi
prakṛti-sthāni karṣati

„Die Lebewesen in der bedingten Welt sind Meine ewigen fragmentarischen Teile. Aufgrund ihres bedingten Lebens kämpfen sie sehr schwer mit den sechs Sinnen, zu denen auch der Geist gehört“ (*Bhagavad-gītā* 15.7).

Alle Lebewesen sind also Teile Kṛṣṇas. Wenn wir „Kṛṣṇa“ sagen, sollten wir uns immer daran erinnern, dass wir von Gott sprechen und dass das Wort „Kṛṣṇa“ die allanziehende Höchste Persönlichkeit Gottes bezeichnet. So wie ein Goldkorn qualitativ, also von der Beschaffenheit her, mit einem Berg aus Gold identisch ist, so sind die winzigen Teilchen von Kṛṣṇas Körper qualitativ gleich wie Kṛṣṇa. Gottes Körper hat dieselbe Zusammensetzung wie der ewige spirituelle Körper des Lebewesens – beide sind spirituell. Wir besaßen daher ursprünglich, als wir noch nicht verunreinigt waren, einen Körper, der von gleicher Natur war wie der Körper Gottes. Aber genau wie Regen auf den Boden fällt, so kommen wir mit der materiellen Welt in Berührung, die von der äußeren, materiellen Energie Kṛṣṇas gelenkt wird.

Wenn wir von äußerer Energie oder von materieller Natur sprechen, erhebt sich die Frage: „Wessen Energie? Wessen Natur?“ Die materielle Energie, die materielle Natur, arbeitet nicht unabhängig. Diese Idee der Unabhängigkeit ist töricht. In der *Bhagavad-gītā* heißt es klar, dass die materielle Natur nicht selbstständig arbeitet. Wenn ein unwissender Mensch eine Maschine sieht, denkt er, sie arbeite automatisch, was in Wirklichkeit natürlich nicht der Fall ist. Hinter der Maschinerie befindet sich jemand, der die Maschine bedient und kontrolliert, auch wenn wir die Person, die die Maschine überwacht, aufgrund unserer begrenzten Sicht manchmal nicht sehen können. Hinter all den komplizierten elektronischen Geräten, die heutzutage so wunderbar funktionieren, befinden sich letztlich Wissenschaftler, die die Knöpfe programmiert haben. Das ist so zu verstehen: Da eine Maschine aus Materie besteht, kann sie nicht selbstständig arbeiten, sondern muss von spiritueller Energie in Betrieb genommen und gehandhabt werden. Ein Tonbandgerät funktioniert, aber es funktioniert nach den Plänen und unter der Leitung eines Lebewesens, eines Menschen. Obwohl die Maschine funktionstüchtig ist, kann sie nur arbeiten, wenn sie von einer spirituellen Seele in Betrieb genommen wird. In ähnlicher Weise sollten wir verstehen, dass die kosmische Manifestation, die wir Natur nennen, eine große Maschine ist und dass hinter dieser Maschine Gott, Kṛṣṇa, steht. Das wird auch in der *Bhagavad-gītā* bestätigt, wo Kṛṣṇa sagt:

mayādhyakṣeṇa prakṛtiḥ
sūyate sa-carācaram
hetunānena kaunteya
jagad viparivartate

„Die materielle Natur, die eine Meiner Energien ist, ist unter Meiner Führung tätig, o Sohn Kuntīs, und bringt alle sich bewegenden und sich nicht bewegenden Wesen hervor. Nach ihrem Gesetz wird diese Manifestation immer wieder geschaffen und aufgelöst" (*Bhagavad-gītā* 9.10).

Es gibt zwei Arten von Wesen – die sich bewegenden (wie Menschen und Tiere) und die sich nicht bewegenden (wie Bäume und Berge). Kṛṣṇa sagt, dass die materielle Natur, die diese beiden Arten von Wesen beherrscht, unter Seiner Leitung handelt. Hinter allem befindet sich also ein höchster Lenker. Die heutige Zivilisation versteht dies nicht, weil es ihr an Wissen mangelt. Die Gesellschaft für Kṛṣṇa-Bewusstsein hat es sich deshalb zur Aufgabe gemacht, alle Menschen, die aufgrund des

Einflusses der drei Erscheinungsweisen der materiellen Natur verrückt geworden sind, zu erleuchten. Mit anderen Worten, unser Ziel ist es, die Menschheit wieder in ihren Normalzustand zurückzuversetzen.

Obwohl es so viele Wissensgebiete und – gerade hier, in den Vereinigten Staaten – so viele Universitäten gibt, werden diese Themen nicht behandelt. Wo ist die Fakultät für das Wissen, das Śrī Kṛṣṇa in der *Bhagavad-gītā* lehrt? Als ich an der Technischen Hochschule von Massachusetts vor Studenten und Mitgliedern des Lehrkörpers einen Vortrag hielt, war meine erste Frage: „Wo ist die technische Abteilung, die den tatsächlichen Unterschied zwischen einem toten und einem lebenden Menschen untersucht?"

Irgendetwas geht verloren, wenn der Mensch stirbt. Wo ist das Labor, das dieses fehlende Etwas ersetzen kann? Warum versuchen die Wissenschaftler nicht, dieses Problem zu lösen? Weil dies ein sehr schwieriges Thema ist, schieben sie es beiseite und widmen sich in erster Linie der Verbesserung von Essen, Schlafen, Sex und Verteidigung. Die vedischen Schriften setzen uns jedoch davon in Kenntnis, dass sich diese Art von technischer Wissenschaft auf der tierischen Ebene befindet. Auch die Tiere versuchen nach besten Kräften, gut zu essen, Sex zu genießen, friedlich zu schlafen und sich zu verteidigen. Worin besteht also der Unterschied zwischen dem Wissen des Menschen und dem der Tiere?

Menschliches Wissen sollte für die Erforschung des Unterschieds zwischen einem lebenden und einem toten Körper eingesetzt werden. Dieses spirituelle Wissen offenbarte Kṛṣṇa Arjuna zu Beginn der *Bhagavad-gītā*. Als Freund Kṛṣṇas war Arjuna sehr intelligent, aber sein Wissen war – wie das aller

Menschen – begrenzt. Kṛṣṇa sprach jedoch über Themen, die sich jenseits von Arjunas begrenztem Wissen befanden. Diese Themenbereiche werden als *adhokṣaja* bezeichnet, weil wir uns ihnen mit unserer direkten Sinneswahrnehmung, durch die wir materielles Wissen erwerben, nicht nähern können. Wir haben zum Beispiel leistungsstarke Mikroskope, mit denen wir Objekte betrachten können, die dem nackten Auge unerreichbar sind, aber es gibt kein Mikroskop, das die Seele im Körper sichtbar machen kann. Und trotzdem existiert die Seele.

Aus der *Bhagavad-gītā* erfahren wir, dass sich im Körper ein Eigentümer befindet. Ich bin der Eigentümer meines Körpers und andere sind die Eigentümer ihrer Körper. Ich sage „meine Hand", aber nicht „ich, Hand". Da es „meine Hand" ist, bin ich von der Hand verschieden, denn ich bin ihr Besitzer. Wir sagen auch: „Mein Auge", „mein Bein", usw. Wo aber bin ich, der Besitzer all dieser Dinge? Die Suche nach der Antwort auf diese Frage ist der Vorgang der Meditation. Bei echter Meditation fragt man sich: „Wo bin ich? Was bin ich?" Die Antwort auf diese Fragen können wir nicht mithilfe von materiellen Anstrengungen finden, weswegen alle Universitäten diese Fragen missachten. Sie sagen: „Dieses Thema ist zu schwierig." Oder sie sagen: „Das ist irrelevant." Folglich richten die Ingenieure ihre Aufmerksamkeit auf die Erzeugung und Perfektionierung des pferdelosen Wagens und des flügellosen Vogels. Früher wurden die Wagen von Pferden gezogen, und es gab keine Luftverschmutzung, während es jetzt Autos und Raketen gibt, worauf die Wissenschaftler sehr stolz sind. „Wir haben pferdelose Wagen und schwingenlose Vögel erfunden", brüsten sie sich. Sie erfinden zwar der Natur abgeschaute Flügel fürs Flugzeug oder Raumschiff, aber sie können keinen seelenlosen Körper erfinden. Wenn ihnen das gelingt, verdienen sie tatsächlich Anerkennung, aber dieser Versuch muss gezwungenermaßen scheitern, denn wir wissen, dass eine Maschine nur funktionieren kann, wenn sie von einer spirituellen Seele bedient wird. Selbst die kompliziertesten Rechner benötigen geschulte Leute, die sie bedienen. In ähnlicher Weise wird die große Maschine, die als die kosmische Manifestation bezeichnet wird, vom höchsten spirituellen Wesen, Kṛṣṇa, gelenkt. Die Wissenschaftler suchen zwar nach der eigentlichen Ursache oder dem höchsten Kontrollorgan des materiellen Universums und stellen verschiedene Theorien und Thesen auf, aber die wirkliche Methode, um Wissen zu erwerben, ist sehr einfach und vollkommen: Wir brauchen lediglich der vollkommenen Person, Kṛṣṇa, zuzuhören. Jedem, der die Lehren der *Bhagavad-gītā* annimmt, wird sofort das Wissen zuteil, warum die große kosmische Maschine, von der die Erde nur ein Teil ist, so wunderbar funktioniert – weil sie von einer Person, nämlich von Kṛṣṇa, gelenkt wird.

Unsere Methode, um Wissen zu erwerben, ist sehr einfach. Die *Bhagavad-gītā,* die Kṛṣṇas Lehren enthält, ist das wichtigste Buch des Wissens, das direkt vom *ādi-puruṣa,* der höchsten, urersten Person, der Höchsten Persönlichkeit Gottes, stammt. Kṛṣṇa ist wahrlich die vollkommene Person. Jemand könnte einwenden, dass wir Ihn zwar als die vollkommene Person anerkannt haben, dass es aber viele andere gibt, die dies nicht tun. Man sollte jedoch nicht denken, dieses Anerkennen geschehe aus einer Laune heraus; wenn Er als die vollkommene Person anerkannt wird, so geschieht dies unter Berufung auf viele Autoritäten. Wir betrachten Kṛṣṇa nicht nur einfach auf der Grundlage unserer Launen oder Gefühle als vollkommen. Nein, Kṛṣṇa wird von vielen vedischen Autoritäten wie Vyāsadeva, dem Autor aller vedischen Schriften, als Gott anerkannt. Die Veden sind die Schatzkammer des Wissens, ihr Verfasser Vyāsadeva erkennt Kṛṣṇa als die Höchste Persönlichkeit Gottes an, und auch Vyāsadevas spiritueller Meister Nārada erkennt Kṛṣṇa als Gott an. Nāradas spiritueller Meister, Brahmā, erkennt Kṛṣṇa nicht nur als die Höchste Person, sondern auch als den höchsten Kontrollierenden an – *īśvaraḥ paramaḥ kṛṣṇa:* „Der höchste Herrscher ist Kṛṣṇa."

Es gibt niemanden in der Schöpfung, der behaupten kann, er werde nicht beherrscht. Jeder, gleichgültig, wie wichtig oder mächtig er ist, untersteht der Herrschaft eines anderen. Kṛṣṇa jedoch ist niemandem untergeordnet; deshalb ist Er Gott. Er ist der Beherrscher eines jeden, und es gibt niemanden, der Ihm übergeordnet ist oder Ihm Vorschriften machen kann; auch kommt Ihm niemand gleich, das heißt, niemand befindet sich wie Er auf der Ebene absoluter Herrschaft. Das mag sehr seltsam klingen, denn heutzutage gibt es viele sogenannte Götter. Götter sind heutzutage fürwahr etwas sehr Billiges geworden, da sie in großen Mengen aus Indien importiert werden. Die Menschen in anderen Ländern können sich sehr glücklich schätzen, dass bei ihnen keine Götter hergestellt werden, doch in Indien wird praktisch jeden Tag ein neuer Gott erzeugt. Oft hört man, dass Gott nach Los Angeles oder New York kommt und dass sich die Leute versammeln, um ihn zu empfangen, oder Ähnliches. Aber Kṛṣṇa gehört nicht zu dieser Art von Göttern, die in einer mystischen Fabrik hergestellt werden. Er wurde nicht zu Gott gemacht, sondern Er ist Gott.

Hinter der gigantischen materiellen Natur, hinter dem Kosmos, befindet Sich also Kṛṣṇa, der von allen vedischen Autoritäten als Gott anerkannt wird. Dass wir einer Autorität glauben, ist für uns nichts Neues; jeder vertraut in gewisser Weise auf eine Autorität. Wenn wir Wissen entwickeln wollen, wenden wir uns an einen Lehrer oder besuchen eine Schule, oder wir lernen einfach von unserem Vater und von unserer Mutter. Sie alle sind Autoritäten, von denen wir, unserer Natur gemäß, lernen wollen. Als kleines Kind haben wir gefragt: „Vater, was ist das?" Und der Vater antwortete: „Das ist ein Füllhalter", „Das ist eine Brille" oder „Das ist ein Tisch." Auf diese Weise lernt man schon in frühester Kindheit von seinem Vater und seiner Mutter. Man lernt, wie verschiedene Dinge heißen und in welcher Beziehung sie zueinander stehen, indem man seinen Eltern Fragen stellt. Wahre Eltern lügen niemals, wenn ihnen ihr Sohn Fragen stellt; sie geben ihm genaue und korrekte Informationen. In ähnlicher Weise empfangen wir vollkommenes Wissen, wenn uns eine Autorität spirituelle Auskunft gibt, vorausgesetzt, die Autorität betrügt nicht. Wenn wir jedoch versuchen, mithilfe unserer Fähigkeit des Spekulierens zu Schlussfolgerungen zu gelangen, sind wir Irrtümern unterworfen. Die induktive Methode, das heißt, von bestimmten Tatsachen oder Einzelfällen auf eine allgemeingültige Regel zu schließen, ist niemals vollkommen. Weil wir begrenzt sind und weil unsere Erfahrung begrenzt ist, wird diese Methode immer unvollkommen bleiben.

Wenn unsere Informationen aus der vollkommenen Quelle, Kṛṣṇa, stammen und wir diese Informationen wiederholen, dann kann das, was wir sagen, ebenfalls als vollkommen und maßgeblich anerkannt werden. Auf ähnliche Weise besteht der Vorgang der *paramparā* (Schülernachfolge) darin, von Kṛṣṇa oder von Autoritäten, die Kṛṣṇa anerkannt haben, zu hören und genau das zu wiederholen, was sie gesagt haben. In der *Bhagavad-gītā* empfiehlt Kṛṣṇa diese Art, Wissen zu entwickeln:

evaṁ paramparā-prāptam
imaṁ rājarṣayo viduḥ

„Diese höchste Wissenschaft wurde so durch die Kette der Schülernachfolge empfangen, und die heiligen Könige erlernten sie auf diese Weise" (*Bhagavad-gītā* 4.2).

Früher waren große heilige Könige die Autoritäten, die Wissen weitergaben. Allerdings waren diese Könige, die in längst vergangenen Zeitaltern lebten, *ṛṣis* (große Gelehrte und Gottgeweihte). Weil sie keine gewöhnlichen Menschen waren, erfüllte die ihnen unterstellte Regierung ihre Aufgabe tadellos. Es wird von vielen Königen der vedischen Zivilisation berichtet, die als Geweihte Gottes die Vollkommenheit erlangten. Dhruva Mahārāja zum Beispiel ging in den Wald, um Gott zu finden, was ihm durch die Ausübung von harter Buße und Entsagung innerhalb von sechs Monaten auch gelang. Obwohl Prinz Dhruva erst fünf Jahre alt war und einen zierlichen Körperbau hatte, war er erfolgreich, weil er die Anweisungen seines spirituellen Meisters, Nārada, befolgte. Während des ersten Monats seines Aufenthalts im Wald aß Dhruva Mahārāja nur alle drei Tage einmal einige Früchte und etwas Gemüse und trank alle sechs Tage ein wenig Wasser. Schließlich schränkte er auch noch seine Atmung ein und stand sechs Monate lang nur auf einem Bein. Nachdem er ein halbes Jahr lang diese schwere Entsagung praktiziert hatte, erschien Gott vor ihm, sodass er Ihn von Angesicht zu Angesicht sehen konnte. Wir brauchen uns keine derart harten Bußen aufzuerlegen. Einfach dadurch, dass wir den Fußspuren der vedischen Autoritäten folgen, können wir Gott ebenfalls von Angesicht zu Angesicht sehen, was die Vollkommenheit des Lebens ist.

Der Vorgang des Kṛṣṇa-Bewusstseins beruht auf Entsagung, ist aber trotzdem nicht sehr schwierig. Es müssen Einschränkungen eingehalten werden, die das Essen und das Geschlechtsleben regeln (gegessen wird nur *prasādam,* das heißt Speisen, die zuerst Kṛṣṇa geopfert wurden, während Sex auf die Ehe beschränkt ist); außerdem gibt es noch andere Regulierungen, die spirituelle Erkenntnis erleichtern und fördern. Heutzutage ist es nicht möglich, Dhruva Mahārāja zu imitieren, aber wenn wir bestimmte grundlegende vedische Prinzipien befolgen, können wir im spirituellen Bewusstsein, dem Kṛṣṇa-Bewusstsein, Fortschritt machen. Je mehr Fortschritt wir machen, desto mehr vervollkommnet sich unser Wissen. Welchen Sinn hat es, wenn wir ein Wissenschaftler oder ein Philosoph werden, aber nicht wissen, wie unser nächstes Leben aussehen wird? Ein selbstverwirklichter Schüler des Kṛṣṇa-Bewusstseins ist sich darüber im Klaren, wie sein nächstes Leben aussehen wird, was Gott ist, was das Lebewesen ist und wie seine Beziehung zu Gott aussieht. Sein Wissen ist vollkommen, weil es aus vollkommenen Büchern des Wissens wie der *Bhagavad-gītā* und dem *Śrīmad-Bhāgavatam* kommt.

Der Vorgang des Kṛṣṇa-Bewusstseins ist also sehr einfach, und jeder kann ihn praktizieren und sein Leben zur Vollkommenheit führen. Auch jemand, der sagt: „Ich bin überhaupt nicht gebildet und kann auch keine Bücher lesen", ist nicht ausgeschlossen. Er kann sein Leben trotzdem vervollkommnen, indem er einfach das *mahā-mantra* chantet: Hare Kṛṣṇa, Hare Kṛṣṇa, Kṛṣṇa Kṛṣṇa, Hare Hare/Hare Rāma, Hare Rāma, Rāma Rāma, Hare Hare. Kṛṣṇa hat uns eine Zunge und zwei

Ohren gegeben, und es wird uns vielleicht überraschen, zu erfahren, dass Kṛṣṇa durch die Ohren und durch die Zunge erkannt wird, und nicht durch die Augen. Wenn wir Seine Botschaft vernehmen, lernen wir, die Zunge zu beherrschen. Wenn wir dies erreicht haben, werden die anderen Sinne automatisch beherrscht. Die Zunge ist der gierigste von allen Sinnen, und es ist sehr schwierig, sie zu unter Kontrolle zu halten; dies ist jedoch möglich, wenn wir einfach nur Hare Kṛṣṇa chanten und Kṛṣṇa-*prasādam,* zu Kṛṣṇa geopferte Speisen, kosten. Wir können Kṛṣṇa nicht durch Sinneswahrnehmung oder Spekulation verstehen, denn Kṛṣṇa ist derart groß, dass Er Sich der Reichweite unserer Sinne entzieht. Durch Hingabe aber kann man Ihn verstehen, weshalb Kṛṣṇa Folgendes empfiehlt:

sarva-dharmān parityajya
mām ekaṁ śaraṇaṁ vraja
ahaṁ tvāṁ sarva-pāpebhyo
mokṣayiṣyāmi mā śucaḥ

„Gib alle Arten von Religion auf, und ergib dich einfach Mir; Ich werde dich von allen sündhaften Reaktionen befreien. Fürchte dich nicht" (*Bhagavad-gītā* 18.66).

Unglücklicherweise sind wir widerspenstig; das ist unsere Krankheit – wir sträuben uns automatisch gegen jede Art von Autorität. Aber ungeachtet der Tatsache, dass wir von Autorität nichts wissen wollen, ist die Natur so unerbittlich, dass sie uns ihre Autorität aufzwingt. Wir sind gezwungen, die Autorität der Natur zu akzeptieren. Gibt es etwas Lächerlicheres als einen Menschen, der behauptet, er gehorche keiner Autorität, der aber gleichzeitig blind seinen Sinnen überallhin folgt? Die Behauptung, wir wären unabhängig, ist falsch und einfach nur töricht. Wir unterstehen alle einer Autorität, sagen aber trotzdem, dass wir nicht bevormundet werden wollen. Das nennt man *māyā,* Illusion. Wir haben allerdings ein gewisses Maß an Unabhängigkeit – wir können wählen, ob wir unseren Sinnen oder Kṛṣṇa unterstehen wollen. Die beste und höchste Autorität ist Kṛṣṇa, denn Er ist unser ewiger Gönner und Freund, und Er ist immer auf unseren Vorteil bedacht. Da wir sowieso eine Autorität akzeptieren müssen, stellt sich die Frage: warum nicht Ihn? Wenn wir einfach nur aus der *Bhagavad-gītā* und dem *Śrīmad-Bhāgavatam* über Seine glorreichen Eigenschaften hören und Seine Namen chanten – Hare Kṛṣṇa –, können wir unser Leben sehr schnell zur Vollkommenheit führen.

2

Die Befreiung aus dem materiellen Sumpf

Das Thema, das wir behandeln, ist höchst erhaben: die Lobpreisung der heiligen Namen Gottes. Über dieses Thema sprachen Mahārāja Parīkṣit und Śukadeva Gosvāmī, der dazu bemerkte, dass ein *brāhmaṇa,* der sehr tief gesunken und allen möglichen Lastern verfallen war, gerettet wurde, nur weil er die heiligen Namen Kṛṣṇas chantete. Diese Geschichte findet man im 6. Canto des *Śrīmad-Bhāgavatam,* des epischen Werkes von Vyāsadeva, das die Spiele Śrī Kṛṣṇas schildert und die Philosophie des Kṛṣṇa-Bewusstseins ausführlich darlegt.

Im 5. Canto des *Śrīmad-Bhāgavatam* werden die Planetensysteme des Universums in allen Einzelheiten beschrieben. Im Universum gibt es untere, mittlere und obere Planetensysteme. Eigentlich finden wir nicht nur im *Bhāgavatam,* sondern in allen religiösen Schriften Beschreibungen von höllischen oder niedrigen sowie von himmlischen oder höheren Planetensystemen.

Im *Śrīmad-Bhāgavatam* finden wir Angaben über die Lage dieser Planeten, und genau wie Astronomen ausgerechnet haben, wie weit der Mond und andere Himmelskörper von der Erde entfernt sind, so kann man auch im *Bhāgavatam* nachlesen, wie weit die verschiedenen Planeten von der Erde entfernt sind. Darüber hinaus werden im *Bhāgavatam* die Eigentümlichkeiten der einzelnen Planeten beschrieben.

Selbst auf dem Planeten Erde herrschen unterschiedliche klimatische Verhältnisse. In den Ländern mit gemäßigtem Klima wie beispielsweise den Vereinigten Staaten herrscht ein anderes Klima als in einem tropischen Land wie Indien. Genau wie es auf diesem Planeten landschaftliche Unterschiede gibt, so gibt es Planeten, die eine ganz andere Atmosphäre und Landschaft haben als die Erde. Als Parīkṣit Mahārāja aus dem Mund Śukadeva Gosvāmīs die Beschreibung der verschiedenen Planeten vernommen hatte, sagte er:

adhuneha mahā-bhāga
yathaiva narakān naraḥ
nānogra-yātanān neyāt
tan me vyākhyātum arhasi

„O Erhabener, ich habe von dir über die höllischen Planeten gehört. Menschen, die sehr sündhaft sind, werden auf diese Planeten geschickt“ (*Śrīmad-Bhāgavatam* 6.1.6).

Parīkṣit Mahārāja war ein Vaiṣṇava, und ein Vaiṣṇava fühlt immer Mitleid, wenn er andere leiden sieht. Jesus Christus zum Beispiel war sehr bekümmert, als er die Menschen Not leiden sah. Alle Vaiṣṇavas oder Gottgeweihten, das heißt alle gottesbewussten oder Kṛṣṇa-bewussten Menschen, besitzen solch großes Mitleid, gleichgültig, aus welchem Land sie stammen oder welcher Religion sie angehören. Es ist deshalb ein schweres Vergehen, wenn man einen Vaiṣṇava, einen Prediger der Herrlichkeit Gottes, schmäht.

Kṛṣṇa lässt niemanden ungestraft davonkommen, der ein Vergehen gegen die Lotosfüße eines reinen Vaiṣṇava begangen hat, aber der Vaiṣṇava ist immer bereit, solche Vergehen zu verzeihen. *Kṛpāmbudhi:* Der Vaiṣṇava ist ein Ozean der Barmherzigkeit. *Vāñchā-kalpa-taru:* Jeder hat Wünsche, und ein Vaiṣṇava kann alle Wünsche erfüllen. Als *kalpa-taru* bezeichnet man die Bäume in der spirituellen Welt, die alle Wünsche erfüllen, die sogenannten Wunschbäume. Wenn man in der materiellen Welt eine bestimmte Frucht haben will, kann man sie nur von einem ganz bestimmten Baum pflücken, aber auf Kṛṣṇaloka wie auch auf allen anderen Planeten im spirituellen Himmel sind alle Bäume spirituell und geben einem alles, was man sich wünscht.

Das wird in der *Brahma-saṁhitā* beschrieben *(cintāmaṇi-prakara-sadmasu kalpa-vṛkṣa)*. Ein reiner Vaiṣṇava wird mit einem solchen Wunschbaum verglichen, denn er kann einem ernsthaften Schüler ein unvergleichliches Geschenk geben – Kṛṣṇa-Bewusstsein.

Ein Vaiṣṇava wird als *mahā-bhāga* bezeichnet, was „vom Glück begünstigt" bedeutet. Ein Mensch, der ein Vaiṣṇava wird und gottesbewusst ist, gilt als wahrhaft vom Glück gesegnet. Śrī Caitanya Mahāprabhu, der führende Vertreter des Kṛṣṇa-Bewusstseins in diesem Zeitalter, erklärte, dass die Lebewesen auf den verschiedenen Planetensystemen des Universums durch verschiedene Lebensformen wandern. Ein Lebewesen kann hingehen, wo es ihm beliebt – in den Himmel oder in die Hölle –, es braucht sich nur auf den jeweiligen Ort vorzubereiten. Es gibt viele himmlische Planeten, viele höllische Planeten und viele Lebensformen. Gemäß dem *Padma Purāṇa* beläuft sich die Zahl der Lebensformen auf 8 400 000. Das Lebewesen kreist oder wandert durch diese Lebensformen und erzeugt Körper, die dem Bewusstsein entsprechen, das es im gegenwärtigen Leben entwickelt hat. „Wie du säst, so wirst du ernten" ist das Gesetz, das dabei gültig ist. Caitanya Mahāprabhu sagt, dass von diesen zahllosen Lebewesen, die in der materiellen Welt umherwandern, vielleicht eines genug Glück habe, sich dem Kṛṣṇa-Bewusstsein zuzuwenden. Kṛṣṇa-Bewusstsein wird überall freigebig verteilt, aber trotzdem nimmt niemand dieses Geschenk an, vor allem nicht im Zeitalter des Kali. Deswegen bezeichnet das *Śrīmad-Bhāgavatam* die Menschen des Kali-yuga als unglückselig. Das ist auch der Grund, warum laut Caitanya Mahāprabhu nur diejenigen, die vom Glück begünstigt sind, sich dem Kṛṣṇa-Bewusstsein zuwenden und auf diese Weise ein angenehmes und glückseliges Leben des Wissens erlangen.

Ein Vaiṣṇava hat die Pflicht, von Tür zu Tür zu gehen und zu versuchen, die unglückseligen Menschen dazu zu bringen, ihr Glück anzunehmen. Ein Vaiṣṇava denkt: „Wie ist es möglich, diese Leute aus dem höllischen Leben, das sie führen, zu retten?" So lautet auch Mahārāja Parīkṣits Frage. „O Erhabener", sagte er, „du hast erklärt, dass man in höllische Lebensumstände oder auf ein höllisches Planetensystem versetzt wird, wenn man sündhaft handelt. Auf welche Weise kann nun solch ein Mensch gerettet werden?" Das ist eine sehr wichtige Frage. Wenn ein Vaiṣṇava oder Gott selbst, Gottes Söhne oder Seine überaus vertraulichen Geweihten auf die Erde herabsteigen, haben sie nur eine Mission, nämlich die leidenden sündhaften Menschen zu retten. Sie wissen, wie dies erreicht werden kann. Als Prahlāda Mahārāja Śrī Nṛsiṁhadeva gegenüberstand, sagte er:

naivodvije para duratyaya-vaitaraṇyās
tvad-vīrya-gāyana-mahāmṛta-magna-cittaḥ
śoce tato vimukha-cetasa indriyārtha-
māyā-sukhāya bharam udvahato vimūḍhān

(*Śrīmad-Bhāgavatam* 7.9.43)

„Mein lieber Herr", begann Prahlāda, „um meine eigene Befreiung mache ich mir keine Sorgen." An diesem Punkt können wir auch einmal Prahlādas Haltung der Haltung der Māyāvādī-Philosophen gegenüberstellen, die ängstlich darauf bedacht sind, dass ihre eigene Erlösung durch nichts verhindert wird. Oft denken sie: „Wenn ich predigen gehe und anderen Menschen begegne, werde ich vielleicht zu Fall kommen. Dann ist meine Verwirklichung dahin." Deswegen gehen sie nicht in die Öffentlichkeit, um zu predigen. Nur die Vaiṣṇavas tun dies, selbst wenn sie dabei Gefahr laufen, zu Fall zu kommen; aber ein Vaiṣṇava kommt nicht zu Fall. Er ist sogar bereit, in die Hölle zu gehen, um bedingte Seelen zu retten. Das ist auch Prahlāda Mahārājas Mission. Er fuhr fort: „Mir macht es nichts aus, wenn ich in der materiellen Welt leben muss. Um mich selbst mache ich mir keine Sorgen, denn irgendwie habe ich es gelernt, immer Kṛṣṇa-bewusst zu sein." Weil Prahlāda Kṛṣṇa-bewusst war, war er davon überzeugt, dass er in seinem nächsten Leben zu Kṛṣṇa gelangen würde. Es heißt in der *Bhagavad-gītā,* dass man in seinem nächsten Leben mit Sicherheit das höchste Ziel erreichen wird, wenn man sorgfältig darauf achtet, die festgelegten Prinzipien des Kṛṣṇa-Bewusstseins zu befolgen. Prahlāda Mahārāja fährt fort: „Das Einzige, was mir Sorgen bereitet, sind diejenigen, die nicht Kṛṣṇa-bewusst sind. Was mich selbst betrifft, so bin ich unbekümmert, aber um sie bin ich besorgt.“ Und warum sind die Menschen nicht Kṛṣṇa-bewusst? – *Māyā-sukhāya bharam udvahato vimūḍhān.* Schurken haben eine trügerische Zivilisation aufgebaut, die nach zeitweiligem Glück strebt.

Das Wort *māyā-sukhāya* ist tatsächlich angebracht. Es ist uns gelungen, eine trügerische Zivilisation zu schaffen. Jedes Jahr werden unzählige Autos hergestellt, und damit die Autos fahren können, müssen unzählige Straßen gebaut und instand gehalten werden. Das hat zur Folge, dass ein Problem nach dem anderen auftaucht – deshalb ist es *māyā-sukhāya,* trügerisches Glück. Wir versuchen unsere Umwelt so herzurichten, dass wir glücklich sein können, aber in Wirklichkeit schaffen wir dadurch nur neue Probleme. In den Vereinigten Staaten gibt es mehr Autos als in jedem anderen Land auf der Welt, aber dadurch werden keine Probleme gelöst. Wir haben Autos gebaut, damit sie uns helfen, die Probleme des Lebens zu lösen, doch oft machen wir die Erfahrung, dass dadurch auch neue Probleme entstanden sind. Jetzt, wo wir Autos haben, müssen wir 50 oder 60 Kilometer weit fahren, nur um unsere Freunde zu besuchen oder zu einem Arzt zu gehen. Die Fahrt zum Flughafen dauert länger als der Flug von New York nach Boston. Das nennt man *māyā-sukhāya. Māyā* bedeutet „unecht, trügerisch“. Wir versuchen, eine angenehme Situation zu erzeugen, aber der Erfolg ist lediglich eine weitere unangenehme Situation. Das ist der Lauf der materiellen Welt; wenn wir mit den natürlichen Annehmlichkeiten, die uns Gott und die Natur bieten, nicht zufrieden sind und wenn wir uns künstliche Annehmlichkeiten verschaffen wollen, dann müssen wir auch Unannehmlichkeiten in Kauf nehmen. Die meisten Leute wissen dies nicht und denken daher, sie würden sich nun eine sehr komfortable Situation schaffen, aber letztlich müssen sie dann 80 Kilometer weit zum Büro fahren, um sich ihren Lebensunterhalt zu verdienen, und dieselbe Strecke wieder zurück.

Dies veranlasste Prahlāda Mahārāja zu der Aussage, dass die *vimūḍhas,* die materialistischen Menschen, sich unnötig eine große Last aufgebürdet haben, nur weil sie zeitweiliges Glück begehren. *Vimūḍhān, māyā-sukhāya bharam udvahato.* Deshalb wird einem in der vedischen Kultur geraten, man sollte sich vom materiellen Leben befreien, in den Lebensstand der Entsagung *(sannyāsa)* treten und unbesorgt hingebungsvollen Dienst praktizieren.

Es ist jedoch nicht immer nötig, dass man in den Lebensstand der Entsagung tritt. Wenn man Kṛṣṇa-Bewusstsein zu Hause, im Kreis der Familie, praktizieren kann, wird auch das gutgeheißen. Obwohl Bhaktivinoda Ṭhākura ein Beamter und ein Familienvater war, verrichtete er auf vorbildlichste Art und Weise hingebungsvollen Dienst. Dhruva Mahārāja und Prahlāda Mahārāja waren ebenfalls *gṛhasthas,* Haushälter, aber sie hatten sich auf solche Art und Weise geschult, dass sie selbst als Haushälter ihren Dienst niemals unterbrachen. Deshalb sagte Prahlāda Mahārāja: „Ich habe die Kunst erlernt, immer Kṛṣṇa-bewusst zu bleiben." Worin besteht diese Kunst? – *Tvad-vīrya-gāyana-mahāmṛta-magna-cittaḥ:* im Lobpreisen der glorreichen Taten und Spiele des Herrn. Das Wort *vīrya* bedeutet „höchst heldenhaft". Wenn wir das *Śrīmad-Bhāgavatam* lesen, können wir zu dem Verständnis gelangen, dass Kṛṣṇas Taten, Sein Ruhm, Seine Gefährten und alles andere, was mit

Ihm zu tun hat, glorreich sind. In diesem Zusammenhang sagte Prahlāda Mahārāja: „Ich bin mir sicher, dass ich überall, wo ich hingehe, Deine heroischen Taten preisen und so in Sicherheit sein kann. Es ist nicht möglich, dass ich zu Fall komme, aber ich mache mir einfach Sorgen um diejenigen, die eine Art von Zivilisation aufgebaut haben, in der sie immer damit beschäftigt sind, hart zu arbeiten. Um sie bin ich besorgt.“ Prahlāda sagt weiter:

prāyeṇa deva munayaḥ sva-vimukti-kāmā
maunaṁ caranti vijane na parārtha-niṣṭhāḥ
naitān vihāya kṛpaṇān vimumukṣa eko
nānyaṁ tvad asya śaraṇaṁ bhramato 'nupaśye

„Mein lieber Herr, es gibt viele Heilige und Weise, die sehr auf ihre eigene Befreiung bedacht sind. Sie leben an einsamen Orten wie dem Himalaya-Gebirge, sprechen mit niemandem und scheuen sich immer davor, mit den gewöhnlichen Menschen in den Städten in Kontakt zu kommen, da sie befürchten, gestört zu werden oder vielleicht sogar zu Fall zu kommen. Sie denken: ‚Ich rette mich lieber selbst.‘ Ich bedaure, dass diese großen Heiligen nicht in die Städte kommen, wo die Leute eine Zivilisation geschaffen haben, deren Grundlage ständige harte Arbeit ist. Solche Heiligen sind nicht sehr mitleidvoll, aber ich bin um diese gefallenen Menschen besorgt, die nur um der Befriedigung ihrer Sinne willen unnötig hart arbeiten“ (*Śrīmad-Bhāgavatam* 7.9.44).

Selbst wenn so harte Arbeit einen Sinn hätte, erkennen ihn solche Leute nicht. Sie kennen nur den Geschlechtstrieb und die Bordelle, in denen man diesen Trieb befriedigen kann. Prahlāda Mahārāja aber hat mit diesen Menschen Mitleid: *naitān vihāya kṛpaṇān vimumukṣa eko.* „Mein Herr, ich möchte keine Befreiung, wenn sie nur mir allein gewährt wird. Solange ich nicht all diese Dummköpfe mit mir nehme, werde ich nicht gehen.“ Er weigerte sich also, das Königreich Gottes zu betreten, wenn er nicht alle gefallenen Seelen mit sich nehmen könnte. Das ist die Haltung eines Vaiṣṇava. *Nānyaṁ tvad asya śaraṇaṁ bhramato 'nupaśye:* „Ich wünsche mir nichts anderes, als sie zu lehren, wie sie sich Dir ergeben können. Das ist mein einziges Ziel.“

Auf Hingabe wird deshalb so großes Gewicht gelegt, weil ein Vaiṣṇava weiß, dass ihm nichts mehr im Weg steht, sobald er sich hingibt.

naivodvije para duratyaya-vaitaraṇyās
tvad-vīrya-gāyana-mahāmṛta-magna-cittaḥ

„Auf irgendeine Weise sollen sie dazu gebracht werden, sich vor Kṛṣṇa zu verneigen.“

Das ist eine sehr einfache Methode. Alles, was man tun muss, ist, sich vertrauensvoll vor Kṛṣṇa zu verneigen und zu sagen: „Mein lieber Śrī Kṛṣṇa, ich habe Dich lange Zeit nicht beachtet, viele Leben lang. Jetzt bin ich wieder zur Besinnung gekommen und bin mir Deiner wieder bewusst. Bitte nimm mich auf.“ Wenn man sich einfach diese Methode zu Eigen macht und sich dem Herrn aufrichtig ergibt, sind sofort alle Hindernisse aus dem Weg geräumt. Das ist das Ziel eines echten Vaiṣṇava.

Ein Vaiṣṇava denkt immer darüber nach, wie die gefallenen bedingten Seelen gerettet werden können, und zu diesem Zweck schmiedet er ständig Pläne. Die Gosvāmīs, die wichtigsten Schüler Śrī Caitanya Mahāprabhus, waren solche Vaiṣṇavas, die Śrīnivāsa Ācārya wie folgt beschrieb:

nānā-śāstra-vicāraṇaika-nipuṇau sad-dharma-saṁsthāpakau
lokānāṁ hita-kāriṇau tri-bhuvane mānyau śaraṇyākarau
rādhā-kṛṣṇa-padāravinda-bhajanānandena mattālikau
vande rūpa-sanātanau raghu-yugau śrī-jīva-gopālakau

„Die sechs Gosvāmīs – Śrī Sanātana Gosvāmī, Śrī Rūpa Gosvāmī, Śrī Raghunātha Bhaṭṭa Gosvāmī, Śrī Raghunātha Dāsa Gosvāmī, Śrī Jīva Gosvāmī und Śrī Gopāla Bhaṭṭa Gosvāmī – haben mit großer Kenntnis alle offenbarten Schriften studiert, in der Absicht, zum Nutzen aller Menschen ewige religiöse Prinzipien festzulegen. Sie sind ohne Unterlass in die Stimmung der *gopīs* versunken und beschäftigen sich ständig damit, Rādhā und Kṛṣṇa transzendentalen liebevollen Dienst darzubringen."

Parīkṣit Mahārāja, der von ähnlichem Vaiṣṇava-Mitleid erfüllt war, sagte zu Śukadeva Gosvāmī: „Du hast soeben die verschiedenen Arten höllischen Lebens beschrieben. Erkläre mir jetzt bitte, wie diejenigen, die leiden, gerettet werden können." *Adhuneha mahā-bhāga yathaiva narakān naraḥ nānogra-yātanān neyāt tan me.* Das Wort *naraḥ* bedeutet „Menschen" oder „diejenigen, die gefallen sind." *Narakān naraḥ nānogra-yātanān neyāt tan me:* „Wie kann man sie von ihren schrecklichen Leiden und furchtbaren Qualen befreien?" Diese Einstellung ist typisch für einen Vaiṣṇava. Mahārāja Parīkṣit sagte auch: „Aus irgendwelchen Gründen sind sie in eine höllische Lage gesunken, aber das bedeutet nicht, dass sie dort bleiben sollten. Es muss einen Weg geben, wie sie gerettet werden können; bitte erkläre mir den Weg.“ Śukadeva Gosvāmī antwortete:

na ced ihaivāpacitiṁ yathāṁhasaḥ
kṛtasya kuryān mana-ukta-pāṇibhiḥ
dhruvaṁ sa vai pretya narakān upaiti
ye kīrtitā me bhavatas tigma-yātanāḥ

„Ja, ich habe bereits verschiedene höllische Umstände beschrieben, die für ein gottloses und sündhaftes Leben charakteristisch sind. Entscheidend hierbei ist, dass man einem solchen Leben entgegenwirken muss“ (*Śrīmad-Bhāgavatam* 6.1.7).

Wie kann dies getan werden? Es gibt verschiedene Arten sündhaften Handelns. Eine Art ist, im Geist sündhaft zu handeln. Wenn ein Mensch daran denkt, irgendeine Sünde zu begehen, und zu diesem Zweck einen Plan schmiedet – „Ich werde diesen Menschen töten“–, dann gilt das auch als sündvoll. Wenn der Geist denkt, fühlt und wünscht, folgt schließlich eine Handlung. In bestimmten Gebieten der Vereinigten Staaten gibt es ein Gesetz, nach dem der Besitzer eines Hundes zur Verantwortung gezogen werden kann, wenn ein Hund einen vorbeigehenden Passanten anbellt. Obwohl der Hund nur bellt, haftet der Besitzer dafür. Der Hund wird nicht zur Verantwortung gezogen, weil er ein Tier ist, aber weil der Besitzer des Tieres den Hund zu seinem besten Freund gemacht hat, ist er vor dem Gesetz verantwortlich. Ebenso, wie man das Gebell eines Hundes als ungesetzlich betrachten kann, können auch beleidigende Worte als Sünde gelten, da sie dem Bellen gleichkommen. Es gibt also viele verschiedene Arten von sündhaften Handlungen. Ob man nun an sie denkt, sündhafte Worte spricht oder tatsächlich eine Sünde begeht – in jedem Fall handelt man sündhaft. *Dhruvaṁ sa vai pretya narakān upaiti:* Für solche Handlungen muss man bestraft werden.

Die Menschen glauben nicht an ein nächstes Leben, weil sie Unannehmlichkeiten und Bestrafung vermeiden wollen, aber dass es ein nächstes Leben gibt, lässt sich nicht ändern. Es ist eine wohlbekannte Tatsache, dass wir uns an das Gesetz halten müssen; andernfalls werden wir bestraft. Wenn jemand verbrecherische Handlungen begeht, wird ihn der Staat bestrafen. Es kann zwar manchmal vorkommen, dass ein Verbrecher entkommt und vom Staat nicht bestraft wird, aber dem Gesetz Gottes kann man sich nicht entziehen. Man kann andere betrügen, sie bestehlen und sich verstecken und auf diese Weise der Bestrafung durch den Staat entgehen, aber der Macht des höheren Gesetzes, des Gesetzes der Natur, kann man sich nicht entziehen, weil es viele Zeugen gibt: Das Tageslicht ist Zeuge, der Mondschein ist Zeuge, und Kṛṣṇa ist der höchste Zeuge. Man kann deshalb nicht sagen: „Ich begehe diese Sünde, aber niemand sieht mich." Kṛṣṇa, der im Herzen weilt, ist der höchste Zeuge. Er weiß nicht nur, was man denkt und tut, sondern Er ist auch derjenige, der den Lebewesen dieses Denken und Tun ermöglicht. Wenn jemand etwas tun will, um seine Sinne zu befriedigen, gibt ihm Kṛṣṇa alles, was er dazu braucht. Das wird in der *Bhagavad-gītā* bestätigt: *sarvasya cāhaṁ hṛdi sanniviṣṭaḥ* – „Ich befinde Mich im Herzen eines jeden." *Mattaḥ smṛtir jñānam apohanaṁ ca:* „Von Mir kommen Wissen, Erinnerung und Vergessen."

Auf diese Weise gibt uns Kṛṣṇa die Wahl. Wenn wir Kṛṣṇa wollen, wird Er uns die Möglichkeit geben, Ihn zu bekommen, und wenn wir Ihn nicht haben wollen, wird Er uns die Möglichkeit geben, Ihn zu vergessen. Wenn wir Kṛṣṇa, Gott, vergessen und das Leben ohne Ihn genießen wollen, wird Er alle nötigen Vorkehrungen treffen, dass wir Ihn vergessen können, doch wenn wir das Leben im Kṛṣṇa-Bewusstsein genießen wollen, wird uns Kṛṣṇa die Möglichkeit geben, Fortschritt zu machen. Die Entscheidung liegt bei uns. Wenn wir denken, wir könnten ohne Kṛṣṇa-Bewusstsein glücklich sein, wird Sich Kṛṣṇa nicht einmischen. *Yathecchasi tathā kuru.* Nachdem Kṛṣṇa Arjuna beraten hatte, sagte Er einfach nur: „Ich habe dir jetzt alles erklärt. Du kannst nun tun, was du für richtig hältst." Arjuna antwortete sofort: *Kariṣye vacanaṁ tava.* „Jetzt werde ich Deinen Befehl ausführen." Das ist Kṛṣṇa-Bewusstsein.

Gott mischt Sich nicht in unsere winzige Unabhängigkeit ein. Wenn wir im Einklang mit Seiner Anweisung handeln wollen, wird Er uns helfen. Selbst wenn jemand manchmal zu Fall kommt, dann aber ernsthaft wird und denkt: „Von nun an werde ich Kṛṣṇa-bewusst bleiben und Seine Anweisungen ausführen", wird Kṛṣṇa ihm helfen. Selbst wenn man zu Fall kommt, wird einem alles verziehen werden, und man wird mehr Intelligenz erhalten. Diese Intelligenz wird einen veranlassen zu denken: „Tu das nicht. Halte dich jetzt an deine Pflicht." Will man jedoch Kṛṣṇa vergessen und ohne Ihn glücklich werden, so wird Er einem zahllose Möglichkeiten geben, Ihn Leben für Leben zu vergessen.

Parīkṣit Mahārāja sagte: „Wenn ich behauptete, es gäbe keinen Gott, so würde dies nicht bedeuten, dass es keinen Gott gibt oder dass ich für meine Handlungen nicht verantwortlich bin." Atheisten leugnen aufgrund ihrer sündhaften Handlungen die Existenz Gottes. Wenn sie daran glaubten, dass es einen Gott gibt, würden sie bei dem Gedanken an die Strafe, die sie erwartet, erschaudern; aus diesem Grund sagen sie, es gäbe keinen Gott. Wenn Kaninchen von größeren Tieren angegriffen werden, schließen sie ihre Augen und denken: „Es wird mir nichts passieren“, aber das ändert nichts daran, dass sie trotzdem getötet werden. In ähnlicher Weise können wir die Existenz Gottes und Seiner Gesetze leugnen, aber Gott und Seine Gesetze sind trotzdem gegenwärtig. Wenn ein Angeklagter, der vor dem Obersten Gerichtshof steht, sagt: „Das Gesetz der Regierung ist mir gleichgültig“, wird er trotzdem gezwungen sein, sich dem Gesetz zu beugen. Wenn jemand das Gesetz des Staates missachtet, wird er eingesperrt und bekommt die Strafe, die ihm zusteht. In ähnlicher Weise kann ein törichter Mensch die Existenz Gottes leugnen (indem er zum Beispiel behauptet: „Es gibt keinen Gott“ oder „Ich bin Gott“), aber früher oder später wird er für alle Handlungen, die er begangen hat, zur Verantwortung gezogen werden, sowohl für die guten als auch für die schlechten.

Das Gesetz des Karma regelt die Tätigkeiten, und es besagt, dass wir mit Glück gesegnet werden, wenn wir uns richtig verhalten und fromme Werke tun, und dass wir leiden müssen, wenn wir sündhaft handeln. Deshalb sagt Śukadeva Gosvāmī:

tasmāt puraivāśv iha pāpa-niṣkṛtau
yateta mṛtyor avipadyatātmanā
doṣasya dṛṣṭvā guru-lāghavaṁ yathā
bhiṣak cikitseta rujāṁ nidānavit

„Wisse, dass du für deine Handlungen verantwortlich bist, und je nachdem, wie schwer deine Sünden sind, solltest du dich einer entsprechenden Art der Buße unterziehen, wie es in den *śāstras,* den Schriften, beschrieben wird“ (*Śrīmad-Bhāgavatam* 6.1.8).

Genau wie man einen Arzt aufsucht, wenn man krank ist, so gibt es in der vedischen Kultur eine Klasse von *brāhmaṇas,* die man aufsuchen sollte, um für die sündhaften Handlungen, die man begangen hat, ordnungsgemäß zu büßen. Es gibt verschiedene Arten der Buße. Wenn ein Mensch eine Sünde begeht und sich einer Buße unterzieht, um gereinigt zu werden, so gilt dies als Sühne. In der Bibel finden wir Beschreibungen von solcher Buße. Śukadeva Gosvāmī sagt, dass man sich entsprechend der Schwere seiner Sünden der vorgeschriebenen Buße unterziehen muss. Manchmal verschreibt der Arzt ein teures Medikament und manchmal ein billiges – je nach der Art der Krankheit. Wenn der Patient Kopfweh hat, wird er ihm vielleicht nur Aspirin verschreiben, aber wenn die Krankheit gefährlich ist, kann es sein, dass er einen chirurgischen Eingriff anordnet, der horrende Summen kosten wird. Sündhafte Handlungen lassen sich mit Krankheiten vergleichen. Man sollte sich daher der jeweils vorgeschriebenen Behandlung unterziehen, um gesund zu werden.

Wenn sich die Seele die Fessel von Geburt und Tod anlegen lässt, nimmt sie einen krankhaften Zustand an. Die Seele ist Geburt, Tod oder Krankheit nicht unterworfen, denn sie ist völlig spirituell. In der *Bhagavad-gītā* sagt Kṛṣṇa, dass es für die Seele weder Geburt *(na jāyate)* noch Tod *(mriyate)* gebe.

na jāyate mriyate vā kadācin
nāyaṁ bhūtvā bhavitā vā na bhūyaḥ
ajo nityaḥ śāśvato 'yaṁ purāṇo
na hanyate hanyamāne śarīre

„Für die Seele gibt es zu keiner Zeit Geburt oder Tod. Sie ist nicht entstanden, sie entsteht nicht, und sie wird nie entstehen.

His Divine Grace A. C. Bhaktivedanta Swami Prabhupāda

Gründer-*Ācārya* der Internationalen Gesellschaft für Krishna-Bewusstsein

Die *Bhagavad-gītā* ist der Dialog zwischen Śrī Kṛṣṇa, der Höchsten Persönlichkeit Gottes, und Arjuna, Seinem Freund, Geweihten und Schüler. Dieses Zwiegespräch auf einem Streitwagen direkt vor einer großen Schlacht besteht aus 700 Versen, in denen der Herr Arjuna von der düsteren Verwirrung des materiellen Bewusstseins bis hin zur Stufe der gleichmütigen und freudvollen Erleuchtung führt.

Das materielle Universum ist wie eine kleine, unbedeutende Wolke im weiten spirituellen Himmel. Genau wie eine Wolke Entstehung und Vernichtung unterliegt, kennt auch die materielle Welt Entstehung und Vernichtung. Hier sehen wir Kṛṣṇas Erweiterung Mahā-Viṣṇu, der im *yoga-nidrā*-Schlaf liegt und aus dessen Poren unzählige Universen hervorgehen. Durch die materielle Wolke scheint das Licht der spirituellen Welt, in der Kṛṣṇa lebt und sich in Seinen transzendentalen Spielen vergnügt. (S. 269)

Jedes Leben zeichnet sich durch die gleichen Etappen aus: Geburt, Heranwachsen, Altern und Tod. Nach dem Tod nehmen wir erneut einen Körper an, woraufhin der Prozess von vorn beginnt. Nicht immer haben wir einen menschlichen Körper. Entsprechend unserem Karma können wir sogar Körper von Tieren annehmen und uns in unterschiedlichen Spezies inkarnieren.

Der Höchste Herr befindet Sich in Seiner Form als Paramātmā (Überseele) im Herzen eines jeden Lebewesens. Die Überseele hält sich zwar im materiellen Körper auf und ist dessen ursprüngliche Ursache, Sie ist aber selbst nicht materiell. (S. 81)

Im Jahre 1486 erschien Kṛṣṇa als Śrī Caitanya Mahāprabhu in Bengalen (Indien), um den *dharma* des gegenwärtigen Zeitalters zu lehren – das Chanten der heiligen Namen Gottes: Hare Kṛṣṇa, Hare Kṛṣṇa, Kṛṣṇa Kṛṣṇa, Hare Hare/Hare Rāma, Hare Rāma, Rāma Rāma, Hare Hare.

Das große Werk *Śrīmad-Bhāgavatam* erläutert, dass Unwissenheit die Wurzel all unserer Probleme ist. Um aus der Dunkelheit der materiellen Welt herauszugelangen und durch spirituelles Wissen erhellt zu werden, können wir von den Weisen und aus den Schriften die Antworten auf die brennenden Fragen des Lebens erhalten: „Warum leide ich?“, „Woher komme ich?“, „Was ist meine Bestimmung nach dem Tod?“

Kṛṣṇa ist die Höchste Persönlichkeit Gottes und Rādhā ist Seine ewige Gefährtin.

Sie ist ungeboren, ewig, immerwährend und urerst. Sie wird nicht getötet, wenn der Körper getötet wird" (*Bhagavad-gītā* 2.20).

Die moderne Gesellschaft benötigt dringend ein Bildungssystem, das einen darüber aufklärt, was nach dem Tod passiert. Das gegenwärtige Bildungssystem ist im Grunde höchst unzulänglich, denn wenn man nicht weiß, was nach dem Tod geschieht, stirbt man wie ein Tier. Ein Tier weiß nicht, dass es sterben muss oder dass es einen neuen Körper annehmen wird. Der Mensch jedoch sollte sich auf eine höhere Stufe erheben. Das Interesse des Menschen sollte sich nicht einfach nur auf die tierischen Tätigkeiten – Essen, Schlafen, Verteidigung und Sexualität – beschränken. Ein Lebewesen mag reichlich Nahrung, eine gute Schlafgelegenheit, gute Vorkehrungen für Sexualleben und einen guten Verteidigungsmechanismus haben, aber das bedeutet noch lange nicht, dass es sich dabei um einen Menschen handelt. Eine Zivilisation, deren Grundlage diese Tätigkeiten sind, sollte als tierisch eingestuft werden. Auch die Tiere widmen sich diesen Tätigkeiten – worin besteht also der Unterschied zwischen menschlichem und tierischem Leben, wenn sich der Mensch nicht auf eine höhere Stufe erhebt?

Von einem Unterschied kann man erst dann sprechen, wenn der Mensch wissbegierig wird und fragt: „Aus welchem Grund bin ich in diese elende Lage geraten? Gibt es einen Ausweg? Gibt es ein ewiges Leben? Ich möchte nicht sterben und ich möchte auch nicht leiden. Ich möchte glücklich und zufrieden leben. Ist solch ein Leben möglich? Wenn ja, welche Methode oder Wissenschaft kann mir dazu verhelfen?" Wenn diese Fragen gestellt werden und man Schritte unternimmt, um Antworten darauf zu finden, wird das Ergebnis eine menschliche Zivilisation sein. Nur in einer tierischen Zivilisation tauchen diese Fragen niemals auf. Tiere und tierische Menschen haben nur ein Interesse, nämlich sich weiterhin Essen, Schlafen, Sexualität und Verteidigung zu widmen. Dieses Vorgehen wird sich jedoch gezwungenermaßen als unzureichend erweisen. In Wirklichkeit kann man sich gar nicht richtig verteidigen, denn niemand kann sich vor den Fängen des grausamen Todes retten. Hiraṇyakaśipu zum Beispiel wollte ewig leben und nahm zu diesem Zweck harte Entsagungen auf sich, aber am Ende wurden seine Pläne vom Herrn selbst durchkreuzt, der die Gestalt eines Löwenmenschen, Nṛsiṁhadeva, annahm und ihn mit Seinen Krallen tötete. Sogenannte Wissenschaftler behaupten jetzt, irgendwann in der Zukunft werde es ihnen dank ihrer wissenschaftlichen Erkenntnisse gelingen, den Tod zu besiegen, aber das ist lediglich eine weitere verrückte Äußerung. Niemand wird den Tod jemals aufhalten können. Die Wissenschaft mag viele neue Erkenntnisse gewinnen, aber für das größte Problem, die vier Leiden in Form von Geburt, Alter, Krankheit und Tod, kennt sie keine Lösung.

Ein intelligenter Mensch sollte darum bemüht sein, diese vier Hauptprobleme – Geburt, Alter, Krankheit und Tod – zu lösen. Niemand möchte sterben, aber es gibt kein Gegenmittel für den Tod. Jeder muss sterben. Der Mensch ist sehr begierig, den explosionsartigen Bevölkerungszuwachs durch den Gebrauch von empfängnisverhütenden Mitteln zu stoppen, aber trotzdem werden weiterhin Kinder geboren. Tod und Geburt lassen sich nicht verhindern, und trotz der neuesten Errungenschaften der modernen Medizin ist es ebenso nicht möglich, Alter oder Krankheit zu verhindern. Manch einer denkt vielleicht, er habe alle Probleme seines Lebens gelöst, aber wo ist die Lösung für diese vier Probleme – Geburt, Alter, Krankheit und Tod? Die Lösung dafür ist Kṛṣṇa-Bewusstsein. Jeder Einzelne von uns gibt jeden Augenblick seinen Körper auf, und die letzte Phase dieses Aufgebens des Körpers bezeichnet man als den Tod. Aber Kṛṣṇa sagt auch:

janma karma ca me divyam
evaṁ yo vetti tattvataḥ
tyaktvā dehaṁ punar janma
naiti mām eti so 'rjuna

„Wer das transzendentale Wesen Meines Erscheinens und Meiner Taten kennt, wird nach dem Verlassen des Körpers nicht wieder in der materiellen Welt geboren, sondern gelangt in Mein ewiges Reich, o Arjuna" (*Bhagavad-gītā* 4.9).

Mām eti – ein solcher Mensch kehrt zu Kṛṣṇa zurück. Wenn wir zu Kṛṣṇa gehen wollen, müssen wir einen spirituellen Körper entwickeln, was durch den Vorgang des Kṛṣṇa-Bewusstseins geschieht. Wenn man dafür sorgt, dass man immer Kṛṣṇa-bewusst bleibt, bereitet man allmählich seinen nächsten Körper vor, einen spirituellen Körper, der einen sofort nach Kṛṣṇaloka, in Kṛṣṇas Reich, bringen wird, wo man ein ewiges, glückseliges Leben führen kann.

3

Wie man lernt zu lieben

Wer durch sündhaftes Handeln verunreinigt ist, muss sich einer angemessenen Buße unterziehen. So schreiben es die Schriften vor. Śukadeva Gosvāmī sagt, dass ein Mensch in seinem nächsten Leben nicht absinken wird, wenn er vor dem Tod Sühne leistet. Büßt jemand für seine sündhaften Handlungen nicht, wird er die darauf folgenden Reaktionen mit sich nehmen und leiden müssen. Nach dem Gesetz gilt, dass ein Mensch, der jemanden tötet, selbst getötet werden muss. Der Grundsatz „Leben für Leben" ist nicht etwas, was erst in jüngster Zeit erfunden wurde, sondern man findet ihn bereits in der *Manu-saṁhitā,* dem vedischen Gesetzbuch für die Menschheit. Darin heißt es, dass es in Wirklichkeit im eigenen Interesse eines Mörders ist, wenn er vom König gehängt wird, denn andernfalls wird die durch seinen Mord ausgelöste Reaktion auf ihn zurückkommen, und er wird auf verschiedenste Weise leiden müssen.

Die Gesetze der Natur sind sehr kompliziert und werden

sehr sorgfältig vollzogen, auch wenn sich die Menschen dessen nicht bewusst sind. Die *Manu-saṁhitā* heißt den Grundsatz „Leben für Leben" gut, und er ist überall auf der Welt anerkannt. Ebenso gibt es auch noch andere Gesetze, gemäß denen man zum Beispiel nicht einmal eine Ameise töten kann, ohne dafür zur Verantwortung gezogen zu werden. Da wir nicht erschaffen können, haben wir nicht das Recht, irgendein Lebewesen zu töten. Daher sind von Menschen erlassene Gesetze, die zwischen dem Töten eines Menschen und dem Töten eines Tieres unterscheiden, unvollkommen. Die vom Menschen gemachten Gesetze sind mit Mängeln behaftet, doch es ist unmöglich, dass die Gesetze Gottes Unzulänglichkeiten aufweisen. Den Gesetzen Gottes zufolge ist das Töten eines Tieres genauso strafbar wie das Töten eines Menschen. Diejenigen, die zwischen diesen beiden Arten des Tötens unterscheiden, legen sich ihre eigenen Gesetze zurecht. Selbst in den Zehn Geboten heißt es: „Du sollst nicht töten." Dies ist ein vollkommenes Gesetz, aber die Menschen haben es verdreht, indem sie Unterscheidungen treffen und eigene Betrachtungen anstellen: „Ich soll keinen Menschen töten, aber Tiere darf ich töten." Auf diese Weise betrügen sich die Menschen selbst und verursachen sowohl sich selbst als auch anderen Leid. Auf alle Fälle aber werden Gottes Gesetze diese Handlungsweise nicht entschuldigen.

Alle Lebewesen sind Geschöpfe Gottes, auch wenn sie verschiedene Körper oder Gewänder tragen. Gott wird als der eine höchste Vater angesehen. Angenommen, ein Vater hat viele Kinder, von denen einige intelligent und andere weniger intelligent sind. Wenn jetzt ein intelligenter Sohn zu ihm sagt: „Mein Bruder ist nicht so intelligent; lass mich ihn töten", wird der Vater dann einverstanden sein? Die bloße Tatsache, dass ein

Sohn nicht so intelligent ist und der andere ihn töten möchte, um sich von der Last zu befreien, wird den Vater keinesfalls dazu bewegen, einem solchen Vorschlag zuzustimmen. Gott ist der höchste Vater – warum sollte Er also das Töten von Tieren zulassen, die ebenfalls Seine Söhne sind? In der *Bhagavad-gītā* erklärt Gott Arjuna, dass alle 8 400 000 Arten von Lebewesen, die es gibt, Seine Söhne sind: „Ich bin ihr samengebender Vater", sagt Er. Genau wie bei einer gewöhnlichen materiellen Zeugung der Vater den Samen gibt und die Mutter den Körper des Kindes entwickelt, indem sie dem Embryo das nötige Blut gibt, schwängert der Herr, der höchste Vater, die materielle Natur, indem Er die Lebewesen, Seine Teilchen, in sie eingibt.

Die spirituelle Seele ist sehr klein: Ihre Größe wird in den Schriften als *keśāgra,* der zehntausendste Teil einer Haarspitze, beschrieben. Wir können uns kaum vorstellen, wie man einen winzig kleinen Punkt noch in Tausende von weiteren Teilchen aufspalten kann. Mit anderen Worten, die spirituelle Seele ist so winzig klein, dass man sie nicht einmal mit dem stärksten Mikroskop wahrnehmen kann. Der spirituelle Funke ist also zu klein, als dass man ihn mit materiellen Augen sehen könnte. All diese Angaben stammen aus den Schriften, doch weil wir nicht die richtigen Augen dafür haben, können wir nichts sehen. Ungeachtet der Tatsache, dass unsere materiellen Augen die winzig kleine Seele nicht wahrnehmen können, befindet sie sich dennoch im Körper. Sobald sie ihn verlässt, geht sie entsprechend ihren Handlungen in einen anderen Körper ein.

Man sollte sich immer darüber bewusst sein, dass alle Handlungen von höherer Stelle überwacht werden. Das Lebewesen handelt in der materiellen Welt genau wie ein Büroangestellter in einer Firma, und über seine Leistung wird ein Dienstbuch geführt. Obwohl dieses Dienstbuch in der Firma aufbewahrt wird, weiss der Angestellte nicht, wie ihn sein Vorgesetzter beurteilt. Je nach seinen Leistungen wird sein Gehalt erhöht oder gekürzt, und manchmal wird er in eine niedrigere Position zurückversetzt oder sogar entlassen. Ähnlich wie die Leistungen des Büroangestellten beurteilt werden, werden auch alle unsere Handlungen beobachtet und beurteilt; deshalb besagen die Schriften, dass die Lebewesen unter höherer Aufsicht stünden und dass sie entsprechend ihren Handlungen entweder belohnt oder bestraft würden. Zurzeit haben wir einen menschlichen Körper, aber im nächsten Leben vielleicht nicht mehr; es kann sein, dass wir einen anderen Körper bekommen, entweder einen besseren oder einen niedrigeren. Welche Art von Körper das Lebewesen bekommt, wird von seinen „Vorgesetzten" bestimmt. Im Allgemeinen weiß das Lebewesen nichts von der Wissenschaft, wie die spirituelle Seele von einem Körper zum nächsten wandert.

Selbst im jetzigen Leben wandert die spirituelle Seele, denn der Körper verändert sich ständig. Ganz am Anfang, wenn der Körper im Schoß der Mutter ins Dasein tritt, ist er sehr klein, etwa so groß wie eine Erbse. Daraufhin entwickeln sich allmählich neun Öffnungen – zwei Augen, zwei Ohren, zwei Nasenlöcher, ein Mund, ein Genital und ein After. Auf diese Weise wächst der Körper und bleibt im Schoß der Mutter, solange es für seine Entwicklung nötig ist. Wenn die Entwicklung des Körpers weit genug vorangeschritten ist, kommt er aus dem Mutterleib heraus und wächst heran. Der Umstand, dass wir wachsen, hat zur Folge, dass wir den Körper wechseln. Das Lebewesen kann diesen Wechsel nicht verstehen, weil es ihn nicht wahrnehmen kann. Als wir Kinder waren, hatten wir einen kleinen Körper, der nun nicht mehr existiert; deshalb kann man sagen, dass wir unseren Körper gewechselt haben. Zu einem ähnlichen Wechsel sind wir gezwungen, wenn der Körper einmal nicht mehr funktioniert, was an der Natur der Materie liegt. Jedes materielle Objekt nutzt sich zunehmend ab, und wie eine defekte Maschine oder ein altes Stück Stoff ist der Körper nach einer gewissen Zeit nicht mehr zu gebrauchen.

Obwohl dieser Vorgang des Wachsens ununterbrochen stattfindet, befasst sich das moderne, „fortschrittliche" Bildungswesen mit seinen Universitäten unglücklicherweise nicht damit. In Wirklichkeit kann von Bildung erst dann die Rede sein, wenn sie auch spirituelles Wissen beinhaltet. Um zu lernen, wie man sein tägliches Brot verdient, isst, schläft und sich vermehrt, braucht man sich nicht einer umständlichen Ausbildung zu unterziehen. Die Tiere haben keine Ausbildung erhalten, sie sind keine Techniker und haben keinen akademischen Grad – aber auch sie essen, schlafen, vermehren und verteidigen sich. Wenn unser Schulsystem nur diese Dinge lehrt, verdient es den Namen „Bildungswesen" nicht. Wirkliche Bildung ermöglicht es uns, zu verstehen, was wir sind. Solange der Mensch sein Bewusstsein nicht entwickelt, indem er die Wahrheit vom Selbst versteht, werden all seine Handlungen unter dem Einfluss der Erscheinungsweise der Unwissenheit stehen. Das Leben als Mensch ist dafür bestimmt, die Gesetze der materiellen Natur zu besiegen. Im Grunde versuchen wir alle, diesen Sieg zu erringen, um den Angriff der materiellen Natur abzuwehren. Der endgültige Sieg ist errungen, wenn man Geburt, Alter, Krankheit und Tod besiegt, doch diesen wichtigen Punkt haben wir außer Acht gelassen.

Wenn sich das Bildungswesen damit beschäftigte, wie man

die Dinge, die uns Gott gibt, richtig gebraucht, würde alles besser werden. Alles Obst und alles Getreide, das wir essen, bekommen wir von Gott, der alle Lebewesen mit Nahrung versorgt. Im *Śrīmad-Bhāgavatam* heißt es: *jīvo jīvasya jīvanam.* „Ein Lebewesen dient dem anderen als Nahrung" (*Śrīmad-Bhāgavatam* 1.13.47). Tiere ohne Hände sind die Nahrung für Tiere mit Händen wie wir selbst. Tiere ohne Beine sind die Nahrung für Tiere mit vier Beinen. Auch Gras ist ein Lebewesen, aber es hat keine Beine zur Fortbewegung, weshalb es von Kühen und anderen Tieren gefressen wird. Solche bewegungsunfähigen Lebewesen sind die Nahrung der Tiere, die sich bewegen können, wodurch in der Welt ein ständiger Kampf zwischen Ausbeutern und Ausgebeuteten herrscht. Der Schwächere wird vom Stärkeren ausgebeutet – das ist das Gesetz der Natur. Vaiṣṇavas, Geweihte Kṛṣṇas, essen seit jeher kein Fleisch. Sie tun dies nicht nur, weil sie vegetarisch leben wollen, sondern auch, weil diese Lebensweise Gottesbewusstsein fördert. Wenn man gottesbewusst werden will, muss man einige Regeln und Gebote einhalten. Natürlich muss man essen, aber es wird einem empfohlen, die Überreste von Speisen zu essen, die Kṛṣṇa geopfert wurden. Dieselbe Philosophie wird in der *Bhagavad-gītā* (9.26) vertreten, wo Kṛṣṇa sagt:

patraṁ puṣpaṁ phalaṁ toyaṁ
yo me bhaktyā prayacchati
tad ahaṁ bhakty-upahṛtam
aśnāmi prayatātmanaḥ

„Wenn mir jemand mit Liebe und Hingabe ein Blatt, eine Blume, eine Frucht oder etwas Wasser opfert, werde Ich es annehmen."

Natürlich ist es nicht so, dass Kṛṣṇa hungrig ist und uns deshalb um etwas zu essen bittet; vielmehr soll dieses Opfern einen Austausch von Liebe ermöglichen. Kṛṣṇa möchte diesen Austausch: „Liebe du Mich und Ich werde dich lieben." Kṛṣṇa ist Gott, durch dessen Energie alles erschaffen und erhalten wird – warum sollte Er uns also um ein Blatt, eine Frucht und ein wenig Wasser bitten? Er wird jedoch sehr erfreut sein, wenn wir Ihm mit Liebe eine Frucht, ein Blatt und etwas Wasser opfern und dabei sagen: „Kṛṣṇa, ich bin so arm, dass ich nichts Besseres beschaffen kann. Ich habe Dir diese Frucht und ein Blatt gebracht. Bitte nimm diese beiden Dinge an." Solch eine Opferung wird Kṛṣṇa sehr glücklich machen. Wenn Kṛṣṇa das, was wir Ihm opfern, isst, ist unser Leben erfolgreich, denn dann werden wir tatsächlich Freundschaft mit Ihm schließen. Früchte, Blumen und Wasser sind praktisch überall auf der Welt für jeden – ob arm oder reich – erhältlich, und jeder kann sie opfern. Wir sollten uns beim Opfern daran erinnern, dass nicht der Vegetarismus das Wichtige ist und dass Gott eigentlich nichts braucht. Das Wichtige ist unser ernsthafter Versuch, zu lernen, wie man Kṛṣṇa liebt.

Liebe beginnt mit Geben und Nehmen. Wir geben unserem Liebespartner etwas, er gibt uns etwas, und auf diese Weise entwickelt sich Liebe. Wenn wir eine liebevolle Beziehung zu einem Jungen oder einem Mädchen, zu einem Mann oder einer Frau herstellen, geben wir etwas und nehmen etwas an. Kṛṣṇa lehrt uns daher, wie man gibt und nimmt. Er bittet uns: „Versucht, Mich zu lieben. Lernt, wie man Mich liebt. Opfert Mir etwas."

„Herr", mögen wir sagen, „ich habe nichts, was ich Dir geben könnte."

„Was, du kannst nicht einmal eine Frucht, eine Blume, ein Blatt oder ein wenig Wasser opfern?"

„Doch, warum eigentlich nicht? Das ist jedem möglich."

Und dies ist der Vorgang des Kṛṣṇa-Bewusstseins, denn er ermöglicht es jedem, Kṛṣṇas Freund zu werden. Wir können beliebig viele Beziehungen zu Kṛṣṇa entwickeln. Wir können ein direkter Diener Kṛṣṇas werden, oder auf den höchsten Stufen können wir Kṛṣṇas Vater, Mutter oder Geliebte werden. Kṛṣṇa ist bereit, mit allen Lebewesen eine liebevolle Beziehung aufzunehmen. In Wirklichkeit besteht diese Beziehung bereits, denn Er ist der höchste Vater, wohingegen wir Seine Teilchen sind. Weil der Sohn ein Teil des Körper des Vaters ist, kann die Beziehung, die zwischen ihnen besteht, nicht zerstört werden; sie mag eine Zeit lang in Vergessenheit geraten, aber sobald man seinen Vater oder seinen Sohn erkennt, erwacht sofort Zuneigung. In ähnlicher Weise sind wir ewig mit Kṛṣṇa verbunden, doch zurzeit haben wir diese Beziehung einfach nur vergessen oder verdrängt. Das hat zur Folge, dass wir denken, wir hätten keine Beziehung zu Kṛṣṇa, was aber nicht stimmt. Weil wir als Seine Teilchen untrennbar mit Ihm verbunden sind, ist unsere Beziehung zu Ihm ewig. Diese Beziehung muss einfach nur wiederbelebt werden, worin der Vorgang des Kṛṣṇa-Bewusstseins besteht.

Gegenwärtig stehen wir unter dem Einfluss eines anderen Bewusstseins. Jeder denkt, er sei Inder, Amerikaner oder irgendetwas anderes. Auf diese Weise erzeugen wir eine Vielzahl von künstlichen Identitäten, aber unsere wirkliche Identität sollte sein: „Ich gehöre Kṛṣṇa." Wenn wir so denken, denken wir im Kṛṣṇa-Bewusstsein. Nur so kann universale Liebe zwischen allen Lebewesen entstehen. Kṛṣṇa ist als ewiger Vater mit jedem verbunden, weswegen auch wir mit jedem verbunden sind, wenn wir eine Kṛṣṇa-bewusste Beziehung herstellen. Wenn jemand heiratet, stellt er dadurch automatisch eine Beziehung zur Familie seiner Braut her. Ebenso werden wir unsere wahre Beziehung zu allen anderen herstellen, wenn wir unsere ursprüngliche Beziehung zu Kṛṣṇa wiederherstellen. Das ist die Grundlage für wahre universale Liebe. Universale Liebe ist künstlich und kann nur andauern, wenn wir unsere Beziehung zum Zentrum herstellen. Ein Mensch ist Amerikaner, wenn er in Amerika geboren worden ist, weshalb die Mitglieder seiner Familie ebenfalls als Amerikaner gelten werden. Doch wenn man in einem anderen Land geboren wird, hat man keine Beziehung zu Amerikanern. Auf der materiellen Ebene sind alle Beziehungen relativ. Unsere Beziehung zu Kṛṣṇa dagegen ist ewig und wird weder von der Zeit noch von den äußeren Umständen beeinflusst. Wenn wir unsere Beziehung zu Kṛṣṇa wiederherstellen, werden universale Brüderlichkeit, Gerechtigkeit, Frieden und Eintracht herrschen. Ohne Kṛṣṇa können diese höheren Ideale unmöglich verwirklicht werden. Wie kann es Brüderlichkeit und Frieden geben, wenn der Mittelpunkt fehlt?

In der *Bhagavad-gītā* wird die Friedensformel klar und deutlich ausgesprochen: Wir müssen uns darüber bewusst werden, dass Kṛṣṇa der einzige Genießer ist. Dieses Bewusstsein entwickelt man in einem Tempel des Kṛṣṇa-Bewusstseins, wo im Mittelpunkt aller Handlungen Kṛṣṇa steht. Wenn man kocht, tut man dies ausschließlich für Kṛṣṇa, nicht für sich selbst. Letzten Endes werden wir das *prasāda* (die geopferten Speisen) essen, doch während des Kochens sollten wir denken, dass wir für Kṛṣṇa kochen und nicht für uns selbst. Wenn die Bewohner eines Tempels hinausgehen, tun sie dies nicht für sich selbst, sondern um Kṛṣṇa-bewusste Literatur zu verteilen, damit sich die Menschen der Gegenwart Kṛṣṇas bewusst werden. Alles erworbene Geld wird für Kṛṣṇa ausgegeben, das heißt, um Seine Botschaft auf die verschiedensten Arten zu verbreiten. Diese Lebensweise – alles für Kṛṣṇa zu tun – fördert das Erwachen des Kṛṣṇa-Bewusstseins im Lebewesen. Unsere Tätigkeiten können die gleichen bleiben. Wir müssen einfach nur verstehen, dass wir für Kṛṣṇa handeln und nicht für unsere eigene Befriedigung. Auf diese Weise können wir wieder unser ursprüngliches Bewusstsein entwickeln und glücklich werden. Solange jemand nicht in seinem ursprünglichen Bewusstsein, dem Kṛṣṇa-Bewusstsein, verankert ist, ist er mit Sicherheit mehr oder weniger verrückt. Jeder, der nicht Kṛṣṇa-bewusst ist, muss deshalb als verrückt angesehen werden, weil er sich auf einer Ebene bewegt, die zeitweilig und vergänglich ist. Da wir als Lebewesen ewig sind, haben wir mit zeitweiligen Tätigkeiten nichts zu tun. Weil wir ewig sind, sollten unsere Tätigkeiten ewig sein, und diese ewige Tätigkeit ist in Liebe dargebrachter Dienst für Kṛṣṇa.

Kṛṣṇa ist der höchste Ewige, wohingegen wir untergeordnete Ewige sind. Kṛṣṇa ist das höchste Lebewesen, während wir untergeordnete Lebewesen sind. Der Finger ist ein Teil des gesamten Körpers, dessen ewige Aufgabe darin besteht, dem Körper zu dienen. Der Finger hat keinen anderen Zweck, und wenn er dem ganzen Körper nicht dienen kann, ist er krank und nutzlos. In ähnlicher Weise müssen wir Kṛṣṇa in unserer Stellung als Seine Teilchen dienen und uns Ihm unterwerfen, da Er uns als der höchste Vater mit allem Notwendigen versorgt. Solch ein Leben des Gehorsams gegenüber Kṛṣṇa ist das normale Leben und das Leben wahrhafter Befreiung. Diejenigen, die versuchen, Kṛṣṇa zu verleugnen und außerhalb einer Beziehung zu Ihm zu leben, führen ein sündhaftes Leben.

Śukadeva Gosvāmī und Mahārāja Parīkṣit sprachen über dieses Thema. Mahārāja Parīkṣit war begierig zu erfahren, wie die bedingten Seelen aus ihrem höllischen Leben gerettet werden könnten. Für einen Vaiṣṇava ist es natürlich, dass er den Wunsch hat, die leidende Menschheit zu retten. Andere kümmern sich im Allgemeinen nicht darum, ob die Menschen leiden oder nicht, doch ein Vaiṣṇava, ein Geweihter des Herrn, überlegt ständig, wie er den gefallenen Menschen aus ihrer erbärmlichen Lage heraushelfen könnte. Die Christen glauben, dass Jesus Christus durch seine Kreuzigung die Sünden aller Menschen auf der Welt auf sich genommen habe. Ein Geweihter des Herrn denkt immer darüber nach, wie er die Leiden anderer auf sich nehmen kann. Vāsudeva Datta, ein Gefährte Śrī Caitanyas, war ein ähnlicher Gottgeweihter wie Jesus Christus. Er sagte zum Herrn: „Jetzt, wo Du gekommen bist, befreie bitte alle Menschen auf der Erde und bringe sie nach Vaikuṇṭha, in die spirituelle Welt; wenn du denkst, dass sie zu sündhaft sind, als dass sie befreit werden könnten, dann übertrage bitte alle ihre Sünden auf mich. Ich werde an ihrer statt leiden." Das ist die Barmherzigkeit eines Vaiṣṇava. Dass Jesus Christus oder Vāsudeva Datta barmherzig sind, bedeutet jedoch nicht, dass sie vertraglich verpflichtet sind, uns unsere Sünden abzunehmen, und dass wir deshalb weiter sündigen dürfen. Diese Haltung ist in höchstem Maße abscheulich. Manchmal erklärt sich ein Vaiṣṇava oder ein Gottgeweihter bereit, für die ganze Menschheit zu leiden, aber die Menschheit oder die Schüler des jeweiligen Gottgeweihten sollten dies nicht ausnutzen und weiter sündigen; vielmehr sollte man aufgrund der Tatsache, dass Jesus Christus oder Vāsudeva Datta für einen gelitten haben, zu dem Schluss kommen, keine Sünden mehr zu begehen.

Jeder ist für seine eigenen sündhaften Handlungen verantwortlich. Śukadeva Gosvāmī empfiehlt deshalb: *tasmāt puraivāśv iha pāpa-niṣkṛtau.* Um sich von allen Reaktionen auf sündhafte Handlungen zu befreien, sollte man Buße tun, solange man noch lebt. *Yateta mṛtyor avipadyatātmanā doṣasya dṛṣṭvā guru-lāghavaṁ yathā bhiṣak cikitseta rujāṁ nidānavit.* Je nach den sündhaften Handlungen, die man begangen hat, sollte man sich einer bestimmten Art der Buße unterziehen. Wie vorher erwähnt wurde, gibt es für verschiedene sündhafte Handlungen verschiedene Bußen. Auf alle Fälle sollte man vor dem Tod Buße tun, damit man keine sündhaften Reaktionen ins nächste Leben mitnimmt und für sie leiden muss. Die Natur macht bei niemandem eine Ausnahme. Wenn wir unsere sündhaften Handlungen nicht in irgendeiner Form abbüßen, werden wir im nächsten Leben ihre Folgen erleiden müssen. Diese bindende Wirkung der materiellen Handlungen, die man begangen hat, wird *karma-bandhanaḥ* genannt.

yajñārthāt karmaṇo 'nyatra
loko 'yaṁ karma-bandhanaḥ
tad-arthaṁ karma kaunteya
mukta-saṅgaḥ samācara

„Man muss seine Arbeit Viṣṇu als Opfer darbringen, denn sonst wird man durch sie an die materielle Welt gebunden. O Sohn Kuntīs, erfülle daher deine vorgeschriebenen Pflichten zu

Seiner Zufriedenstellung; auf diese Weise wirst du immer frei von Bindung bleiben" (*Bhagavad-gītā* 3.9).

Wenn man ein Tier tötet, um es dann genüsslich zu verzehren, wird einen diese Handlung binden. Infolgedessen wird man im nächsten Leben eine Kuh oder Ziege, während die Kuh oder die Ziege, die man einst geschlachtet und aufgegessen hat, ein Mensch werden und einem dasselbe zufügen wird. Das ist die Aussage der Veden, und wie dies bei allen vedischen Aussagen der Fall ist, kann man sie glauben oder nicht. Leider werden die Menschen heutzutage auf solche Weise erzogen, dass sie nicht an ein nächstes Leben glauben. Ja, es scheint sogar so zu sein, dass der Mensch in dem Maße, wie seine „Bildung" zunimmt, seinen Glauben an Gott, Gottes Gesetz, das nächste Leben sowie sündhafte und fromme Handlungen verliert. Das moderne Schulwesen bereitet die Menschen somit lediglich darauf vor, Tiere zu werden. Wenn es keine Bildungsstätten gibt, wo der Mensch lernt, was er ist und ob er der Körper ist oder nicht, bleibt er auf derselben Stufe wie ein Esel. Der Esel – und auch jedes andere Tier – denkt ebenfalls: „Ich bin dieser Körper." Worin unterscheidet sich der Mensch also vom Tier, wenn er genau gleich denkt? Im *Śrīmad-Bhāgavatam* heißt es:

yasyātma-buddhiḥ kuṇape tri-dhātuke
sva-dhīḥ kalatrādiṣu bhauma ijya-dhīḥ
yat-tīrtha-buddhiḥ salile na karhicij
janeṣv abhijñeṣu sa eva go-kharaḥ

„Ein Mensch, der den aus drei Elementen bestehenden Körper für das Selbst hält, der an einer engen körperlichen Beziehung zu seiner Frau und seinen Kindern hängt, der sein Heimatland für verehrungswürdig hält und der in den Wassern heiliger Pilgerorte badet, aber nicht das Wissen der dort lebenden Heiligen nutzt, befindet sich in Illusion und muss mit einem Esel oder einer Kuh auf eine Stufe gestellt werden“ (*Śrīmad-Bhāgavatam* 10.84.13).

Gemäß dem Ayurveda besteht der materielle Körper aus drei Elementen – *kapha-pitta-vātaiḥ* – Schleim, Galle und Luft. Der Körper ist ein komplizierter Mechanismus, in dem Nahrung in Flüssigkeit umgewandelt wird. Im Körper gehen die verschiedensten komplizierten Vorgänge vonstatten, aber was wissen wir davon? Wir sagen: „Das ist mein Körper“, doch was wissen wir schon über unseren Körper? Einige Leute behaupten sogar, sie seien Gott, doch sie wissen nicht einmal, was in ihrem eigenen Körper vor sich geht.

Der Körper ist ein Sack, der mit Kot, Urin, Blut und Knochen angefüllt ist. Wenn jemand glaubt, Intelligenz entstehe aus Kot, Urin, Blut und Knochen, ist er ein Dummkopf. Können wir Intelligenz erzeugen, indem wir Kot, Urin, Blut und Knochen vermischen? Trotzdem denken die Leute immer noch: „Ich bin dieser Körper.“ Aus diesem Grund heißt es in den Schriften, dass jeder, der seinen Körper für das Selbst hält und denkt, die körperlichen Verwandten wie die Frau, die Kinder und die anderen Familienangehörigen gehörten ihm, sich einer Illusion hingibt. Das Wort *kalatra* bedeutet „Frau“, während *ādi* „angefangen mit“ bedeutet. Weil sich ein Mann einsam fühlt, heiratet er eine Frau, und sofort kommen Kinder und dann Enkelkinder. Auf diese Weise wird der Kreis der Familienangehörigen erweitert. *Strī* bedeutet „das, was erweitert“, und *kalatrādiṣu* bedeutet „Erweiterungen des Selbst“, angefangen bei der Frau. Das Wort *bhauma* bezieht sich auf das Geburtsland, das die Unwissenden für verehrungswürdig *(ijya-dhīḥ)* halten. Die Menschen sind bereit, für ihr Heimatland das Leben zu lassen, aber sie wissen nicht, dass ihre Nation, ihr Körper, ihre Frau, ihre Kinder, ihr Land und ihre Stadt in Wirklichkeit nichts mit ihnen zu tun haben. Wir sind spirituelle Seele *(ahaṁ brahmāsmi)*. Wer dies erkennt, hat Wissen. Wenn wir diese Stufe der Erkenntnis erreichen, werden wir glücklich.

brahma-bhūtaḥ prasannātmā
na śocati na kāṅkṣati
samaḥ sarveṣu bhūteṣu
mad-bhaktiṁ labhate parām

„Wer auf diese Weise in der Transzendenz verankert ist, erkennt sogleich das Höchste Brahman und wird von Freude erfüllt. Er klagt niemals, noch begehrt er irgendetwas. Er ist jedem Lebewesen gleichgesinnt. In diesem Zustand erreicht er reinen hingebungsvollen Dienst für Mich" (*Bhagavad-gītā* 18.54).

Man wird augenblicklich von Freude erfüllt *(prasannātmā)*, wenn man erkennt, dass man spirituelle Seele, Brahman, und nicht Materie ist. Dass man diese freudvolle Stufe erreicht hat, äußert sich darin, dass man nichts mehr begehrt und um nichts klagt. Auf dieser Welt klagt jeder um das, was er verloren hat, und sehnt sich nach dem, was er gewinnen möchte, aber wahrer Gewinn besteht darin, sich selbst zu verstehen und zu wissen, wer man ist.

Solange wir die körperliche Lebensauffassung beibehalten, müssen wir den Gesetzen der materiellen Natur wie auch den Gesetzen des Staates und allen anderen Gesetzen Folge leisten. Der Körper ist also verschiedenen Arten der Bedingtheit unterworfen und wird ebenfalls als bedingt bezeichnet. Es gibt die verschiedensten Bedingungen, doch welcher Bedingung wir auch unterliegen, wir sind für unsere Handlungen verantwortlich. Wenn wir für die sündhaften Handlungen, die wir während des Aufenthalts in unserem Körper begangen haben, nicht Buße tun, werden wir im nächsten Körper leiden müssen, denn entsprechend unserem Karma werden wir einen anderen Körper bekommen *(yaṁ yaṁ vāpi smaran bhāvaṁ tyajaty ante kalevaram)*. So lautet das Gesetz der Natur. Śukadeva Gosvāmī empfiehlt deshalb, man solle sich einer Buße unterziehen, die der Schwere der begangenen sündhaften Handlungen angemessen ist. Man muss die in den *śāstras* vorgeschriebenen Methoden der Buße anwenden; andernfalls gibt es keine Rettung.

Parīkṣit Mahārāja, der sehr intelligent war, sagte: „Durch Buße kann man von sündhaften Handlungen frei werden, doch angenommen, ein Mensch hat einen Mord begangen und wird daraufhin getötet, dann würde die sündhafte Reaktion, die ihm für seinen Mord zukäme, dadurch neutralisiert werden, aber es gibt keine Garantie, dass er in seinem nächsten Leben nicht wieder einen Menschen umbringt." Parīkṣit Mahārāja sagte also, dass die Menschen Buße tun, aber daraufhin die gleichen Sünden erneut begehen. Wenn jemand krank ist, kann ihm der Arzt ein Medikament verschreiben und ihn heilen, aber dadurch ist nicht garantiert, dass er nicht wieder von derselben Krankheit befallen wird. Geschlechtskrankheiten kehren trotz ärztlicher Behandlung oft zurück. Ebenso gibt es Diebe, die immer wieder stehlen, obwohl sie bereits mehrere Male dafür im Gefängnis saßen. Aus diesem Grund sagte Parīkṣit Mahārāja, dass Buße zwar ein gutes Mittel sein möge, um bereits begangene sündhafte Handlungen aufzuheben, dass sie aber nicht verhindere, dass diese Sünden erneut begangen werden. Jeder weiß, dass ein Mensch, der einen Mord verübt, bestraft wird, aber Wissen allein reicht nicht aus, einen vor dem Töten abzuschrecken. In jeder Schrift und in jedem Gesetzbuch wird der Mensch ermahnt, nicht zu töten, aber niemand kümmert sich um diese Gesetze. Was kann man dagegen unternehmen? *Dṛṣṭa-śrutābhyāṁ yat pāpam.* Jeder weiß aus praktischer Erfahrung und durch Hören von Autoritäten, was sündhaftes Handeln ist, und niemand kann behaupten, nicht zu wissen, was Sünde ist. Welchen Sinn hat Buße, wenn man dieselbe Sünde immer wieder begeht, nachdem man dafür gebüßt hat? *Kvacin nivartate 'bhadrāt kvacic carati tat punaḥ prāyaścittam atho 'pārthaṁ manye kuñjara-śaucavat* (*Śrīmad-Bhāgavatam* 6.1.10). Wenn man bestraft wird, denkt man: „Warum habe ich nur diesen Fehltritt getan! Diese Sünde werde ich nie wieder begehen." Aber sobald man außer Gefahr ist, begeht man dieselbe Sünde wieder.

Gewohnheit ist wie eine zweite Natur des Menschen; es ist sehr schwierig, seine Gewohnheiten zu ändern. *Śvā yadi kriyate rājā/tat kiṁ nāśnāty upānaham (Hitopadeśa):* Man kann zwar einen Hund auf den Königsthron setzen, doch sobald er einen Schuh erblickt, wird er herunterspringen und sich auf den Schuh stürzen, weil er eben ein Hund ist. Die Hundeeigenschaften lassen sich nicht leugnen, und man kann sie nicht ändern, indem man den Hund einfach auf einen Thron setzt. In ähnlicher Weise haben wir durch Kontakt mit den drei Erscheinungsweisen der materiellen Natur (*sattva-guṇa, rajo-guṇa* und *tamo-guṇa)* materielle Eigenschaften angenommen. Unsere Gewohnheiten werden durch Kontakt mit diesen drei Eigenschaften – Tugend, Leidenschaft und Unwissenheit – geformt. Wenn wir uns aber von den drei Erscheinungsweisen der materiellen Natur lösen, wird unsere wahre spirituelle

Natur erweckt. Das ist der Vorgang des Kṛṣṇa-Bewusstseins. Wenn jemand Kṛṣṇa-bewusst ist, kann er unmöglich mit den drei Erscheinungsweisen der materiellen Natur in Kontakt sein, denn dadurch, dass man Kṛṣṇa-bewusst ist, wird die eigene spirituelle Natur automatisch erweckt. Das ist das Geheimnis. Diejenigen, die den Vorgang des Kṛṣṇa-Bewusstseins ernsthaft praktizieren, sind einzig und allein aus diesem Grund in der Lage, auf einer Ebene zu bleiben, auf der es keine materielle Verunreinigung gibt, obwohl sie früher viele unerwünschte Angewohnheiten hatten.

Kṛṣṇa-Bewusstsein ist also ein hervorragendes Heilmittel. Wenn man nicht Kṛṣṇa-bewusst wird, werden die Gewohnheiten, die man durch den Kontakt mit den drei Erscheinungsweisen der materiellen Natur entwickelt, weiterhin bestehen bleiben – man wird sie nicht abstreifen können. Wenn man sich wirklich aus dem Kreislauf von Geburt und Tod befreien will, muss man zum Kṛṣṇa-Bewusstsein kommen. In der *Bhagavad-gītā* (14.26) sagt Śrī Kṛṣṇa:

māṁ ca yo vyabhicāreṇa
bhakti-yogena sevate
sa guṇān samatītyaitān
brahma-bhūyāya kalpate

„Wer sich völlig im hingebungsvollen Dienst beschäftigt und unter keinen Umständen abweicht, transzendiert sogleich die Erscheinungsweisen der materiellen Natur und erreicht so die Ebene des Brahman."

Der Vorgang des Kṛṣṇa-Bewusstseins empfiehlt nicht irgendwelche Bußen. Man kann mit den verschiedensten Bußen herumexperimentieren, aber die Krankheiten der Seele werden bleiben, wenn man nicht auf die Ebene kommt, liebenden hingebungsvollen Dienst darzubringen und sein Leben zu reinigen.

4

Wie man Selbstbeherrschung erlernt

Jemand, der nicht zum Kṛṣṇa-Bewusstsein kommt, kann vielleicht eine Zeit lang vor den Reaktionen, die auf sündhafte Handlungen folgen, verschont bleiben, doch dann wird er sich erneut Vergehen zuschulden kommen lassen. Deshalb sagte Parīkṣit Mahārāja: *kvacin nivartate 'bhadrāt kvacic carati tat punaḥ prāyaścittam atho 'pārtham.* „Wiederholtes Sündigen und Büßen scheint mir lediglich eine Vergeudung von Zeit zu sein." Er verglich dies mit dem Bad eines Elefanten, der seinen Körper in einem See oder an einer Wasserstelle gründlich reinigt, dann aber ans Ufer geht und seinen ganzen Körper mit Staub bewirft, sodass er sofort wieder schmutzig ist. Parīkṣit Mahārāja wollte damit zum Ausdruck bringen, dass es sinnlos ist, sich durch den Vorgang der Buße zu läutern und dann doch wieder die gleichen sündhaften Handlungen zu begehen. Die zweite Frage, die er Śukadeva Gosvāmī stellte, ist deshalb sehr wichtig.

Er fragte: „Wie kann man ein für allemal von der Verschmutzung, die durch die materiellen Erscheinungsweisen der Natur hervorgerufen wird, frei werden? Welchen Sinn hat Buße, wenn sie einem doch nicht zur Befreiung verhelfen kann?"

Darauf entgegnete Śukadeva Gosvāmī, man könne sich nicht einfach dadurch, dass man fruchtbringenden Handlungen, Karma, mithilfe von anderen Handlungen entgegenwirke, ein für allemal von Leiden befreien. Die Vereinten Nationen beispielsweise versuchen, auf der Welt Frieden zu stiften, aber es gelingt ihnen nicht, Krieg zu verhindern. Immer wieder kommt es zu Kriegen. Nach dem Ersten Weltkrieg gründeten Staatsmänner und Diplomaten den Völkerbund. Im Anschluss an den Zweiten Weltkrieg haben sie die Vereinten Nationen gegründet, aber immer noch wird Krieg geführt. Das eigentliche Ziel besteht darin, den Krieg zu beenden, doch dies gelingt ihnen nicht. Eine Handlung löst einen Krieg aus, und eine andere beendet ihn für eine bestimmte Zeit, aber bei der nächsten Gelegenheit kommt es zu einem weiteren Krieg. Ähnlich verhält es sich mit dem Kreislauf von sündhaften Handlungen und Bußen. Wir wollen eigentlich von Leid und Krieg frei werden, aber unsere Hoffnungen gehen nicht in Erfüllung.

Śukadeva Gosvāmī sagte, dass eine Art von Krieg Störungen verursache und dass eine andere Art von Krieg sie für eine bestimmte Zeit beseitige, aber das sei nicht die endgültige Lösung des Problems. Śukadeva Gosvāmī sagt, dass diese Schwierigkeiten aufgrund von Unwissenheit auftauchen: *avidvad-adhikāritvāt. Avidvat* bedeutet „Mangel an Wissen". *Avidvat-adhikāritvāt prāyaścittaṁ vimarśanam.* Wirkliche Buße wird in Wissen durchgeführt. Warum wird gekämpft und warum gibt es Leiden? Wenn man sich diese „Warum"-Fragen, die in den Veden als *Kena Upaniṣad* bezeichnet werden, nicht stellt, nutzt man sein menschliches Leben nicht so, wie man es eigentlich sollte. Diese Fragen müssen gestellt werden: „Warum leide ich? Woher komme ich? Was ist meine wesensgemäße Stellung? Wohin werde ich nach dem Tod gehen? Warum werde ich in eine Lebensform versetzt, in der ich leiden muss? Warum gibt es Geburt, Alter, Krankheit und Tod?"

Wie können diese Probleme gelöst werden? Śukadeva Gosvāmī sagt: *nāśnataḥ pathyam evānnaṁ vyādhayo 'bhibhavanti hi / evaṁ niyamakṛd rājan śanaiḥ kṣemāya kalpate.* (*Śrīmad-Bhāgavatam* 6.1.12) Wenn man dem krankhaften Leben wirklich ein Ende bereiten will, muss man sich an ein regulierendes Prinzip halten. Wenn ein Kranker nicht das tut, was ihm der Arzt zu seiner Heilung vorgeschrieben hat, kann er nicht gesund werden. Ebenso kann man die Probleme des Lebens nur lösen, wenn man weise denkt und handelt, wie es das vedische Wissen vorschreibt. Mithilfe bloßer Buße kann man die Schwierigkeiten vielleicht eine Zeit lang unterdrücken, doch dann werden sie erneut auftauchen.

Śukadeva Gosvāmī sagt, dass wir im materiellen oder sündhaften Leben auf solche Art und Weise handeln, dass wir gezwungen sind, Sünden zu begehen und als Folge davon zu leiden. Dies ist eine Tatsache. Wenn wir nicht immer wieder diesem Kreislauf des Leidens zum Opfer fallen wollen, müssen wir mehr Wissen entwickeln. Gewöhnliche Menschen, *karmīs,* sind auf die Früchte ihrer Arbeit aus. Sie arbeiten Tag und Nacht, um einige Ergebnisse zu erzielen, die sie genießen können, woraufhin sie wieder leiden. Auf diese Weise werden die Probleme der *karmīs* niemals gelöst. Es wird deshalb empfohlen, sich auf die Ebene des Wissens zu erheben, wie es im *Śrīmad-*

Bhāgavatam vorgeschrieben ist. Als Erstes ist *tapasya* vonnöten, das heißt, man muss sich Entsagung auferlegen. Wenn ein Arzt einem zuckerkranken Patienten rät, nichts zu essen, sondern einige Tage lang zu fasten, muss sich der Patient freiwillig einer Fastenkur unterziehen, wenn er geheilt werden will. *Tapasya* bedeutet, dass man sich freiwillig in eine unangenehme Lage begibt. Die Fähigkeit dazu stellt eine gute Eigenschaft dar, denn der Zweck des menschlichen Lebens besteht darin, sich in *tapasya* zu üben. Die vedische Kultur schreibt *tapasya* vor, und in Indien kann man viele *tapasvīs* sehen, die sich Entsagungen auferlegen. Im Winter stehen sie bis zum Hals im Wasser und meditieren. Bei eisiger Kälte im Wasser zu stehen, ist sehr unangenehm, trotzdem tun sie es freiwillig. Im Sommer entfachen sie rund um sich herum mehrere Feuer, setzen sich inmitten der lodernden Flammen nieder und meditieren. Das sind Beispiele für harte *tapasya,* wie sie sich viele Asketen in Indien auferlegen.

Ein gewisses Maß an *tapasya* ist zweifelsohne nötig. Ohne *tapasya* kann man weder im spirituellen Leben Fortschritt machen noch Wissen entwickeln. Wenn wir einfach nur den tierischen Trieben – Essen, Schlafen, Sexualität und Verteidigung – freien Lauf lassen und uns keine *tapasya* auferlegen, ist unser Leben als Mensch vergeudet. Wenn jemand ein eingeweihtes Mitglied unserer Gesellschaft für Kṛṣṇa-Bewusstsein werden will, bitten wir ihn zuerst, sich *tapasya* aufzuerlegen. Besonders in den westlichen Ländern ist es eine große *tapasya,* unzulässiges Geschlechtsleben, Berauschung, Fleischessen und Glücksspiel aufzugeben. Nur diese Entsagungen sind nötig, doch es ist sehr schwierig, sie zu praktizieren. In England wurde einem meiner Vaiṣṇava-Gottbrüder von einem reichen Aristokraten folgende Frage gestellt: „Svāmījī, kannst du mich zu einem *brāhmaṇa* machen?" Der Svāmījī antwortete: „Ja, warum nicht? Du brauchst nur folgende vier Prinzipien einzuhalten: keine unzulässige Sexualität, keine Berauschung, kein Glücksspiel und kein Fleischessen." „Unmöglich", meinte darauf der Brite. Ja, es ist tatsächlich unmöglich, denn in Europa und Amerika wird man schon von frühester Kindheit an zur Genusssucht erzogen. Indische Gentlemen kommen oft in den Westen, um diese Genüsse kennenzulernen, und sie denken, sie würden auf diese Weise fortschrittlich sein. Die Inder werden durch ihre vedische Kultur automatisch zur *tapasya* erzogen, aber sie kommen nach Amerika, um diese Kultur zu vergessen und sich einen neuen Lebensstil anzueignen. Wenn man jedoch im spirituellen Verständnis Fortschritt machen und alle Probleme des Lebens lösen will, muss man ein Leben der *tapasya,* der Entsagung und Einschränkung, führen.

Einschränkung ist für Menschen bestimmt, nicht für Tiere. In unserem alltäglichen Leben begegnen wir einer Vielzahl solcher Beschränkungen. Wir können nicht auf der linken Straßenseite fahren oder bei Rot die Kreuzung überqueren, ohne zu riskieren, dass wir von einem Polizisten bestraft werden. Läuft jedoch ein Hund auf der linken Straßenseite oder überquert bei Rot eine Kreuzung, so wird er nicht bestraft, weil er ein Tier ist. Das Gesetz macht also einen Unterschied zwischen Menschen und Tieren, weil man vom Menschen annimmt, dass er ein höher entwickeltes Bewusstsein hat. Wenn wir uns an keine Regeln und Beschränkungen halten, sinken wir wieder auf die Stufe der Tiere hinab. Offensichtlich preist die Propaganda Freiheit als das Gegenteil eines Lebens an, in dem Regeln befolgt werden, aber ein Mensch, der die Dinge so sieht, wie sie sind, kann verstehen, dass ein Leben ohne jede

Einschränkung tierisches Leben ist. Aus diesem Grund empfiehlt Śukadeva Gosvāmī *tapasya.* Wenn wir die Probleme des Lebens wirklich lösen wollen, müssen wir ein Leben der Entsagung führen. Tun wir dies nicht, werden wir an das materielle Leben gefesselt; es gibt keine andere Möglichkeit.

Was ist *tapasya?* Was ist Entsagung? Das erste Prinzip der Entsagung ist *brahmacarya,* Einschränkung der geschlechtlichen Betätigung. Im eigentlichen Sinn des Wortes bedeutet *brahmacarya* vollkommene Enthaltsamkeit (Zölibat). Gemäß der vedischen Kultur sollte man die Regeln des *brahmacarya* in der ersten Phase seines Lebens streng befolgen. Wenn der *brahmacārī* erwachsen ist, kann er heiraten und *gṛhastha* werden, und als *gṛhastha* darf er Geschlechtsverkehr haben, wohingegen im *brahmacarya*-Leben striktes Zölibat vorgeschrieben ist. Weil die Menschen im gegenwärtigen Zeitalter nicht gelehrt werden, wie man ein *tapasvī*-Leben führt, und sie sich deshalb nicht in *tapasya* üben, sind sie sittlich entartet. Kritik allein wird diesen Zustand nicht ändern. Die Menschen müssen tatsächlich darin geschult werden, ein Leben der *tapasya* zu führen.

In den Veden heißt es, dass diejenigen, die ein reguliertes Leben der *tapasya* führen, *brāhmaṇas* seien. *Yo vā etad akṣaraṁ gārgy aviditvāsmāl̐ lokāt praiti sa kṛpaṇaḥ / ya etad akṣaraṁ gārgi viditvāsmāl̐ lokāt praiti sa brāhmaṇaḥ.* Jeder muss sterben, denn niemand kann für immer hier bleiben, doch jemand, der nach einem Leben der *tapasya* stirbt, ist ein *brāhmaṇa,* während jemand, der wie eine Katze oder ein Hund stirbt, ohne *tapasya* geübt zu haben, als *kṛpaṇa* bezeichnet wird. Diese beiden Worte werden in der vedischen Literatur häufig gebraucht: *brāhmaṇa* und *kṛpaṇa. Kṛpaṇa* bedeutet „Geizhals", während sich *brāhmaṇa* auf einen großzügigen, weitherzigen Menschen bezieht. *Brahmā jānātīti brāhmaṇaḥ:* Jemand, der das Höchste, die Absolute Wahrheit, kennt, ist ein *brāhmaṇa,* wohingegen jemand, der die Absolute Wahrheit nicht kennt, ein Tier ist. Das ist der Unterschied zwischen Mensch und Tier; der Mensch muss – wenn er die Bezeichnung „Mensch“ verdienen will – so geschult werden, dass er die Absolute Wahrheit versteht. Weil das menschliche Leben für die Entwicklung von Wissen bestimmt ist, gibt es Schulen und Universitäten, Philosophen, Wissenschaftler und Mathematiker. Wie man isst, schläft, sich vermehrt und sich verteidigt, braucht nirgendwo gelehrt zu werden, denn diese Dinge lernt man instinktiv. Das menschliche Leben ist offensichtlich für etwas Höheres bestimmt. Es ist für *tapasya* und Wissen bestimmt.

In den Veden gibt es Beschreibungen vom *brahmacarya* (Zölibat), die den Beginn eines Lebens, das der *tapasya* gewidmet ist, kennzeichnen: *smaraṇaṁ kīrtanaṁ keliḥ prekṣaṇaṁ guhya-bhāṣaṇam / saṅkalpo 'dhyavasāyaś ca kriyā-nirvṛttir eva ca* (*Śrīdhara* 6.1.12). Wer in echtem Zölibat leben will, sollte nicht einmal an Sexualität denken oder darüber sprechen. Das Lesen von modernen Büchern und Zeitschriften, die mit Artikeln zum Thema Sexualität angefüllt sind, verstößt ebenfalls gegen die Prinzipien des *brahmacarya.* Ebenso verstoßen auch alle anderen Handlungen sexueller Natur gegen die Prinzipien des *brahmacarya,* wie beispielsweise Mädchen zu betrachten, mit ihnen zu flüstern, den Beschluss zu fassen, sich geschlechtlich zu betätigen, oder dies tatsächlich zu versuchen. Wirkliches *brahmacarya* bedeutet, dass man keines von diesen Dingen tut.

Durch Entsagung, Zölibat sowie Kontrolle des Geistes und der Sinne kann man sein Leben reiner machen. Darüber hinaus kann man auch durch richtig angewendete Mildtätigkeit Fortschritt machen. Das nennt man *tyāga,* Verzicht. Wenn jemand eine Million Dollar hat, sollte er dieses Geld nicht behalten, sondern sollte es, solange er darüber verfügen kann, für Kṛṣṇa ausgeben. Geld und Energie werden richtig verwendet, wenn man sie für Kṛṣṇa einsetzt.

Sobald man den Körper verlässt, hat man von seinem Geld und von all den anderen körperbezogenen Dingen, die man erworben hat, nichts mehr, denn die spirituelle Seele geht in einen anderen Körper ein. Man weiß nicht, wo das Geld, das man im letzten Körper verdient hat, aufbewahrt wird oder wofür es ausgegeben wird. Ein Mensch mag, kurz bevor er die Welt verlässt, seinen Söhnen oder Erben Weisungen geben, was mit seinem Geld geschehen soll, aber selbst wenn er Millionen hinterlässt, hat er in seinem nächsten Leben keinen Anspruch mehr darauf. Deshalb ist es besser, das Geld für einen guten Zweck auszugeben, solange man es in der Hand hat. Wenn man damit Missbrauch treibt, ist man den Reaktionen ausgesetzt, doch wenn man es für gute Zwecke einsetzt, wird es einem zum eigenen Wohl gereichen. Darauf wird in der *Bhagavad-gītā* deutlich hingewiesen.

Die *Bhagavad-gītā* erklärt, dass es drei Arten von Mildtätigkeit gibt – Spenden in der Erscheinungsweise der Tugend, der Leidenschaft und der Unwissenheit. Ein Mensch in der Erscheinungsweise der Tugend weiß, wo eine Spende angebracht ist. In der *Bhagavad-gītā* (9.29) sagt Kṛṣṇa:

samo 'haṁ sarva-bhūteṣu
na me dveṣyo 'sti na priyaḥ
ye bhajanti tu māṁ bhaktyā
mayi te teṣu cāpy aham

„Ich beneide niemanden, noch bevorzuge Ich jemanden. Ich bin allen gleichgesinnt. Doch jeder, der Mir in Hingabe dient, ist Mein Freund, ist in Mir, und auch Ich bin sein Freund."

Kṛṣṇa braucht kein Geld, denn Er ist der eigentliche Eigentümer aller Dinge *(īśāvāsyam idaṁ sarvam),* aber trotzdem bittet Er uns um eine Gabe. Er kam beispielsweise in der Gestalt Vāmanas, eines Zwerg-*brāhmaṇa,* zu Bali Mahārāja, um ihn um ein Almosen zu bitten. Obwohl Er *sarva-loka-maheśvaram,* der Eigentümer aller Planeten, ist, sagt Er: „Bitte gib Mir eine Gabe." Warum? Es ist zu unserem eigenen Vorteil, denn je früher wir Kṛṣṇa Sein Geld zurückgeben, desto besser werden wir dastehen. Wir mögen dies zwar nicht gerne hören wollen, aber eigentlich sind wir alle Diebe, denn wir haben uns Gottes Eigentum angeeignet. Wenn ein Mensch, der etwas besitzt, nicht gottesbewusst ist, kann man überzeugt sein, dass er Gottes Eigentum gestohlen hat. Das ist die Natur des materiellen Lebens. Wenn wir gründlich darüber nachdenken und zu wirklichem Wissen kommen, werden wir erkennen, dass alles, was wir besitzen, gestohlenes Gut ist, wenn wir nicht gottesbewusst sind und wissen, dass wir Gottes Eigentum benutzen. In der *Bhagavad-gītā* heißt es auch, dass man als Dieb gilt, wenn man sein Geld nicht für *yajña* (Opfer) ausgibt *(yo bhuṅkte stena eva saḥ).* Wenn jemand zum Beispiel viel Geld verdient, aber diesen Umstand zu verbergen versucht, weil er keine Einkommenssteuer bezahlen will, betrachtet ihn die Regierung als kriminell. Er kann nicht sagen: „Ich habe dieses Geld verdient. Warum soll ich der Regierung Steuern bezahlen?" Nein, er muss zahlen, oder er läuft Gefahr, bestraft zu werden. Ebenso gehört alles, was wir haben, in höherem Sinne Kṛṣṇa, Gott. Daher muss es im Einklang mit Seinen Wünschen gebraucht werden. Angenommen, wir wollen ein Gebäude bauen – woher nehmen wir die Steine, das Holz und die Erde, die wir für den Bau benötigen? Wir können das Holz nicht künstlich herstellen; es ist Gottes Eigentum. Wir können das Metall nicht herstellen; wir müssen es aus der Mine gewinnen, die ebenfalls Gottes Eigentum ist. Die Erde und die Ziegel, die daraus gemacht werden, gehören ebenfalls Gott. Unser Beitrag ist einfach nur unsere Arbeitskraft, die aber auch Gottes Eigentum ist. Wir arbeiten mit unseren Händen, doch eigentlich sind es nicht unsere, sondern Gottes Hände, denn wenn uns Gott die Fähigkeit, die Hand zu gebrauchen, nimmt, wird die Hand nutzlos.

Wir sollten die große Gelegenheit des menschlichen Lebens dazu benutzen, all diese Punkte zu verstehen, die auch in den maßgebenden Büchern des vedischen Wissens wie dem *Śrīmad-Bhāgavatam* und der *Bhagavad-gītā* behandelt werden. Im *Bhāgavatam* erklärt Śukadeva Gosvāmī, dass wirkliche Buße Nachdenklichkeit, Besonnenheit und Überlegung erfordere. Man muss überlegen, ob man der Körper ist oder ob man transzendental zum Körper ist, und man muss versuchen, herauszufinden, was Gott ist. Das sind die Dinge, über die man im Kṛṣṇa-Bewusstsein nachsinnen muss. Wir sollten nicht leichtsinnig sein oder unsere Zeit vergeuden. Wenn man dieses Wissen haben will, muss man Entsagung, *tapasya,* üben. *Tapasya* beginnt, wie bereits erklärt wurde, mit *brahmacarya,* dem Zölibat oder dem eingeschränkten Geschlechtsleben. Sexualität ist der größte materielle Genuss, nicht nur für die Menschen, sondern auch für die Tiere. Spatzen und Tauben haben täglich 300 Mal Geschlechtsverkehr, obwohl sie strikte Vegetarier sind, während der Löwe, der kein Vegetarier ist, einmal im

Jahr Geschlechtsverkehr hat. Spirituelles Leben hängt nicht von Vegetarismus ab, sondern vom Verstehen höheren Wissens, denn dann wird man ganz von selbst Vegetarier. *Paṇḍitāḥ sama-darśinaḥ:* Jemand, der sehr gelehrt ist, unterscheidet nicht zwischen einem großen Gelehrten, einem *brāhmaṇa,* einem Elefanten, einem Hund und einer Kuh. Er ist *sama-darśī;* seine Sicht ermöglicht es ihm, alle gleich zu sehen. Wie ist dies möglich? Er sieht nicht den Körper, sondern die Seele, den spirituellen Funken (Brahman). Er denkt: „Hier ist ein Hund, aber dieser Hund ist gleichfalls ein Lebewesen, auch wenn es aufgrund seines vergangenen Karma ein Hund geworden ist. Und dieser Gelehrte ist ebenfalls ein spiritueller Funken, aber aufgrund seines vergangenen Karma ist er in einer guten Familie geboren worden." Wenn man auf diese Ebene gelangt, sieht man nicht den Körper, sondern den spirituellen Funken, und trifft zwischen einem Lebewesen und einem anderen keine Unterscheidung.

Wir unterscheiden tatsächlich nicht zwischen Fleischfressern und Vegetariern, denn das Gras ist genauso ein Lebewesen wie die Kuh oder das Lamm. Wir sollten jedoch die vedischen Aussagen der *Īśopaniṣad* (1) zu unserer Richtlinie machen:

īśāvāsyam idaṁ sarvaṁ
yat kiñca jagatyāṁ jagat
tena tyaktena bhuñjīthā
mā gṛdhaḥ kasya svid dhanam

„Alles Beseelte und Unbeseelte, das sich im Universum befindet, wird vom Herrn kontrolliert und ist Sein Eigentum. Man sollte daher nur die Dinge annehmen, die man braucht und die einem als Anteil zur Verfügung gestellt worden sind, und man darf keine anderen Dinge annehmen, da man weiß, wem sie gehören."

Da alles das Eigentum des Höchsten Herrn ist, darf man nur das genießen, was einem vom Herrn zugemessen worden ist, und darf fremdes Eigentum nicht anrühren. Gemäß der vedischen Lebensweise und allen vedischen Schriften sollte sich der Mensch von Früchten und Gemüse ernähren, denn seine Zähne sind so beschaffen, dass er diese Dinge sehr leicht essen und verdauen kann. Es ist zwar das Gesetz der Natur, dass man andere Lebewesen essen muss, um überleben zu können *(jīvo jīvasya jīvanam),* aber man muss unterscheiden. Früchte, Blüten, Gemüse, Reis, Getreide und Milch sind für die Menschen gedacht. Milch zum Beispiel ist ein Tierprodukt, umgewandeltes tierisches Blut, aber die Kuh gibt mehr Milch, als ihr Kalb braucht, weil die Milch für die Menschen gedacht ist. Der Mensch sollte einfach die Milch nehmen und die Kühe leben lassen. Wenn er so das Gesetz der Natur befolgt, wird er glücklich sein. *Tena tyaktena bhuñjīthā:* Man sollte nehmen, was einem Gott als Anteil zur Verfügung stellt, und damit sorgenfrei leben.

Wir müssen unser Bewusstsein mithilfe dieser Wissenschaft von Kṛṣṇa erheben. Jeder hat die Neigung in sich, anderen etwas zu geben, aber wir wissen nicht, wie man sie am besten einsetzt. Alles, was wir an Energie aufwenden, sollte für Kṛṣṇa eingesetzt werden, denn alles gehört Ihm. Wer Kṛṣṇa etwas gibt, wird dadurch nichts verlieren. Kṛṣṇa ist so gütig, dass Er die Speisen, die wir Ihm opfern, annimmt und trotzdem alles übrig lässt, sodass wir es essen können. Indem wir Kṛṣṇa einfach nur Essen opfern, können wir Gottgeweihte werden. Wir brauchen nicht einen Pfennig zusätzlich auszugeben. Im höheren Sinn gehört alles Kṛṣṇa, doch wenn wir Ihm alles opfern, werden wir erhoben werden. Das ist eine erhabene und erprobte Methode für Fortschritt in reinem Leben.

5

Wie man im Kṛṣṇa-Bewusstsein stetig wird

Wenn man die höchste Stufe materiellen Reichtums erreicht, ist die Neigung zur Entsagung natürlich. Es gibt in der materiellen Welt zwei Neigungen – *bhoga* (Sinnengenuss) und *tyāga* (Entsagung der materiellen Welt). Wenn man jedoch von niemandem angeleitet wird, weiß man nicht, wie man entsagen soll. Man möchte zunächst genießen und entsagt erst, wenn man von diesem Genuss enttäuscht ist. Wenn man der Entsagung überdrüssig ist, genießt man wieder und schwankt so hin und her wie das Pendel einer Uhr. Auf diese Weise pendeln wir alle von der Ebene des Genusses zur Ebene der Entsagung und wieder zurück.

Karmīs, fruchtbringende Arbeiter, versuchen, diese Welt zu genießen und die Früchte zu ernten, die sie zu bieten hat. Dies hat zur Folge, dass auf den Schnellverkehrsstraßen Tag und Nacht ein ständiger Verkehr herrscht, weil die *karmīs* materiellem Genuss nachjagen. Es gibt auch noch andere Menschen, zu denen vor allem die unzufriedenen Jugendlichen zu zählen sind, die im Gegensatz zu den *karmīs* mit dem Streben nach materiellem Genuss nichts zu tun haben wollen. Die Weltbevölkerung setzt sich also aus denen zusammen, die nach *bhoga* streben, und denen, die *tyāga* praktizieren. Keiner von diesen beiden Pfaden jedoch wird uns glücklich machen, denn es ist weder unsere Natur zu genießen noch zu entsagen. Da alles Kṛṣṇa gehört und nichts jemand anderem, ist alles, was wir besitzen, in Wirklichkeit Kṛṣṇas Eigentum *(īśāvāsyam idaṁ sarvam)*. Da wir die Bäume, die Pflanzen, das Wasser und das Land nicht erschaffen haben, können wir diese Dinge nicht als unser Eigen beanspruchen. Da wir eigentlich nichts besitzen, kann von Entsagung keine Rede sein, oder wie man auch sagt: „Nackt kommen wir in diese Welt und nackt verlassen wir sie wieder." In der Zwischenzeit behaupten wir zu Unrecht: „Das ist mein Land, das ist mein Haus, das ist meine Frau, das sind meine Kinder, das ist mein Eigentum, das ist mein Bankkonto usw." Solche Ansprüche sind unberechtigt, denn wir kommen mit leeren Händen auf die Welt und verlassen sie mit leeren Händen. Welchen Sinn haben dann *bhoga* und *tyāga?* Angesichts des wirklichen Sachverhalts muss man sagen, dass sie nicht wirklich einen Sinn haben. *Bhoga* ist Diebstahl, und *tyāga,* der Verzicht auf etwas, was einem nie gehört hat, ist eine Form der Geistesgestörtheit.

Hinsichtlich *bhoga* und *tyāga* gibt uns Kṛṣṇa folgenden Rat: *sarva-dharmān parityajya mām ekaṁ śaraṇaṁ vraja* (*Bhagavad-gītā* 18.66). Wir haben verschiedene Arten von Religion geschaffen, die auf *bhoga* und *tyāga* aufgebaut sind, aber Kṛṣṇa gibt uns den Rat, sie alle aufzugeben und uns Ihm zu ergeben. Es steht nicht in unserer Macht, zu genießen oder zu entsagen. Wenn in der *Bhagavad-gītā* Entsagung empfohlen wird, so ist damit gemeint, dass wir allem entsagen sollen, was wir widerrechtlich unser Eigen nennen. Angenommen, ein Kind hat von seinem Vater eine 100-Dollar-Note genommen und versucht, sie zu behalten, obwohl es nicht weiß, wie es sie gebrauchen soll, dann wird der Vater das Kind bitten: „Lieber Junge, bitte gib das Geld mir." Das Kind weiß nicht, dass das Geld eigentlich dem Vater gehört, und es weiß nicht, dass es das Beste wäre, es dem Vater wieder zurückzugeben, da es sowieso nicht weiß, wie es das Geld gebrauchen sollte. In ähnlicher Weise sagt Kṛṣṇa: „Gib deine Arbeit Mir hin. Entsage deinem Reichtum sowie deinem Besitz und bring ihn Mir dar." Kṛṣṇa ist kein Bettler, denn alles gehört Ihm, aber Er behandelt uns wie kleine Kinder. Das Erfüllen Seiner Bitte, Ihm alles zu geben, wird *tyāga,* Entsagung, genannt und ist eines der Mittel, mit dessen Hilfe man im Kṛṣṇa-Bewusstsein Fortschritt erzielen kann. *Tapasya, brahmacarya,* Gleichmut und Mildtätigkeit – all dies ist notwendig, wenn man die Höchste Absolute Wahrheit erkennen will. Kṛṣṇa-Bewusstsein befasst sich nicht mit der relativen, sondern mit der absoluten Wahrheit. Im *Śrīmad-Bhāgavatam* erweist Vyāsadeva der Höchsten Absoluten Wahrheit seine Ehrerbietungen *(satyaṁ paraṁ dhīmahi).* Er erweist nicht den relativen kategorischen Wahrheiten Ehre, sondern dem *summum bonum,* der Absoluten Wahrheit. Es ist die Pflicht des *brāhmaṇa,* die Eigenschaften zu entwickeln, durch die er die Absolute Wahrheit erkennen kann.

Brāhmaṇas müssen sich dadurch auszeichnen, dass sie Reinlichkeit, Wahrhaftigkeit, Beherrschung des Geistes und der Sinne sowie Einfachheit praktizieren und ihr Vertrauen in die Veden, insbesondere die *Bhagavad-gītā,* festigen. Wenn Kṛṣṇa sagt: „Ich bin der Höchste Herr", müssen wir Ihm Vertrauen schenken, und zwar nicht blind, sondern mit vollem Wissen. Dieses Vertrauen muss sich in unserem täglichen Leben praktisch zeigen. *Brāhmaṇa* wird man nicht durch Geburt, sondern durch Ausbildung, Übung und Wissen. Entscheidend ist nicht die Herkunft eines Menschen, sondern die Eigenschaften, die er aufweist; dies wird von Śrī Kṛṣṇa in der *Bhagavad-gītā* (4.13) erklärt:

cātur-varṇyaṁ mayā sṛṣṭaṁ
guṇa-karma-vibhāgaśaḥ
tasya kartāram api māṁ
viddhy akartāram avyayam

„In Entsprechung zu den drei Erscheinungsweisen der materiellen Natur und der Arbeit, die mit ihnen verbunden ist, wurden die vier Einteilungen der menschlichen Gesellschaft von Mir geschaffen. Und obwohl Ich der Schöpfer dieses Systems bin, solltest du wissen, dass Ich dennoch der Nichthandelnde bin, denn Ich bin unwandelbar."

Man muss nicht nur die Eigenschaften eines *brāhmaṇa* haben, sondern man sollte auch wie ein *brāhmaṇa* handeln, denn die Eigenschaften eines Menschen zeigen sich an seinen Handlungen. Welchen Nutzen hat ein Mensch, der zwar ein qualifizierter Ingenieur ist, aber nur zu Hause herumsitzt? In ähnlicher Weise bringt es keinen Nutzen, wenn jemand nur sagt: „Ich bin ein *brāhmaṇa*", aber nicht als solcher handelt.

Man muss deshalb als *brāhmaṇa* handeln, indem man sich mit ganzer Kraft im Dienst des Param Brahman, Kṛṣṇas, des Höchsten Brahman, betätigt.

Wie kann Dienst für die Absolute Wahrheit ausgeführt werden? *Yamena niyamena ca:* Die Grundlage, um Yoga zu praktizieren, das heißt, sich mit dem Höchsten zu verbinden, sind die Prinzipien der Regulierung und der Einschränkung. Regulierung kann nicht ohne Einschränkung durchgeführt werden; deshalb muss man besonnen sein und sich reinigen. Wenn man eine Prüfung bestehen will, muss man den Unterricht besuchen, sich an die Prinzipien der Schule halten und beim Studieren einige Mühen auf sich nehmen; dann wird man nach einiger Zeit schließlich Erfolg haben. Wie kann ein Prüfungskandidat, der den ganzen Tag auf der Straße spielt, erwarten, dass er die Prüfung mit Erfolg bestehen wird? Die Voraussetzung für den Vorgang, den Śukadeva Gosvāmī erklärt, ist deshalb *tapasya,* Entsagung. Entsagung und *brahmacarya* mögen uns unangenehm erscheinen, weil wir uns keine Einschränkungen auferlegen wollen, doch sobald wir reguliert leben, ist das, was uns mühsam zu sein schien, in der Praxis gar nicht mühsam.

Es gibt zwei Gruppen von Menschen – diejenigen, die besonnen sind *(dhīra),* und diejenigen, die zügellos sind *(adhīra).* Wenn jemand Gleichmut zu bewahren vermag, obwohl er provoziert wird oder obwohl er Grund hätte, in Aufregung zu geraten, nennt man ihn *dhīra.* Als Beispiel für einen *dhīra* führt Kālidāsa Paṇḍita, ein großer Sanskritdichter, in seinem Buch *Kumāra-sambhava* Śiva an. Es heißt dort, dass die Halbgötter einst gegen die Dämonen kämpften und geschlagen wurden und dass sie daraufhin zu der Überzeugung kamen, dass sie von einem aus dem Samen Śivas geborenen Oberbefehlshaber gerettet werden könnten. Śiva war jedoch in Meditation versunken, weshalb es für die Halbgötter sehr schwierig war, den benötigten Samen zu bekommen. Schließlich schickten sie Pārvatī, ein junges Mädchen, zu Śiva. Sie trat vor ihn und verehrte seine Genitalien. Obwohl sich dieses junge Mädchen vor Śiva hinsetzte und seine Genitalien berührte, ließ sich Śiva in seiner Meditation nicht stören. Kālidāsa gibt dazu folgenden Kommentar: „Hier haben wir ein Beispiel für einen *dhīra,* denn obwohl ein junges Mädchen seine Genitalien berührte, war er dadurch nicht aus der Ruhe zu bringen."

Ähnliches erlebte Haridāsa Ṭhākura. Jemand beauftragte eine junge Prostituierte, Haridāsa Ṭhākura in Versuchung zu bringen. Als sie ihn bat, er möge mit ihr Geschlechtsverkehr haben, sagte er: „Ja, dein Angebot ist sehr verlockend. Bitte setz dich und lass mich zu Ende chanten, und dann werden wir uns vergnügen." Als der Morgen graute, wurde die Prostituierte ungeduldig, aber Haridāsa Ṭhākura vertröstete sie: „Es tut mir sehr leid. Es ist mir nicht gelungen, mit dem Chanten fertig zu werden. Komm heute Nacht wieder." Die Prostituierte kam drei Nächte lang, und in der dritten Nacht fiel sie ihm zu Füßen, gestand, was sie vorgehabt hatte, und flehte ihn an: „Ein Mann, der dein Feind ist, hat mich zu dieser Tat angestiftet. Bitte verzeih mir." Darauf antwortete Haridāsa Ṭhākura: „Ich weiß, aber ich habe es zugelassen, dass du drei Nächte lang hierher kamst, weil ich wollte, dass du dich wandelst und zu einer Gottgeweihten wirst. Nimm nun diese Gebetskette und widme dich dem Chanten. Ich ziehe von hier fort." Hier haben wir ein weiteres Beispiel für einen *dhīra,* der seinen Körper *(deha),* seine Worte *(vāc)* und seine Intelligenz *(buddhi)* unter Kontrolle hat. Wer *dhīra* ist und die Prinzipien der Religion kennt, sollte seinen Körper, seine Worte und seine Intelligenz beherrschen.

Wir haben seit unvordenklichen Zeiten unablässig sündhafte Handlungen begangen und wissen nicht, wann dies begonnen hat, aber unser jetziges Leben ist für die Berichtigung all unserer vergangenen Fehler bestimmt. Wenn man das auf einem Acker wachsende nutzlose Gras und Unkraut in Brand steckt, wird es restlos verbrennen. In ähnlicher Weise kann man mithilfe des Vorganges der Entsagung und der Buße alle sündhaften Handlungen tilgen und so gereinigt werden. Aber Śukadeva Gosvāmī empfiehlt einen anderen Vorgang: *kecit kevalayā bhaktyā vāsudeva-parāyaṇāḥ / aghaṁ dhunvanti kārtsnyena nīhāram iva bhāskaraḥ*. Wenn jemand ein entsagungsvolles und frommes Leben führt, indem er Zölibat, Gleichmut, Mildtätigkeit usw. übt, werden die Leute in der Regel sagen, er sei ein frommer Mensch, aber wenn man einfach nur Kṛṣṇa-bewusst wird, kann man alle Reaktionen aus den vergangenen sündhaften Leben abtöten. Eine Nebelschwade verflüchtigt sich, sobald die Sonne aufgeht, und Kṛṣṇa-Bewusstsein geht mit der Leuchtkraft von Tausenden von Sonnen auf.

Diesem Vorgang wendet sich nur jemand zu, der sehr vom Glück begünstigt ist. Caitanya Mahāprabhu sagte deshalb: *(ei rūpa) brahmāṇḍa bhramite kona bhāgyavān jīva / guru-kṛṣṇa-prasāde pāya bhakti-latā-bīja* – „Durch die Gnade Kṛṣṇas und durch die Gnade des spirituellen Meisters erhält ein vom Glück begünstigter Mensch den Samen reinen hingebungsvollen Dienstes, nachdem er in den verschiedensten Lebensformen durch das ganze Universum gewandert ist." Kṛṣṇa-Bewusstsein ist für diejenigen bestimmt, die großes Glück haben, denn wenn man einfach nur diesen einen Vorgang praktiziert, kann man alle Pflichten der Enthaltsamkeit, der Entsagung, des Zölibats usw. hinter sich lassen. Śukadeva Gosvāmī erklärt: *kecit kevalayā bhaktyā* – „Jemand, der im höchsten Maße vom Glück begünstigt ist, wendet sich dem Vorgang reinen hingebungsvollen Dienstes zu." *Kevalā bhakti* bezieht sich auf reinen, unvermischten hingebungsvollen Dienst, in dem es keinen Wunsch gibt, außer Kṛṣṇa zu erfreuen. Man sollte hingebungsvollen Dienst nicht ausführen, um lediglich sein Einkommen zu vergrößern. Wir wollen Geld, um glücklich zu werden, doch wenn wir uns dem Kṛṣṇa-Bewusstsein zuwenden, werden wir automatisch so glücklich werden, dass uns Geld gleichgültig sein wird. Geld und Glück werden automatisch kommen. Wir brauchen uns nicht eigens um diese Dinge zu bemühen.

Dhruva Mahārāja klagte: „Was für ein Narr war ich doch, dass ich hingebungsvollen Dienst zu praktizieren begann, weil ich mir materiellen Gewinn davon erhoffte!" Normalerweise geht man zu seinem Chef oder zu einem reichen Mann oder zu einem Halbgott, wenn man irgendwelche materiellen Güter bekommen will, doch ein Gottgeweihter wendet sich ausschließlich an Kṛṣṇa, selbst wenn er materielle Wünsche hat. Wenn man sich an Kṛṣṇa wendet – selbst um materieller Vorteile willen –, wird man eines Tages alle materiellen Wünsche vergessen, genau wie Dhruva Mahārāja, der voller Reue sprach: „Ich kam zu Kṛṣṇa und bat Ihn um etwas Materielles, genau wie jemand, der die Gunst eines reichen Mannes erlangt hat und ihn um ein paar Reiskörner bittet." Wenn sich ein reicher Mann bereit erklärt, uns alles zu geben, was wir wollen, ist es dann sehr intelligent, wenn wir ihn nur um ein paar Reiskörner bitten? Genau das Gleiche ist es, wenn man Kṛṣṇa um eine materielle Vergünstigung bittet. Man braucht Kṛṣṇa nicht eigens um materielles Glück zu bitten, denn materielles Glück wird einem ganz von selbst zu Füßen fallen und flehen: „Bitte lass mich dir dienen. Bitte lass mich dir dienen."

Denjenigen, die Kṛṣṇa-Bewusstsein praktizieren, mangelt es nicht an materiellen Gütern wie einer Frau, Kindern, Glück, einem Heim usw., denn all dies wird einem durch die Gnade Kṛṣṇas automatisch zuteil, ohne dass man Ihn darum zu bitten bräuchte. Stattdessen sollte man Ihn einfach nur bitten: „Bitte beschäftige mich in Deinem Dienst." In der *Bhagavad-gītā* verspricht Kṛṣṇa ebenfalls, dass Er jemanden, der Ihm dient, mit allem versorgen wird, was er braucht, und alles beschützen wird, was er bereits besitzt. In einer Seiner letzten Anweisungen an Arjuna rät Kṛṣṇa ihm, rückhaltlos auf Ihn zu vertrauen:

cetasā sarva-karmāṇi
mayi sannyasya mat-paraḥ
buddhi-yogam upāśritya
mac-cittaḥ satataṁ bhava

„Mache dich in allen Tätigkeiten einfach von Mir abhängig und handle immer unter Meinem Schutz. Sei dir bei solchem hingebungsvollen Dienst Meiner voll bewusst" (*Bhagavad-gītā* 18.57).

6

Wie man Bezeichnungen und Probleme überwindet

Kṛṣṇa-Bewusstsein ist einfach zu erlangen, wenn einem die Gnade Śrī Caitanyas zuteilwird, aber nur einige wenige haben das Glück, die Gnade Śrī Caitanyas und Seiner Schülernachfolge zu erlangen. In der *Bhagavad-gītā* (7.3) heißt es:

manuṣyāṇāṁ sahasreṣu
kaścid yatati siddhaye
yatatām api siddhānāṁ
kaścin māṁ vetti tattvataḥ

„Unter vielen Tausenden von Menschen bemüht sich vielleicht einer um Vollkommenheit, und von denen, die die Vollkommenheit erreicht haben, kennt kaum einer Mich in Wahrheit.“

Für Tiere, für Menschen, die fast wie Tiere sind, und für

Tiere in Menschengestalt ist es nicht möglich, Gotteserkenntnis zu erlangen. Die moderne Gesellschaft ist im Großen und Ganzen nichts anderes als eine Ansammlung von Tieren, denn sie funktioniert, wie vorher gesagt wurde, auf der Grundlage der tierischen Triebe. Vögel und andere Tiere stehen früh am Morgen auf und widmen sich der Suche nach Nahrung und einem Partner zum Geschlechtsverkehr; dabei sind sie stets darauf bedacht, sich zu verteidigen. Am Abend suchen sie einen Unterschlupf für die Nacht, und am Morgen fliegen sie zu einem Baum, um dort Früchte und Nüsse zu finden. In ähnlicher Weise fahren in New York City Scharen von Menschen mit der Fähre von einer Insel zur nächsten oder warten auf U-Bahnen, um ins Büro zu fahren und sich ihr tägliches Brot zu verdienen. Ist dies tatsächlich etwas Fortgeschritteneres als das Leben von Tieren? Die Fähre und die U-Bahnen sind immer überfüllt, und viele Leute müssen 60 oder 70 Kilometer fahren, um Geld zu verdienen, während die Vögel bequem von einem Baum zum nächsten fliegen können.

Eine wirkliche Zivilisation beschäftigt sich nicht nur mit den tierischen Bedürfnissen des Menschen, sondern es ist ihr ein Anliegen, dem Menschen die Möglichkeit zu bieten, seine Beziehung zu Gott, dem höchsten Vater, zu verstehen. Es spielt keine Rolle, durch welchen Vorgang man seine Beziehung zu Gott verstehen lernt – durch das Christentum, durch die vedischen Schriften oder durch den Koran –, auf jeden Fall aber muss man sie verstehen lernen. Die Bewegung für Kṛṣṇa-Bewusstsein hat nicht den Zweck, Christen zu Hindus zu machen oder Hindus zu Christen, sondern jeden darüber aufzuklären, dass die Pflicht des Menschen darin besteht, seine Beziehung zu Gott zu verstehen. Das muss man lernen, ansonsten vergeudet man lediglich seine Zeit, indem man sich tierischen Trieben hingibt. Wir alle müssen versuchen, Kṛṣṇa, Gott, zu lieben. Wenn jemand einen Vorgang hat, der ihm dies ermöglicht, sollte er ihn praktizieren, ansonsten kann er zu uns kommen und unseren Vorgang erlernen. Man sollte keinen Vorgang herabwürdigen oder als minderwertig betrachten. *Viṣād apy amṛtaṁ grāhyam amedhyād api kāñcanam / nīcād apy uttamāṁ vidyāṁ strī-ratnaṁ duṣkulād api* (*Nīti-darpaṇa* 1.16). Wenn man etwas Gutes findet, soll man es auf alle Fälle nehmen, sagt Cāṇakya Paṇḍita, gleichgültig, von wem man es bekommt oder wo man es findet. Wenn sich in einem Glas voller Gift ein wenig Nektar befindet, so sagt er, sollte man den Nektar herausnehmen und das Gift übrig lassen, und Gold sollte man selbst von einem schmutzigen Ort aufheben. Ebenso sollte man einen Menschen aus einer niedrigeren Gesellschaftsschicht als Lehrer anerkennen und von ihm lernen, wenn er die Wahrheit kennt, auch wenn dem vedischen Bildungssystem zufolge nur intelligente Menschen wie *brāhmaṇas* als Lehrer tätig sein dürfen. Man sollte nicht denken, ein Mensch könne nicht als Lehrer anerkannt werden, nur weil er von niedriger Geburt ist.

In ähnlicher Weise sollte ein Mensch, der Gott wirklich verstehen will, nicht denken: „Ich bin Christ“, „Ich bin Hindu“ oder „Ich bin Muslim“. Wenn jemand wirklich Liebe zu Gott entwickeln will, sollte er erwägen, welcher Vorgang praktisch ist. Man sollte nicht denken: „Warum sollte ich nach hinduistischen oder vedischen Schriften leben?“ Nach den vedischen Schriften zu leben, hat den Zweck, Liebe zu Gott zu entwickeln. Wenn Studenten nach Amerika kommen, um eine höhere Bildung zu erwerben, ist es ihnen gleichgültig, ob die

Lehrer aus Amerika, aus Deutschland oder aus irgendeinem anderen Land stammen. Wenn jemand eine höhere Bildung haben will, kommt er einfach und nimmt sie. Das Gleiche gilt für Vorgänge zur Gotteserkenntnis. Wenn jemand einen wirksamen Vorgang findet, der ihm hilft, Gott zu verstehen und Ihm näherzukommen – wie beispielsweise diesen Vorgang des Kṛṣṇa-Bewusstseins –, sollte er ihn annehmen.

Nicht alle wenden sich dem Vorgang hingebungsvollen Dienstes *(kevalayā bhaktyā)* zu, sondern nur diejenigen, die intelligent und vom Glück begünstigt sind, und ihr einziger Wunsch ist es, Kṛṣṇa zu dienen. Die Gottgeweihten sind vom frühen Morgen bis spät in die Nacht hinein in Kṛṣṇas Dienst tätig – für sie gibt es keine andere Beschäftigung. Diese Art von Dienst nennt man *kevalayā,* rein. Der Vorgang des hingebungsvollen Dienstes wird allen Menschen empfohlen, und er ist die vollkommenste aller Religionen *(sa vai puṁsāṁ paro dharmo yato bhaktir adhokṣaje).* Es gibt im Sanskrit zwei Wörter – *para* und *apara* –, die sich auf die höhere (transzendentale) und die niedrigere (materielle) Einstellung zur Religion beziehen. Wenn jemand irgendeinen materiellen *dharma* praktiziert, das heißt, wenn er eine Religion ausübt, weil er sich einen materiellen Vorteil davon verspricht, geht er in der Regel in eine Kirche oder einen Tempel und betet: „Gott, gib mir mein tägliches Brot." Solche Bitten sind jedoch überflüssig, denn jeder bekommt so oder so sein tägliches Brot. Selbst die Vögel und die anderen Tiere bekommen ihr Futter, ohne dass sie in die Kirche gehen und Gott darum bitten müssen. Ebenso ist auch für unser Brot gesorgt, ob wir in die Kirche gehen oder nicht. Die Beschaffung von Nahrung ist kein Problem, denn niemand verhungert auf den Straßen, und wir sehen auch keinen Vogel, kein Waldtier, ja nicht einmal eine Ameise verhungern. Es ist genügend zu essen vorhanden, und niemand braucht sich um das Essen Sorgen zu machen. Wenn man sich über etwas den Kopf zerbrechen sollte, dann darüber, wie man Kṛṣṇa, Gott, dienen kann. So nutzt man seine Zeit richtig. Im Königreich Gottes herrscht kein Mangel an Brot.

Tasyaiva hetoḥ prayateta kovido na labhyate yad bhramatām upary adhaḥ. Im *Śrīmad-Bhāgavatam* heißt es, man solle versuchen, das zu erlangen, was man nicht bekommen kann, auch wenn man durch das ganze Universum reist – und dies ist *kevalayā bhaktyā,* reine Hingabe. Gott hat dafür gesorgt, dass es auf diesem Planeten genügend Nahrungsmittel, Land und Anbaumöglichkeiten gibt, wohingegen wir dafür gesorgt haben, dass die Menschen in einem Teil der Welt leiden, während in einem anderen Teil Getreide in den Ozean geschüttet wird. In den Veden heißt es: *eko bahūnāṁ yo vidadhāti kāmān* – die Höchste Person versorgt so viele Lebewesen mit Nahrung. Die Schwierigkeit in der materiellen Welt liegt darin, dass wir mehr nehmen, als wir brauchen, und somit selbst zur Ursache unserer Probleme werden. Probleme werden, unter der Führung von den sogenannten Politikern, vom Menschen geschaffen, denn in Wirklichkeit ist alles vollkommen, so wie es von der Natur bzw. von Gott geschaffen wurde. In der *Śrī Īśopaniṣad* heißt es:

oṁ pūrṇam adaḥ pūrṇam idaṁ
pūrṇāt pūrṇam udacyate
pūrṇasya pūrṇam ādāya
pūrṇam evāvaśiṣyate

(*Īśopaniṣad,* Invokation)

„Die Persönlichkeit Gottes ist vollkommen und vollständig, und weil Er völlig vollkommen ist, sind alle Seine Emanationen, wie zum Beispiel die Erscheinungswelt, als vollständige Einheiten vollkommen ausgestattet. Alles, was vom Vollkommenen Ganzen hervorgebracht wird, ist ebenfalls in sich vollständig. Weil Er das Vollkommene Ganze ist, bleibt Er die völlige Ausgeglichenheit, obwohl zahllose vollständige Einheiten von Ihm ausgehen."

Gott ist vollkommen, Seine Schöpfung ist vollkommen, und Seine Pläne sowie Beschlüsse sind vollkommen, aber wir verursachen Störungen. Wahre Bildung ist Bildung, die die Menschen Kṛṣṇa-bewusst macht, sodass sie die Schätze der Natur richtig gebrauchen und keine Störungen mehr verursachen. Probleme lassen sich nicht lösen, indem die Vereinten Nationen Resolutionen verfassen. Wenn man Probleme lösen will, muss man die Methode kennen, mit der sich dies tatsächlich bewerkstelligen lässt.

Śukadeva Gosvāmī sagt, dass man nur reinen hingebungsvollen Dienst brauche, um die Probleme des Lebens zu lösen. Wer kann die Probleme des Lebens lösen? Kein gewöhnlicher Mensch, sondern diejenigen, die *vāsudeva-parāyaṇāḥ* sind, das heißt diejenigen, die sich Śrī Kṛṣṇa, Vāsudeva, geweiht haben. Nur sie, deren Ziel es ist, Kṛṣṇa zufriedenzustellen, und die Ihm mit reiner, ungetrübter Hingabe dienen, können die Probleme des Lebens lösen.

Aghaṁ dhunvanti – wie bereits erklärt, werden Probleme durch sündhafte Handlungen verursacht. Obwohl es genug zu essen gibt, legt sich jeder einen größeren Vorrat an, als er braucht, weil er Profit erwirtschaften will oder einfach nur, damit er eine Reserve für Notzeiten hat. Im Jahre 1942 wurde in Indien eine Hungersnot künstlich hervorgerufen, weil einige Leute unnötigerweise Geld horteten und es nicht mehr in Umlauf brachten. Reiche Leute kauften Reis auf, der sechs Rupien das Pfund kostete, und plötzlich, innerhalb einer Woche, stieg der Preis auf fünfzig Rupien. Das hatte zur Folge, dass man auf dem Markt keinen Reis mehr bekommen konnte und dass die Leute hungern mussten. Ein Amerikaner, der sich damals gerade in Indien aufhielt, meinte dazu: „Wenn die Menschen in unserem Land so hungern müssten, würde eine Revolution ausbrechen." Die Leute in Indien jedoch sind so gebildet und kultiviert, dass sie trotz dieser künstlich erzeugten Hungersnot nicht revoltierten, sondern lieber starben, als den Frieden zu stören. Das ist natürlich nur ein Beispiel, aber es zeigt, dass die Probleme nicht von Gott, sondern vom Menschen verursacht werden. Während des Ersten Weltkrieges gingen die Frauen in Deutschland zur Kirche und beteten zu Gott, Er möge ihnen ihre Ehemänner, Söhne und Brüder wohlbehalten zurückschicken, aber keiner von ihnen kam zurück. Daraufhin wurden alle Frauen zu Atheisten. Sie bedachten nicht, dass Gott für den Krieg und die von ihm ausgelösten Probleme nicht verantwortlich zu machen ist. Sie wandten sich an Ihn, weil sie hofften, Er würde ihre Probleme lösen. Wenn wir für Probleme selbst verantwortlich sind, müssen wir auch die Reaktionen erleiden.

Hingegen ist es eine Tatsache, dass die Probleme eines Menschen, der bei Kṛṣṇa, das heißt bei Gott, Zuflucht sucht, gelöst werden. Aus diesem Grund – wenn man keinen anderen hat – sollte man seine Hingabe auf Vāsudeva, die Höchste Persönlichkeit Gottes, richten und Ihm dienen. *Vāsudeve bhagavati bhakti-yogaḥ prayojitaḥ*. Wenn man Vāsudeva in Hingabe dient, wird einem unverzüglich das höchste Wissen zuteil werden *(janayaty āśu vairāgyam)*. Das Kompositum *jñāna-vairāgyam* bedeutet „jenes Wissen, durch das man materieller Verlockung gegenüber gleichgültig werden kann." Das Wort *jñāna* bedeutet Wissen, und *vairāgyam* bedeutet Loslösung. In der menschlichen Lebensform muss man sowohl Wissen als auch Loslösung entwickeln. Man sollte wissen: „Ich bin spirituelle Seele. Ich habe mit der materiellen Welt nichts zu tun, aber weil ich den Wunsch habe, sie auf verschiedene Weise zu genießen, wandere ich von einem Körper zum nächsten. Ich weiß nicht, wann diese Wanderung begonnen hat, aber sie ist immer noch im Gange." Das ist wirkliches Wissen. Wer behauptet, Wissen zu haben, muss seine wesenseigene Position verstehen und erkennen, wie er in der materiellen Welt leidet. Diese vollkommene Stufe des Wissens erreicht man, wenn man *vāsudeva-parāyaṇāḥ*, ein Geweihter Śrī Vāsudevas, wird. In der *Bhagavad-gītā* (7.19) sagt Śrī Kṛṣṇa zu Arjuna

bahūnāṁ janmanām ante
jñānavān māṁ prapadyate
vāsudevaḥ sarvam iti
sa mahātmā su-durlabhaḥ

„Wer nach vielen Geburten und Toden tatsächlich in Wissen gründet, ergibt sich Mir, da er weiß, dass Ich die Ursache aller Ursachen und dass Ich alles bin. Solch eine große Seele ist sehr selten."

Die großen Seelen, die genau wissen, dass Kṛṣṇa, Vāsudeva, der Ursprung aller Dinge ist, sind sehr selten. Es ist sehr einfach, sogenannte *mahātmās* (große Seelen) zu finden, die einen langen Bart haben und jedem erzählen, sie seien eins mit Gott und nach dem Tod würden sie auferstehen und Gott werden. Aber diese Leute sind nicht die wirklichen *mahātmās;* vielmehr sind sie *durātmā,* hartherzig, denn sie wollen widerrechtlich die Stellung einnehmen, die Kṛṣṇa gebührt, und mit Ihm eins werden. Wenn es im Büro einen Angestellten gäbe, der versuchen würde, den Posten des Arbeitgebers einzunehmen, würde das der Arbeitgeber gerne sehen? Genauso, wie dies dem Arbeitgeber missfallen würde, gefällt es auch Gott nicht sehr, wenn ein Lebewesen versucht, Gott zu werden. Natürlich kann niemand Gott werden, aber man kann es versuchen, und dieser Versuch, Gott selbst oder Sein Rivale zu werden, bereitet Gott keine große Freude. Menschen, die dies dennoch versuchen, werden in der *Bhagavad-gītā* als *dviṣataḥ,* neidisch, bezeichnet. Der Herr sagt:

tān ahaṁ dviṣataḥ krūrān
saṁsāreṣu narādhamān
kṣipāmy ajasram aśubhān
āsurīṣv eva yoniṣu

„Die Neidischen und Boshaften, die Niedrigsten unter den Menschen, werfe Ich unaufhörlich in den Ozean des materiellen Daseins, in die verschiedenen dämonischen Arten des Lebens" (*Bhagavad-gītā* 16.19).

Sie werden in höllische Umstände versetzt, weil sie Gott und Seine Position beneiden. Zuerst versuchen sie, hohe Positionen in der materiellen Welt zu erreichen, und wenn ihnen dies nicht gelingt, denken sie: „Jetzt werde ich mich der Position Gottes bemächtigen." Der Versuch wird natürlich ebenfalls scheitern, denn niemand kann Gott werden. Gott ist Gott und das Lebewesen ist das Lebewesen. Gott ist der Höchste und somit unbegrenzt; wir sind winzig klein. Unsere Natur ist es, Gott zu dienen. Wenn wir uns in diese Stellung fügen, werden wir glücklich. Niemand kann glücklich werden, indem er Gott imitiert. *Yasyaika-niśvasita-kālam athāvalambya jīvanti loma-vilajā jagad-aṇḍa-nāthāḥ* (*Brahma-saṁhitā* 5.48). Es gibt unzählige Universen, und wenn Mahā-Viṣṇu einmal einatmet, werden all diese Universen in Seinen Körper aufgesogen und zerstört. Wie sollte ein Lebewesen also Gott werden können? Gott ist nicht so etwas Billiges. Aus diesem Grund müssen wir Wissen entwickeln und Vāsudeva, Kṛṣṇa, als den Höchsten akzeptieren. Kṛṣṇa ist kein Mensch. Zu keinem Zeitpunkt während Seines Erscheinens auf der Erde handelte Er wie ein gewöhnliches Lebewesen. Bereits als kleines Kind vollbrachte Er unglaubliche Wundertaten, die ein gewöhnliches Lebewesen niemals hätte vollbringen können. Wenn sich jemand Kṛṣṇa ergibt, sollte er nicht denken, er ergebe sich einem gewöhnlichen Menschen; nein, Kṛṣṇa ist die Höchste Persönlichkeit Gottes, was in allen vedischen Schriften bestätigt wird. *Aghaṁ dhunvanti:* Alle Reaktionen auf sündhafte Handlungen werden ausgelöscht, wenn man sich Kṛṣṇa ergibt. In der *Bhagavad-gītā* empfiehlt Śrī Kṛṣṇa selbst, man solle sich Ihm, der Person Kṛṣṇa, ergeben:

sarva-dharmān parityajya
mām ekaṁ śaraṇaṁ vraja
ahaṁ tvāṁ sarva-pāpebhyo
mokṣayiṣyāmi mā śucaḥ

„Gib alle Arten von Religion auf, und ergib dich einfach Mir. Ich werde dich von allen sündhaften Reaktionen befreien. Fürchte dich nicht" (*Bhagavad-gītā* 18.66).

Ein Gottgeweihter *(vāsudeva-parāyaṇāḥ)*, dessen einzige

Beschäftigung darin besteht, hingebungsvollen Dienst auszuführen, wird also augenblicklich von allen sündhaften Handlungen befreit. Hingebungsvoller Dienst für Kṛṣṇa, Kṛṣṇa-Bewusstsein, kann niemals durch mentale Spekulation erlangt werden, sondern nur durch die grundlose Barmherzigkeit eines reinen Geweihten Kṛṣṇas. Es ist ein unvergleichliches Geschenk, das der *mahātmā,* die große Seele, aus Mitleid mit den gefallenen Lebewesen vergibt. Es heißt, dass man durch die Gnade Kṛṣṇas einen Guru, einen spirituellen Meister, bekommt und durch die Gnade des spirituellen Meisters Kṛṣṇa. Dies ist ein Geschenk, das sich mit dem Sonnenaufgang vergleichen lässt. In der Nacht herrscht Dunkelheit, doch sowie am Morgen die Sonne aufgeht, werden augenblicklich Millionen von Meilen der Dunkelheit aufgelöst. Genauso werden all unsere Probleme augenblicklich gelöst sein, wenn wir versuchen, die Sonne Kṛṣṇa in unserem Herzen aufgehen zu lassen.

7

Das unvergleichliche Geschenk: Befreiung im Kṛṣṇa-Bewusstsein

Wenn wir einfach nur die urerste Person *(ādi-puruṣam)* verehren, brauchen wir keine Angst zu haben, dass wir von irgendjemandem irregeführt werden. Śrīdhara Svāmī, der den ursprünglichen Kommentar zum *Śrīmad-Bhāgavatam* verfasst hat, erklärt, dass man nur hingebungsvollen Dienst benötigt, um die Vollkommenheit des Lebens zu erreichen *(kevalayā bhaktyā);* man braucht keinen anderen Vorgang zu Hilfe zu nehmen. Śukadeva Gosvāmī sagt, dass man dem materiellen Leben mit einem Schlag ein Ende bereiten könne *(kevalayā).* Es ist nicht nötig, sich zuerst harte Bußen und Entsagungen aufzuerlegen, im Zölibat zu leben, den Geist und die Sinne zu beherrschen, Spenden zu geben, große Opfer darzubringen und in hohem Maße wahrheitsliebend und reinlich zu werden. Wir brauchen nur eines zu tun, nämlich Kṛṣṇa-Bewusstsein anzunehmen, was uns mit einem Schlag auf die höchste Ebene erheben wird. Der bloße Umstand, dass man sich dem Kṛṣṇa-Bewusstsein zuwendet, bewirkt, dass man alle transzendentalen Eigenschaften entwickelt. Der Goldschmied verwendet einen kleinen Hammer und hämmert das Gold in mühseliger Kleinarbeit zurecht. Der Schmied aber, der einen großen Hammer gebraucht, führt einen Schlag aus, und schon ist seine Arbeit getan. Wir wenden die Schmiedemethode an: Wir nehmen den Vorschlaghammer des *bhakti-yoga* und bereiten dem materiellen Leben ein für allemal ein Ende. Es ist nicht nötig, die zahllosen untergeordneten Wissensgebiete zu studieren. Man braucht auch keinen anderen vedischen Vorgängen zu folgen, oder genauer gesagt: Es ist gar nicht möglich, die anderen Vorgänge mit Erfolg zu praktizieren. Im *haṭha-yoga*-System wird beispielsweise verlangt: „Du musst ein strikter *brahmacārī* werden, dich im Wald mit der richtigen Körperhaltung auf den Boden setzen und für sechs Monate mit einem Finger ein Nasenloch zuhalten.“ Wer könnte diese Anweisung schon ausführen? Da Methoden dieser Art im gegenwärtigen Zeitalter nicht durchführbar sind, muss die Goldschmiedemethode fallengelassen werden. Die Lösung besteht darin, den Schmiedehammer des Kṛṣṇa-Bewusstseins zu nehmen und alle sündhaften Reaktionen mit einem Schlag zu zertrümmern.

Durch hingebungsvollen Dienst muss man *vāsudeva-parāyaṇa,* ein Geweihter Śrī Vāsudevas, Śrī Kṛṣṇas, werden. Mit anderen Worten, wir müssen lernen, wie man Liebe zu Vāsudeva entwickelt. Wenn die Welt sich dem Kṛṣṇa-Bewusstsein zuwendet, wird mit Sicherheit Frieden auf unserem Planeten herrschen. Gegenwärtig entwickelt sich die Erde rasend schnell zu einem höllischen Planeten. Wenn die Menschen nicht Kṛṣṇa-bewusst werden, stellen sich zusehends höllische Bedingungen ein, gleichgültig, wie viel Fortschritt wir in wissenschaftlicher und wirtschaftlicher Hinsicht erreicht haben. Klar denkende Menschen sollten diese Bewegung daher sehr ernst nehmen und versuchen, ihren Wert zu verstehen. Sie wurde nicht von einem Einzelnen oder einer Gruppe von Schülern frei erfunden. Sie ist maßgeblich und uralt. Ihre Grundlage sind die vedischen Schriften, die aus einer Tausende von Jahren zurückliegenden Zeit stammen.

Nīhāram iva bhāskaraḥ. Bhāskara bedeutet „die Sonne". Wenn die Sonne aufgeht, werden sowohl Dunst und Nebel als auch Dunkelheit augenblicklich vertrieben. Wie vorher gesagt wurde, sollten wir versuchen, die Sonne Kṛṣṇa in unserem Herzen aufgehen zu lassen. Im *Caitanya-caritāmṛta* heißt es ebenfalls, dass Kṛṣṇa wie die Sonne sei und *māyā,* die täuschende Energie, wie Dunkelheit. *Yāhāṅ kṛṣṇa, tāhāṅ nāhi māyāra adhikāra:* Sobald die Sonne Kṛṣṇa gegenwärtig ist, verschwindet augenblicklich die Dunkelheit *māyās.* Ohne diesem Vorgang zu folgen, ist es sehr schwierig, den Ozean der Dunkelheit, *māyā,* zu überwinden. Wenn wir die Menschen einfach nur lehren, wie man sich Kṛṣṇa, Gott, ergibt, wird aller Nebel und Dunst der Illusion verschwinden. Die Methode ist sehr einfach: Chantet Hare Kṛṣṇa, Hare Kṛṣṇa, Kṛṣṇa Kṛṣṇa, Hare Hare / Hare Rāma, Hare Rāma, Rāma Rāma, Hare Hare.

Je länger man chantet, desto mehr wird die Dunkelheit vieler Leben aufgelöst. *Ceto-darpaṇa-mārjanam:* Durch das Chanten wird der Staub, der den Spiegel des Geistes bedeckt, fortgewischt, und man ist in der Lage, alles mit großer Klarheit zu sehen. Dann werden wir wissen, was wir sind, was Gott ist, was die Welt ist, was unsere Beziehung zu Gott in dieser Welt ist, wie man in dieser Welt leben soll und wie unser nächstes Leben aussehen wird. Dieses Wissen wird nicht an den Schulen gelehrt, wo man lernt, wie man Produkte herstellt oder erwirbt, die der Sinnenbefriedigung dienen. Das Bestreben des Menschen, die materielle Natur zu beherrschen, bewirkt, dass er immer schwer kämpfen muss. Doch immer wenn es ihm gelingt, etwas herzustellen, was das Leben angenehm macht, ist auch etwas Unangenehmes damit verbunden. So haben zum Beispiel vor Kurzem einige Ingenieure ein Flugzeug entwickelt, das ohne Gefahr mit sehr hoher Geschwindigkeit fliegen kann, doch wenn das Flugzeug über eine Stadt fliegt, zerspringen alle Fensterscheiben. So verschwenden wir unsere Zeit mit dem Bau von zahllosen Geräten, die uns das Leben eine Zeit lang künstlich angenehm machen, aber der Preis, den wir dafür bezahlen müssen, ist eine entsprechend große Menge von Unannehmlichkeiten. Dies wird alles vom Gesetz des Karma, dem Gesetz von Aktion und Reaktion, geregelt. Auf alles, was wir tun, muss eine Reaktion folgen, die uns bindet. Das wird in der *Bhagavad-gītā* (3.9) erklärt:

yajñārthāt karmaṇo 'nyatra
loko 'yaṁ karma-bandhanaḥ
tad-arthaṁ karma kaunteya
mukta-saṅgaḥ samācara

„Man muss seine Arbeit Viṣṇu als Opfer darbringen, denn sonst wird man durch sie an die materielle Welt gebunden. O Sohn Kuntīs, erfülle daher deine vorgeschriebenen Pflichten zu Seiner Zufriedenstellung; auf diese Weise wirst du immer frei von Bindung bleiben."

Wenn jemand mit dem Motiv der Sinnenbefriedigung handelt, wird er durch diese Handlung gebunden, sei sie nun gut oder schlecht, doch wenn jemand für Kṛṣṇa tätig ist *(yajñārthāt karmaṇo),* wird er frei sein, gleichgültig, ob andere seine Arbeit schätzen oder nicht.

Śukadeva Gosvāmī empfiehlt nicht nur unverfälschten hingebungsvollen Dienst, sondern er sagt darüber hinaus auch, dass hingebungsvoller Dienst alle sündhaften Handlungen auslöscht. Jeder von uns ist mehr oder weniger sündhaft, denn ansonsten wären wir nicht in einen materiellen Körper versetzt worden. Sobald das sündhafte Leben zu einem Ende kommt, ist man befreit und wird in einem spirituellen Körper in die spirituelle Welt gebracht. Der Zweck des ganzen Vorganges besteht darin, sich von der Verunreinigung des sündhaften, materiellen Lebens zu befreien und rein zu werden.

Śukadeva Gosvāmī sagte: „Mein lieber König, sündhafte Menschen können sich durch *tapa-ādibhiḥ,* das Praktizieren von Entsagung, von ihren Verunreinigungen befreien." Śukadeva sagte jedoch auch, dass niemand durch diesen Pfad der Entsagung vollkommen gereinigt werden könne. Es gibt viele Beispiele von Yogis, die Entsagung übten, aber letzten Endes nicht völlig gereinigt wurden. Viśvāmitra Muni zum Beispiel war ein *kṣatriya,* der *brāhmaṇa* werden wollte und deshalb Entsagung praktizierte. Später jedoch erlag er dem Zauber Menakās, eines Gesellschaftsmädchens von den himmlischen Planeten. Weil Viśvāmitra nicht rein war, wurde er von ihr betört und zeugte ein Kind mit ihr. Deshalb sagt man, dass weltliche Umstände dermaßen folgenschwer sind, dass sie einen – selbst wenn man sich Entsagungen und Bußen auferlegt – auf irgendeine Weise immer wieder in die materiellen Erscheinungsweisen der Natur hineinziehen. Schon viele *sannyāsīs* haben der „unwirklichen" Welt entsagt, um sich dem Brahman zuzuwenden, und wurden dann erneut in weltliches

Tun verwickelt, indem sie Krankenhäuser erbauten und sich philanthropischer Arbeit und gemeinnützigen Tätigkeiten widmeten. Wenn die Welt unwirklich ist, warum sind sie dann an Wohlfahrtsarbeit interessiert? Die Philosophie des Kṛṣṇa-Bewusstseins besagt, dass die Welt nicht unwirklich, sondern zeitweilig ist. Diese Welt wurde von Gott, der wirklich ist, erschaffen, wie kann also Seine Schöpfung unwirklich sein? Da die Schöpfung von Gott kommt und da Gott die Absolute Wahrheit ist, ist die Schöpfung ebenfalls wirklich. Wir sehen es einfach nur anders, weil wir uns in Illusion befinden. Die Existenz der Welt ist real, wenn auch zeitweilig.

Ein Mensch mag irgendetwas in dieser Welt für sich beanspruchen und sagen, es sei sein Eigentum, doch diese Behauptung stimmt nicht. Es stimmt, dass es jemandem gehört, aber es ist nicht sein Eigentum, sondern das Eigentum Gottes *(īśāvāsyam idaṁ sarvam)*. Das bedeutet jedoch nicht, dass es illusorisch ist. Illusorisch ist lediglich der Besitzanspruch des Menschen, der auf der hochmütigen, falschen Auffassung beruht, der Mensch sei der Eigentümer, der Meister oder sogar Gott. Jeder möchte der Meister oder der Eigentümer von etwas sein, dann möchte er Minister werden, dann Präsident und schließlich Gott. Wenn alles andere misslingt, möchte das Lebewesen Gott werden. Das Lebewesen neigt zu dem Wunsch, der Größte von allen zu werden, aber das ändert nichts an der Tatsache, dass Gott der Größte ist und dass das Lebewesen im Vergleich zu Ihm klein ist. Die Existenz des Kleinsten wie auch des Größten ist keine Illusion, aber wenn der Kleine denkt, er sei groß, dann ist das Illusion.

Aus der vedischen Literatur erfahren wir, dass das Brahman, die spirituelle Natur, *aṇor aṇīyāṁsam* (kleiner als ein

Atom) und *mahato mahīyāṁsam* (größer als das Größte) ist. Das Größte, was wir uns vorstellen können, ist der Raum des Universums, aber Kṛṣṇa zeigte in Seinem Mund Millionen von Universen. Die Lebewesen, die Teilchen Gottes sind, können Seine Größe nicht begreifen. Wir Lebewesen sind verschwindend klein, während Gott unendlich groß ist. Die individuelle spirituelle Seele ist sogar so mikroskopisch klein, dass man sie nicht sehen kann. Man kann sich ihre Größe mit den materiellen Sinnen nicht einmal vorstellen, weshalb es heißt, dass die spirituelle Seele kleiner sei als ein Atom *(aṇor aṇīyāṁsam)*.

Da sowohl die Lebewesen als auch Kṛṣṇa, der Höchste Herr, von spiritueller Natur sind, sind sie qualitativ eins. Quantitativ aber ist der Herr groß, wohingegen die Lebewesen klein sind. Diese Tatsache kann man unter Berufung auf die Aussage der Veden sofort akzeptieren. In der *Brahma-saṁhitā* heißt es: *yasyaika-niśvasita-kālam athāvalambya jīvanti loma-vilajā jagad-aṇḍa-nāthāḥ.* Wenn Gott ausatmet, gehen von Seinem Körper Millionen und Abermillionen von Universen aus, und wenn Er einatmet, verschwinden sie wieder. Durch Sein bloßes Atmen erschafft und vernichtet Er Millionen von Universen. Wie können die Lebewesen angesichts dieses Umstandes auf irgendetwas Besitzanspruch erheben? Man befindet sich nur so lange in einer sicheren Stellung, wie man sich nicht widerrechtlich zu Gott oder zum Eigentümer erklärt. Es ist Mode geworden, sich als Gott auszugeben, und Dummköpfe schenken derartigen Behauptungen Glauben, aber die vedischen Schriften klären uns auf, dass Gott nicht so billig ist.

Wenn wir keine hochmütigen, selbstsüchtigen Ansprüche mehr erheben, sind wir bereits befreit. Es besteht keine Notwendigkeit, sich eigens um Befreiung zu bemühen. Solange man jedoch denkt: „Ich bin dieser Körper“, ist man nicht befreit. Befreiung bedeutet, ganz genau zu wissen, dass das Selbst etwas anderes ist als der Körper. Deshalb sagte Śukadeva Gosvāmī: *prāyaścittaṁ vimarśanam* – „Entwickle dein Wissen; das wird dir zur Befreiung verhelfen.“ Unser Wissen ist vollkommen, wenn wir das Bewusstsein entwickeln, dass wir sehr kleine Teilchen sind, spirituelle Funken, und dass uns Gott, der Höchste, das größte spirituelle Wesen, alles gibt, was wir brauchen *(eko bahūnāṁ yo vidadhāti kāmān)*. Wenn wir uns bewusst sind, dass wir winzig kleine Teilchen Gottes sind, können wir verstehen, dass unsere Pflicht darin besteht, Gott zu dienen. Gott ist das Zentrum der gesamten Schöpfung, des gesamten universalen Körpers; Er ist der Genießer und wir sind Seine Diener. Im gleichen Maße, wie wir dies verstehen, werden wir befreit.

Wenn jemand Befreiung erlangt, so hat dies zur Folge, dass er alle falschen Vorstellungen verliert. Befreiung bedeutet nicht, dass man danach zehn Hände erlangt. Die Definition des *Śrīmad-Bhāgavatam* für Befreiung lautet *muktir hitvānyathā-rūpam. Mukti* bedeutet „Aufgeben“ und *anyathā-rūpam* bezieht sich auf eine falsche Auffassung vom Leben. Das heißt, dass man befreit ist, wenn man in seiner ursprünglichen, wesenseigenen Stellung verankert ist und alle falschen Vorstellungen aufgegeben hat. Des Weiteren heißt es im *Śrīmad-Bhāgavatam,* dass man augenblicklich befreit wird, wenn man Wissen erwirbt. Dieses Wissen kann man sich sehr leicht aneignen, denn es ist nicht kompliziert: Gott ist groß und ich bin sehr klein; Er ist der höchste Eigentümer, der mich mit allem Nötigen versorgt, und ich bin Sein Diener. Wer kann dies bestreiten? Es ist eine Tatsache. Wir jedoch identifizieren uns fälschlicherweise mit den verschiedensten Dingen, was zur höchsten Form von falschem Glauben führt, zu dem Glauben, wir wären Gott. Wir bedenken aber nicht, was für eine Art von Gott wir sind. Unser Körper braucht nur ein wenig krank zu werden, und schon müssen wir zum Arzt gehen. Deshalb ist es nicht schwer zu verstehen, dass ein Mensch, der behauptet, der Höchste zu sein, in *māyās* letzte Falle geraten ist. Jemand, der so von *māyā* getäuscht worden ist, kann nicht einmal Befreiung erlangen, denn er ist von falschen Vorstellungen gefesselt.

Erst wenn jemand wirkliches Wissen erlangt hat, ist er tatsächlich befreit. Die Stufe der Befreiung wird auch als die *brahma-bhūta*-Stufe bezeichnet. Folgende Beschreibung einer Person, die diese Stufe erreicht hat, wird von Śrī Kṛṣṇa in der *Bhagavad-gītā* (18.54) gegeben:

brahma-bhūtaḥ prasannātmā
na śocati na kāṅkṣati
samaḥ sarveṣu bhūteṣu
mad-bhaktiṁ labhate parām

„Wer auf diese Weise in der Transzendenz verankert ist, erkennt sogleich das Höchste Brahman und wird von Freude erfüllt. Er klagt niemals, noch begehrt er irgendetwas. Er ist jedem Lebewesen gleichgesinnt. In diesem Zustand erreicht er reinen hingebungsvollen Dienst für Mich."

Die Freude, die auf Erkenntnis folgt, wird ausgelöst, weil man erkennt: „So lange haben mich falsche Vorstellungen in Illusion gehalten. Was für ein Narr war ich nur! Ich hielt mich für Gott, aber jetzt ist mir klar, dass ich Gottes ewiger Diener bin." Wenn man zu dieser Erkenntnis kommt, erlangt man

Befreiung und wird *prasannātmā,* von Freude erfüllt, denn das ist der natürliche Zustand des Lebewesens.

Wenn man im reinen Bewusstsein verankert ist, klagt man niemals, denn man weiß, dass man ein kleines Teilchen, ein spiritueller Funke, ist, der vom Höchsten Herrn beschützt wird. Warum sollte man also klagen? Ein kleines Kind fühlt sich sicher, solange es weiß, dass sein Vater bei ihm ist. Es denkt: „Mein Vater steht neben mir; ich bin also in Sicherheit. Niemand kann mir etwas antun." In ähnlicher Weise hat jemand, der sich Kṛṣṇa ergibt, völliges Vertrauen, dass ihm nichts passieren kann, weil Kṛṣṇa ihn beschützt. Jemand, der Kṛṣṇa so hingegeben ist, kennt weder Wehklagen noch Verlangen, während ein Mensch, der nicht gottesbewusst ist, ständig etwas begehrt und um etwas klagt. Er begehrt das, was er nicht besitzt, und klagt um das, was er einmal besaß, jetzt aber verloren hat. Ein gottesbewusster Mensch kennt dieses Leid nicht. Wenn er etwas verliert, weiß er, dass Gott es so wollte, und er denkt: „Da es Gottes Wunsch ist, ist es mir recht." Er hat keine Wünsche, denn er weiß, dass ihm Kṛṣṇa, der höchste Vater, alles geben wird, was er braucht.

Sobald jemand seine Beziehung zu Gott versteht, verwirklicht er die universale Brüderschaft, denn er ist sich bewusst, dass alle Menschen und alle Tiere – ja alle Lebewesen – Teile des höchsten Ganzen und deshalb gleich sind. Da er diese Sicht hat, kommt es nicht vor, dass er ein anderes Lebewesen beneidet, ausbeutet oder in Schwierigkeiten bringt. Ein Geweihter Kṛṣṇas entwickelt also automatisch alle guten Eigenschaften, denn er hat das richtige Bewusstsein. *Harāv abhaktasya kuto mahad-guṇā mano-rathenāsati dhāvato bahiḥ.* Wer Kṛṣṇa-Bewusstsein entwickelt hat, weist alle guten Eigenschaften der

Halbgötter auf. Es heißt deshalb auch: *vāñchā-kalpa-tarubhyaś ca kṛpā-sindhubhya eva ca.* Ein Vaiṣṇava, ein Geweihter Kṛṣṇas, ist in seinem Umgang mit anderen ein Ozean von Barmherzigkeit. Er gibt der Menschheit das wertvollste Geschenk, denn sie braucht dringend Gottesbewusstsein. Ein Vaiṣṇava verteilt das unbezahlbare Geschenk des *mahā-mantra* – Hare Kṛṣṇa, Hare Kṛṣṇa, Kṛṣṇa Kṛṣṇa, Hare Hare/Hare Rāma, Hare Rāma, Rāma Rāma, Hare Hare. Durch das bloße Chanten dieses Mantra kann man sich auf der Ebene der Befreiung halten.

Man sollte jedoch nicht denken, diese Ebene der Befreiung sei nur ein Trancezustand, der bewirkt, dass man tagelang im Lotossitz in einer Ecke sitzt. Nein, Befreiung bedeutet Dienen. Man kann nicht einfach sagen: „Jetzt habe ich mein Leben Kṛṣṇa geweiht. Ich möchte jetzt in *samādhi* versunken dasitzen.“ Man muss den Standard der Hingabe durch *niṣevayā,* Dienen, aufrechterhalten. Wenn man dem Höchsten Herrn dient, offenbart Er Sich im Herzen. Das Programm des hingebungsvollen Dienstes für den Herrn sieht vor, dass man von morgens bis abends tätig ist. Kṛṣṇa sagt in der *Bhagavad-gītā* sogar, dass man Ihm vierundzwanzig Stunden am Tag voller Hingabe dienen muss. Es wird uns nicht weiterhelfen, wenn wir fünfzehn Minuten meditieren und dann allen möglichen Unsinn machen. Je mehr wir dienen, desto inniger wird unsere Hingabe an Kṛṣṇa werden; deshalb sollte jeder alle Tätigkeiten, die er ausführt, für Kṛṣṇa einsetzen. Es gibt neun Vorgänge hingebungsvollen Dienstes: hören, chanten, sich erinnern, dienen, die Bildgestalt im Tempel verehren, beten, die Anweisungen des Herrn ausführen, Ihm als Freund dienen und alles für Ihn opfern. Man sollte immer darauf achten, dass man wenigstens einen dieser neun Vorgänge praktiziert. Jemand, der immer in Kṛṣṇas Dienst beschäftigt ist, verliert nie den Geschmack am Dienen *(bhajatāṁ prīti-pūrvakam).* Dienst muss mit Liebe dargebracht werden, aber es kann sein, dass dies am Anfang schwierig ist und dass man deshalb des Dienens überdrüssig wird. In dem Maße, wie man in Kṛṣṇas Dienst Fortschritt macht, wird man Freude daran finden. Darauf weist uns Kṛṣṇa in der *Bhagavad-gītā* (18.37) hin:

yat tad agre viṣam iva
pariṇāme 'mṛtopamam
tat sukhaṁ sāttvikaṁ proktam
ātma-buddhi-prasāda-jam

„Das, was am Anfang wie Gift sein mag, doch am Ende wie Nektar ist und einen zur Selbsterkenntnis erweckt, gilt als Glück in der Erscheinungsweise der Tugend."

Wenn man einmal die spirituelle Ebene erreicht hat, verliert man jeden Geschmack an materiellem Dienen. Man kann zum Beispiel sein Leben lang Hare Kṛṣṇa chanten und wird des heiligen Namens nie überdrüssig werden, doch wenn man einen materiellen Namen immer wieder vor sich hinsagt, wird man sehr bald genug davon haben. Je mehr man die Namen Kṛṣṇas chantet, desto mehr beginnt man dieses Chanten zu lieben. Daher ist Dienen in Form von *śravaṇam* und *kīrtanam,* Hören und Chanten über Kṛṣṇa, der Anfang. Der nächste Schritt ist *smaraṇam,* sich immer an Kṛṣṇa erinnern. Wenn man auf vollendete Weise chantet und hört, wird man sich immer an Kṛṣṇa erinnern. Erreicht man diese dritte Stufe, wird man zum größten Yogi. Der Fortschritt, den man im Kṛṣṇa-Bewusstsein gemacht hat, geht niemals verloren. Wenn man in der materiellen Welt eine Fabrik zu bauen beginnt, sie aber nicht fertigstellt, ist das Gebäude nutzlos: Man kann nichts damit anfangen. Wenn die Bauarbeiten eingestellt werden und das Gebäude halbfertig dasteht, ist alles Geld, das man investiert hat, umsonst ausgegeben worden. Mit dem Kṛṣṇa-Bewusstsein verhält es sich anders, denn selbst wenn man die Stufe der Vollkommenheit nicht erreicht, wird einem alles, was man getan hat, als bleibendes Guthaben angerechnet, und man kann im nächsten Leben von diesem Punkt aus weitermachen. Kṛṣṇa bestätigt in der *Bhagavad-gītā* ebenfalls, dass ein Mensch, der sich dem Kṛṣṇa-Bewusstsein zuwendet, nichts verlieren kann.

nehābhikrama-nāśo 'sti
pratyavāyo na vidyate
sv-alpam apy asya dharmasya
trāyate mahato bhayāt

„Bei dieser Bemühung gibt es weder Verlust noch Minderung, und schon ein wenig Fortschritt auf diesem Pfad kann einen vor der größten Gefahr bewahren" (*Bhagavad-gītā* 2.40).

Im 6. Kapitel der *Bhagavad-gītā* fragt Arjuna, welches Schicksal einem Yogi beschieden ist, der das Ziel nicht erreicht, worauf Śrī Kṛṣṇa antwortet:

pārtha naiveha nāmutra
vināśas tasya vidyate
na hi kalyāṇa-kṛt kaścid
durgatiṁ tāta gacchati

„O Sohn Pṛthās, ein Transzendentalist, der glückbringenden Tätigkeiten nachgeht, wird weder in dieser Welt noch in der spirituellen Welt Vernichtung erleiden; wer Gutes tut, Mein

Freund, wird niemals vom Schlechten besiegt" (*Bhagavad-gītā* 6.40).

Im Anschluss daran erklärt der Herr, dass der gescheiterte Yogi im nächsten Leben den Vorgang des Kṛṣṇa-Bewusstseins wieder aufnimmt, und zwar an dem Punkt, wo er aufgehört hat. Mit anderen Worten, wenn man in einem Leben 50 Prozent der Wegstrecke zurückgelegt hat, beginnt man im nächsten Leben bei 51 Prozent. Materielle Güter dagegen, die wir uns im Laufe unseres Lebens angeeignet haben, werden uns im Augenblick des Todes alle genommen, denn materiellen Reichtum kann man nicht mit sich nehmen.

Wir sollten jedoch nicht denken, es sei klug, auf das nächste Leben zu warten und dann Kṛṣṇa-bewusst zu werden. Wir sollten versuchen, die Mission des Kṛṣṇa-Bewusstseins im jetzigen Leben zu erfüllen. Kṛṣṇa verspricht, dass jemand, der Sein Geweihter wird, mit Sicherheit zu Ihm kommen wird:

man-manā bhava mad-bhakto
mad-yājī māṁ namaskuru
mām evaiṣyasi satyaṁ te
pratijāne priyo 'si me

„Denke immer an Mich, werde Mein Geweihter, verehre Mich und bringe Mir deine Ehrerbietungen dar. Auf diese Weise wirst du mit Sicherheit zu Mir kommen. Ich verspreche dir dies, weil du Mein inniger Freund bist" (*Bhagavad-gītā* 18.65).

Wenn wir uns vorstellen, zu Kṛṣṇa zurückzukehren, sollten wir nicht denken, dass wir vor einer Leere oder vor einem gleißenden, unpersönlichen Licht stehen werden. Kṛṣṇa, Gott, ist eine Person, genau wie wir Personen sind. Auf der materiellen Ebene können wir feststellen, dass unser Vater eine Person ist, dass sein Vater eine Person ist und dass dessen Vater wiederum ebenfalls eine Person ist. So können wir bis zum höchsten Vater zurückgehen, der ebenfalls eine Person sein muss. Das ist nicht sehr schwer zu verstehen. Interessant ist auch, dass Gott nicht nur in den Veden als der höchste Vater bezeichnet wird, sondern auch in der Bibel, im Koran und in anderen Schriften. Das *Vedānta-sūtra* bestätigt ebenfalls, dass die Absolute Wahrheit der ursprüngliche Vater ist, von dem alles geboren wurde bzw. von dem alles ausging. Das wird auch in den Veden bestätigt:

nityo nityānāṁ cetanaś cetanānām
eko bahūnāṁ yo vidadhāti kāmān

„Der Herr ist der höchste Ewige unter allen Ewigen und das höchste Lebewesen unter allen Lebewesen. Er sorgt für alle anderen."

Die Wünsche und Lebensmerkmale, die alle Lebewesen aufweisen, sind nichts weiter als Spiegelungen der Wünsche und Lebensmerkmale des höchsten Vaters. Mit anderen Worten, wir haben Wünsche, weil Er Wünsche hat. Weil wir Teilchen Gottes sind, sind alle Neigungen Gottes in winzigem Ausmaß auch in uns vorhanden. Die sexuellen Vergnügungen und das Geschlechtsleben, das wir in der materiellen Welt beobachten können, sind nur die verzerrte Widerspiegelung der Liebe, die man in der spirituellen Welt findet. Diese Welt ist materiell, weil Gott hier vergessen wird, doch sowie man sich wieder an Ihn erinnert, wird die Welt sofort spirituell. Die spirituelle Welt ist, mit anderen Worten, jener Ort, an dem Kṛṣṇa nicht vergessen wird. Auf diese Weise wird die spirituelle Welt auch in den vedischen Schriften definiert. Wir müssen unser Leben deshalb auf solche Weise gestalten, dass wir Kṛṣṇa auch nicht einen Augenblick lang vergessen können. Wenn wir Kṛṣṇa so dienen, werden wir immer in Vaikuṇṭha oder Vṛndāvana, dem Reich Kṛṣṇas, leben.

Zurzeit verwandeln wir die Welt aufgrund unseres unreinen Bewusstseins in einen materialistischen und höllischen Ort. Weil wir von unserer wesenseigenen Stellung nichts wissen, haben wir zahllose Probleme geschaffen, genau wie wir uns in Träumen einbilden, wir hätten die verschiedensten Probleme. Diese Schwierigkeiten existieren in Wirklichkeit aber gar nicht. Ich mag träumen, ich wäre von einem verheerenden Sturm überrascht worden oder jemand hätte mich verfolgt, jemand hätte mein Geld gestohlen oder ein Tiger würde mich verschlingen, aber in Wirklichkeit handelt es sich dabei nur um Schöpfungen meines Geistes. *Asaṅgo hy ayaṁ puruṣa iti śruteḥ.* In den Veden heißt es, dass der *puruṣa* (der *ātmā,* die Seele) mit all den traumähnlichen materiellen Handlungen, die er ausführt, nichts zu tun hat. Aus diesem Grund müssen wir den Vorgang des Kṛṣṇa-Bewusstseins praktizieren, damit wir aus diesem Traumzustand erwachen.

Über allen fruchtbringenden Arbeitern, spekulierenden *jñānīs* und mystischen Yogis stehen die *bhaktas,* die Geweihten Kṛṣṇas. Ein *bhakta* kann vollkommenen Frieden finden, während dies den anderen nicht möglich ist, weil alle außer dem *bhakta,* der reine Liebe hat, voller Wünsche sind. Ein *śuddhabhakta* ist wunschlos, denn er ist glücklich und zufrieden, wenn er einfach nur Kṛṣṇa dient. Er weiß nicht, ob Kṛṣṇa Gott ist oder nicht, ja es ist ihm sogar gleichgültig; er möchte Kṛṣṇa einfach nur lieben. Er befasst sich auch nicht mit der Tatsache, dass Kṛṣṇa allmächtig und alldurchdringend ist. Die Kuhhirtenjungen und die *gopīs* in Vṛndāvana wussten nicht, ob Kṛṣṇa Gott ist oder nicht, sie liebten Ihn einfach nur. Obwohl sie weder zu den Vedāntisten noch zu den Yogis oder *karmīs* gehörten, waren sie glücklich, denn sie waren einfache Dorfmädchen und -jungen, die Kṛṣṇa sehen wollten. Das ist eine sehr hohe Stufe, die als *sarvopādhi-vinirmuktaṁ tat-paratvena nirmalam* bezeichnet wird, als die Stufe der Reinheit, auf der man von allen materiellen Bezeichnungen frei ist.

Obwohl die Yogis und *jñānīs* versuchen, Gott zu verstehen, sind sie sich nicht bewusst, dass sie sich in Illusion befinden. *Māyā-sukhāya bharam udvahato vimūḍhān.* Sie sind Dummköpfe, denn sie bemühen sich hart, um Glück zu erlangen, das nicht existiert. Sie können unmöglich Frieden finden. Die spekulierenden *jñānīs* wollen von der harten Arbeit der materiellen Welt befreit werden und ziehen sich deshalb aus der materiellen Welt zurück *(brahma satyaṁ jagan-mithyā).* Ihre Position ist ein wenig höher als die der *karmīs,* denn die *karmīs* betrachten die materielle Welt als das ein und alles. Sie sagen: „Hier werden wir glücklich sein", und ihr *dharma,* ihre Religion, besteht darin, zu versuchen, die materielle Welt zu einem angenehmen und ruhigen Ort zu verwandeln. Diese Dummköpfe wissen nicht, dass dies schon seit Millionen von Jahren versucht wird, aber niemals geglückt ist und niemals glücken wird. Wie kann man jemals Frieden in der materiellen Welt erwarten, wenn Kṛṣṇa, der Schöpfer selbst, sagt, dieser Ort sei für Mühsal und Leiden bestimmt?

ā-brahma-bhuvanāl lokāḥ
punar āvartino 'rjuna

mām upetya tu kaunteya
punar janma na vidyate

„Alle Planeten in der materiellen Welt – vom höchsten bis hinab zum niedrigsten – sind Orte des Leids, an denen sich Geburt und Tod wiederholen. Wer aber in Mein Reich gelangt, o Sohn Kuntīs, wird niemals wieder geboren" (*Bhagavad-gītā* 8.16).

Duḥkhālayam aśāśvatam. Diese Welt ist nicht nur voller Leid, sondern sie ist zudem auch vergänglich. Es ist nicht möglich, dass sich jemand mit den dreifachen Leiden abfindet und beschließt, hier zu bleiben. Nicht einmal das wird einem gestattet. Wer sich in dieser Welt befindet, wird nicht nur bestraft, solange er sich hier aufhält, sondern am Ende wird er auch noch hinausgeworfen. Selbst wenn jemand ein hohes Bankkonto oder ein luxuriös eingerichtetes Haus, eine Frau, Kinder und viele andere schöne Dinge hat und denkt: „Ich lebe glücklich und zufrieden", kann es jeden Tag geschehen, dass er aufgefordert wird: „Ihre Zeit ist abgelaufen. Gehen sie jetzt!"

„Warum?", wird er fragen: „Das ist mein Haus und es ist bezahlt. Ich habe Geld, einen Beruf und Verpflichtungen. Warum kann ich nicht hierbleiben?"

„Reden Sie nicht lange herum. Raus jetzt!"

An jenem Tag sieht der Mensch Gott: „Oh, ich habe nicht an Gott geglaubt", wird er denken, „aber nun kommt Gott und nimmt mir alles weg." Es wird aus diesem Grund gesagt, dass die dämonischen Menschen Kṛṣṇa als den Tod sehen, denn in diesem Augenblick nimmt Er ihnen alles weg.

Warum wollen wir Gott als den Tod sehen? Als der Dämon Hiraṇyakaśipu Kṛṣṇa sah, sah er Ihn als den Tod in Person, doch der Gottgeweihte, Prahlāda, sah Ihn in Seiner persönlichen Gestalt als seinen geliebten Herrn. Diejenigen, die Gott herausfordern, werden Ihn in Seinem furchterregenden Aspekt sehen, während diejenigen, die Ihm hingegeben sind, Ihn in Seiner persönlichen Gestalt sehen werden. Auf alle Fälle wird jeder letzten Endes Gott sehen.

Wer ehrlich ist, ist immer in der Lage, Kṛṣṇa überall zu sehen. Kṛṣṇa sagt: „Versuche, Mich zu verstehen. Versuche, Mich überall zu sehen." Um uns dies leichter zu machen, sagt der Herr: *raso 'ham apsu kaunteya.* „Ich bin der Geschmack des Wassers." Wenn wir durstig sind und ein Glas Wasser brauchen, können wir es trinken und Freude empfinden, da wir verstehen, dass die Fähigkeit des Wassers, unseren Durst zu löschen, Kṛṣṇa ist. In ähnlicher Weise können wir Kṛṣṇa sehen, sobald die Sonne oder der Mond aufgeht, denn Er sagt: *prabhāsmi śaśi-sūryayoḥ.* „Ich bin die Sonne und der Mond." Auf einer höheren Stufe können wir Kṛṣṇa als die Lebenskraft in allem sehen, wie Er in der *Bhagavad-gītā* (7.9) erklärt:

puṇyo gandhaḥ pṛthivyāṁ ca
tejaś cāsmi vibhāvasau
jīvanaṁ sarva-bhūteṣu
tapaś cāsmi tapasviṣu

„Ich bin der ursprüngliche Duft der Erde, und Ich bin die Hitze im Feuer. Ich bin das Leben in allem Lebendigen, und Ich bin die Entsagung der Asketen."

Wenn wir einmal begriffen haben, dass alle Dinge nur existieren können, weil Kṛṣṇa dahintersteht, können wir Ihn unmöglich jemals wieder vergessen. In der *Bhagavad-gītā* erklärt der Herr, wie alle Dinge sowohl zum Zeitpunkt ihrer Schöpfung als auch zum Zeitpunkt ihrer Vernichtung und auch in der dazwischenliegenden Zeit in Ihm ruhen:

etad-yonīni bhūtāni
sarvāṇīty upadhāraya
ahaṁ kṛtsnasya jagataḥ
prabhavaḥ pralayas tathā

mattaḥ parataraṁ nānyat
kiñcid asti dhanañ-jaya
mayi sarvam idaṁ protaṁ
sūtre maṇi-gaṇā iva

„Alle erschaffenen Wesen haben ihren Ursprung in diesen beiden Naturen. Wisse, von allem, was materiell und was spirituell ist in dieser Welt, bin Ich sowohl der Ursprung als auch die Auflösung. O Eroberer von Reichtum, es gibt keine Wahrheit über Mir. Alles ruht auf Mir wie Perlen auf einer Schnur" (*Bhagavad-gītā* 7.6–7).

Es ist sehr einfach, Kṛṣṇa zu sehen, aber Er ist nur für diejenigen sichtbar, die Ihm ergeben sind. Vor denen, die neidisch, töricht oder unintelligent sind, verbirgt Er Sich, indem Er Sich in Seinen Schleier *māyā* hüllt:

nāhaṁ prakāśaḥ sarvasya
yoga-māyā-samāvṛtaḥ
mūḍho 'yaṁ nābhijānāti
loko māṁ ajam avyayam

„Den Toren und unintelligenten Menschen offenbare Ich Mich niemals. Für sie bin Ich von Meiner inneren Energie bedeckt, und deshalb wissen sie nicht, dass Ich ungeboren und unfehlbar bin" (*Bhagavad-gītā* 7.25).

Diese ewige Schöpfungsenergie, auch *yoga-māyā* genannt, die Kṛṣṇa für die Unintelligenten unsichtbar macht, wird durch Liebe aufgelöst. Das ist das Urteil der *Brahma-saṁhitā:*

premāñjana-cchurita-bhakti-vilocanena
santaḥ sadaiva hṛdayeṣu vilokayanti

„Jemand, der Liebe zu Kṛṣṇa entwickelt hat, kann Ihn vierundzwanzig Stunden am Tag in seinem Herzen sehen."

Diejenigen, die Kṛṣṇa auf diese Weise sehen, haben keine Angst, denn sie wissen, wohin sie nach dem Tod gehen. Jemand, der das Geschenk des Kṛṣṇa-Bewusstseins angenommen hat, weiß, dass er nicht in die materielle Welt zurückkehren muss, um einen weiteren Körper anzunehmen, sondern dass er zu Kṛṣṇa gelangen wird. Man kann unmöglich zu Kṛṣṇa gelangen, wenn man nicht einen Körper bekommt, der wie Kṛṣṇas *sac-cid-ānanda*-Körper ist, einen Körper voller Ewigkeit, Wissen und Glückseligkeit. Man kann nicht ins Feuer eingehen, ohne zu verbrennen, außer man wird selbst zu Feuer. In ähnlicher Weise kann man das spirituelle Reich nicht in einem Körper betreten, der nicht spirituell ist. In einem spirituellen Körper kann man wie die *gopīs* und die Kuhhirtenjungen mit Kṛṣṇa im *rāsa*-Tanz tanzen. Dies ist kein gewöhnlicher Tanz, sondern der Tanz der Ewigkeit, der mit der Höchsten Persönlichkeit Gottes getanzt wird. Nur diejenigen, deren Liebe zu Kṛṣṇa rein geworden ist, dürfen daran teilnehmen. Man sollte diesen Vorgang des Kṛṣṇa-Bewusstseins nicht für etwas Billiges halten, sondern ihn als ein Geschenk von unschätzbarem Wert betrachten, das der leidenden Menschheit vom Herrn selbst überreicht wird. Wenn man einfach nur diesen Vorgang praktiziert, verliert man alle Sorgen und Ängste des Lebens, bei denen die Furcht vor dem Tod im Zentrum steht.

Die Bhagavad-gītā

Einführung in die Bhagavad-gītā

Kürzlich bat mich eine Frau in Amerika, ihr eine englische Übersetzung der *Bhagavad-gītā* zu empfehlen. Natürlich gibt es viele englische Ausgaben der *Bhagavad-gītā,* doch keine, die ich bisher gesehen habe – nicht nur in Amerika, sondern auch in Indien –, kann man strenggenommen als autoritativ bezeichnen, denn in fast jeder Ausgabe hat der Kommentator seine persönlichen Ansichten zum Ausdruck gebracht, ohne dabei dem Geist der *Bhagavad-gītā,* wie sie ist, nahezukommen.

Der wahre Geist der *Bhagavad-gītā* wird aus der *Bhagavad-gītā* selbst deutlich. Es verhält sich dabei genauso wie beim Einnehmen einer bestimmten Medizin: Wir müssen den Anweisungen folgen, die auf dem Etikett stehen. Wir können die Arznei nicht nach unserem Gutdünken oder nach den Ratschlägen eines Freundes einnehmen, sondern müssen uns an die Anweisungen auf dem Etikett oder an die Verordnung des Arztes halten. Ebenso sollte die *Bhagavad-gītā* studiert und angenommen werden, so wie es ihr Sprecher selbst bestimmt. Der Sprecher der *Bhagavad-gītā* ist Śrī Kṛṣṇa. Er wird auf jeder Seite der *Bhagavad-gītā* als Bhagavān, die Höchste Persönlichkeit

Gottes, bezeichnet. Natürlich bezieht sich das Wort *bhagavān* manchmal auch auf eine mächtige Person oder einen mächtigen Halbgott, und zweifelsohne bezeichnet es hier Śrī Kṛṣṇa als eine große Persönlichkeit, doch wir sollten zugleich auch wissen, dass Śrī Kṛṣṇa die Höchste Persönlichkeit Gottes ist, was alle großen *ācāryas* (spirituelle Meister) wie Śaṅkarācārya, Rāmānujācārya, Madhvācārya, Nimbārka Svāmī, Śrī Caitanya Mahāprabhu und viele andere Autoritäten des vedischen Wissens in Indien bestätigen. Auch der Herr selbst bezeichnet Sich in der *Bhagavad-gītā* als die Höchste Persönlichkeit Gottes und wird als solche in der *Brahma-saṁhitā* und in allen *Purāṇas* anerkannt, besonders im *Śrīmad-Bhāgavatam,* das auch *Bhāgavata Purāṇa* genannt wird *(kṛṣṇas tu bhagavān svayam).* Daher sollten wir die *Bhagavad-gītā* so annehmen, wie es die Persönlichkeit Gottes selbst vorschreibt.

Im 4. Kapitel der *Bhagavad-gītā* (4.1–3) sagt der Herr:

imaṁ vivasvate yogaṁ
proktavān aham avyayam
vivasvān manave prāha
manur ikṣvākave 'bravīt

evaṁ paramparā-prāptam
imaṁ rājarṣayo viduḥ
sa kāleneha mahatā
yogo naṣṭaḥ paran-tapa

sa evāyaṁ mayā te 'dya
yogaḥ proktaḥ purātanaḥ
bhakto 'si me sakhā ceti
rahasyaṁ hy etad uttamam

Der Herr teilt hier Arjuna mit, dass dieses System des Yoga, die *Bhagavad-gītā,* zuerst zum Sonnengott gesprochen wurde und dass der Sonnengott es Manu erklärte, der es seinerseits an Ikṣvāku weitergab. So wurde dieses Yogasystem auf dem Weg der Schülernachfolge von einem Sprecher zum anderen überliefert. Aber im Laufe der Zeit war es verlorengegangen, und so musste es erneut verkündet werden. Diesmal offenbarte es der Herr Arjuna auf dem Schlachtfeld von Kurukṣetra.

Kṛṣṇa sagt zu Arjuna, dass Er ihm dieses höchste Geheimnis offenbare, weil er, Arjuna, Sein Geweihter und Sein Freund sei. Diesen Worten kann man entnehmen, dass die *Bhagavad-gītā* eine Abhandlung ist, die vor allem für den Geweihten des Herrn bestimmt ist. Es gibt drei Arten von Transzendentalisten: den *jñānī,* den Yogi und den *bhakta,* das heißt den Unpersönlichkeitsphilosophen, den Meditierenden und den Gottgeweihten. Der Herr erklärt hier Arjuna, dass er ihn zum ersten Empfänger einer neuen *paramparā* (Schülernachfolge) mache, weil die alte Nachfolge unterbrochen war. Es war deshalb der Wunsch des Herrn, eine weitere *paramparā* genau im Sinne derjenigen zu gründen, die vom Sonnengott herabgekommen war, und Er wollte, dass Arjuna diese Lehren erneut weiterreichte und so die Autorität im Verstehen der *Bhagavad-gītā* wurde. Es wird also deutlich, dass die *Bhagavad-gītā* Arjuna vor allem deshalb verkündet wurde, weil er ein Geweihter des Herrn war, ein unmittelbarer Schüler Kṛṣṇas und dessen vertrauter Freund. Daher wird die *Bhagavad-gītā* von demjenigen am besten verstanden, der ähnliche Eigenschaften wie Arjuna hat, das heißt, er muss ein Gottgeweihter sein und in einer direkten Beziehung zum Herrn stehen. Sobald man ein Geweihter des Herrn wird, hat man auch eine direkte Beziehung zum Herrn.

Dies ist ein sehr umfangreiches Thema, doch zusammenfassend kann man sagen, dass es fünf Arten von Beziehungen gibt, die ein Gottgeweihter zur Höchsten Persönlichkeit Gottes haben kann.

1. Der Gottgeweihte kann eine passive Beziehung haben.
2. Er kann eine aktive Beziehung haben.
3. Er kann eine Beziehung als Freund haben.
4. Er kann eine elterliche Beziehung haben.
5. Er kann eine Beziehung als eheliche Geliebte haben.

Arjuna hatte zum Herrn eine Beziehung als Freund. Natürlich besteht zwischen dieser Art von Freundschaft und der Freundschaft, wie wir sie in der materiellen Welt finden, ein gewaltiger Unterschied. Im Falle Arjunas handelt es sich um eine transzendentale Freundschaft, die nicht jeder haben kann. Selbstverständlich hat jeder eine bestimmte Beziehung zum Herrn, und diese Beziehung wird wiedererweckt, wenn man im hingebungsvollen Dienst die Vollkommenheit erreicht. Doch im gegenwärtigen Zustand unseres Lebens haben wir nicht nur den Höchsten Herrn, sondern auch unsere ewige Beziehung zu Ihm vergessen. Jedes einzelne der Millionen und Abermillionen von Lebewesen hat ewiglich eine bestimmte Beziehung zum Herrn, die man als *svarūpa* bezeichnet. Durch den Vorgang des hingebungsvollen Dienstes kann man dieses *svarūpa* wiederbeleben, und diese Stufe wird *svarūpa-siddhi,* die Vollkommenheit der wesensgemäßen Stellung, genannt. Arjuna war also ein Gottgeweihter, der mit dem Höchsten Herrn durch Freundschaft verbunden war.

Man sollte beachten, auf welche Weise Arjuna die *Bhagavad-gītā* annahm. Wie er dies tat, wird im 10. Kapitel (10.12–14) beschrieben:

arjuna uvāca
paraṁ brahma paraṁ dhāma
pavitraṁ paramaṁ bhavān
puruṣaṁ śāśvataṁ divyam
ādi-devam ajaṁ vibhum

āhus tvām ṛṣayaḥ sarve
devarṣir nāradas tathā
asito devalo vyāsaḥ
svayaṁ caiva bravīṣi me

sarvam etad ṛtaṁ manye
yan māṁ vadasi keśava
na hi te bhagavan vyaktiṁ
vidur devā na dānavāḥ

Arjuna sprach: „Du bist die Höchste Persönlichkeit Gottes, das höchste Reich, der höchste Reine, die Absolute Wahrheit. Du bist die ewige, transzendentale, ursprüngliche Person, der Ungeborene und der Größte. Alle großen Weisen wie Nārada, Asita, Devala und Vyāsa bestätigen diese Wahrheit über Dich, und nun erklärst Du es mir selbst. O Kṛṣṇa, alles, was Du mir gesagt hast, akzeptiere ich vollständig als Wahrheit. O Herr, weder die Halbgötter noch die Dämonen sind fähig, Deine Persönlichkeit zu verstehen."

Nachdem Arjuna die *Bhagavad-gītā* von der Höchsten Persönlichkeit Gottes vernommen hatte, erkannte er Kṛṣṇa als *paraṁ brahma,* das Höchste Brahman, an. Jedes Lebewesen ist Brahman, doch das höchste Lebewesen, die Höchste Persönlichkeit Gottes, ist das Höchste Brahman. *Paraṁ dhāma* bedeutet, dass Er der höchste Ruheort allen Seins ist; *pavitram* bedeutet, dass Er rein ist, frei von jeglicher Spur materieller Verunreinigung; *puruṣam,* dass Er der höchste Genießer ist; *śāśvatam,* dass Er urerst, und *divyam,* dass Er transzendental ist; *ādi-devam,* dass Er die Höchste Persönlichkeit Gottes, *ajam,* der Ungeborene, und *vibhum,* der Größte, ist.

Da Kṛṣṇa Arjunas Freund war, könnte man denken, dass Arjuna dies alles sagte, nur um Ihm zu schmeicheln, doch um die Leser der *Bhagavad-gītā* von Zweifeln solcher Art zu befreien, erhärtet Arjuna seine Feststellung im nächsten Vers, in welchem er sagt, dass Kṛṣṇa nicht nur von ihm selbst als die Höchste Persönlichkeit Gottes anerkannt werde, sondern auch von Autoritäten wie Nārada, Asita, Devala und Vyāsadeva. Dies sind große Persönlichkeiten, die das vedische Wissen verbreiten, so wie es von allen *ācāryas* anerkannt wird. Deshalb sagt Arjuna zu Kṛṣṇa, dass er alles, was Kṛṣṇa sage, als absolut vollkommen anerkenne. *Sarvam etad ṛtaṁ manye:* „Alles, was Du sagst, akzeptiere ich als Wahrheit." Arjuna sagt auch, dass das Wesen des Herrn sehr schwer zu verstehen sei und dass selbst die großen Halbgötter nicht fähig seien, Ihn zu kennen. Dies bedeutet, dass der Herr nicht einmal von Persönlichkeiten erkannt werden kann, die auf einer höheren Ebene stehen als die Menschen. Wie kann also ein Mensch Śrī Kṛṣṇa verstehen, ohne Sein Geweihter zu werden?

Man sollte sich der *Bhagavad-gītā* daher in einer Haltung der Hingabe nähern. Man darf nicht glauben, man wäre Kṛṣṇa ebenbürtig oder Kṛṣṇa wäre ein gewöhnlicher Mensch, ja man sollte Ihn nicht einmal nur für eine große Persönlichkeit halten, denn Śrī Kṛṣṇa ist die Höchste Persönlichkeit Gottes. Gemäß den Aussagen der *Bhagavad-gītā* und den Worten Arjunas, desjenigen, der die *Bhagavad-gītā* zu verstehen versucht, sollten wir also zumindest theoretisch akzeptieren, dass Śrī Kṛṣṇa die Höchste Persönlichkeit Gottes ist. Mit einer solchen hingebungsvollen Haltung wird es uns möglich sein, die *Bhagavad-gītā* zu verstehen. Solange man die *Bhagavad-gītā* nicht in einer hingebungsvollen Haltung liest, ist es sehr schwierig, sie zu verstehen, denn die *Bhagavad-gītā* ist ein großes Geheimnis.

Was ist die *Bhagavad-gītā* nun eigentlich? Das Ziel der *Bhagavad-gītā* besteht darin, die Menschheit aus der Unwissenheit des materiellen Daseins zu befreien. Jeder Mensch hat mit so vielen Schwierigkeiten zu kämpfen, ebenso wie Arjuna, der sich in der schwierigen Lage befand, in der Schlacht von Kurukṣetra kämpfen zu müssen. Arjuna ergab sich Śrī Kṛṣṇa, und in der Folge wurde die *Bhagavad-gītā* gesprochen. Nicht nur Arjuna, sondern jeder von uns ist aufgrund der materiellen Existenz voller Ängste. Unsere ganze jetzige Existenz steht unter dem Zeichen der Nichtexistenz; doch eigentlich sind wir nicht dafür bestimmt, von Nichtexistenz bedroht zu sein. Unsere wahre Existenz ist ewig, doch auf irgendeine Weise sind wir in *asat* geraten. *Asat* bezieht sich auf das, was nicht existiert.

Unter den zahllosen Menschen, die leiden, gibt es einige, die tatsächlich beginnen, ihre Existenz zu hinterfragen, um zu erfahren, was sie sind, warum sie in diesen leidvollen Zustand versetzt wurden, und so fort. Solange man nicht aufwacht und sich fragt, warum man leidet, das heißt, solange man nicht erkennt, dass man eigentlich nicht leiden will, sondern vielmehr nach einer Lösung für all dieses Leiden suchen muss, kann man nicht als vollkommener Mensch gelten. Menschsein beginnt, wenn Fragen dieser Art im Geist erwachen. Im *Brahma-sūtra* wird dieses Fragestellen als *brahma-jijñāsā* bezeichnet. *Athāto brahma-jijñāsā*. Was auch immer ein Mensch tut, muss als Fehlschlag betrachtet werden, wenn er nicht nach der Natur des Absoluten fragt. Diejenigen, die zu fragen beginnen, warum sie leiden, woher sie gekommen sind und wohin sie nach dem Tod gehen werden, sind deshalb Schüler, die geeignet sind, die *Bhagavad-gītā* zu verstehen. Der ernsthafte Schüler sollte auch unerschütterliche Ehrfurcht vor der Höchsten Persönlichkeit Gottes haben. Arjuna war solch ein Schüler.

Śrī Kṛṣṇa erscheint insbesondere, um den wahren Sinn des Lebens deutlich zu machen, wenn die Menschen diesen Sinn vergessen haben. Doch selbst unter den vielen Menschen, die dann erwachen, gibt es vielleicht nur einen, der tatsächlich zu verstehen beginnt, in welcher Lage er sich befindet, und für ihn wurde die *Bhagavad-gītā* gesprochen. Zweifellos hat die Tigerin der Unwissenheit uns alle verschlungen, doch der Herr ist den Lebewesen, besonders den Menschen, sehr barmherzig gesinnt, und deshalb sprach Er die *Bhagavad-gītā* und machte Seinen Freund Arjuna zu Seinem Schüler.

Als Gefährte Śrī Kṛṣṇas befand sich Arjuna jenseits aller Unwissenheit. Doch auf dem Schlachtfeld von Kurukṣetra wurde Arjuna in Unwissenheit versetzt, nur um Śrī Kṛṣṇa Fragen über die Probleme des Lebens stellen zu können, sodass der Herr sie zum Wohl zukünftiger Generationen erklären und so den Plan des Lebens darlegen konnte. So hat der Mensch die Möglichkeit, dementsprechend zu handeln und die Mission des menschlichen Lebens zu vervollkommnen.

Das Thema der *Bhagavad-gītā* bringt die Erklärung fünf

grundlegender Wahrheiten mit sich. Zunächst wird die Wissenschaft von Gott und dann die wesensgemäße Stellung der Lebewesen, der *jīvas,* erklärt. Es gibt den *īśvara,* den Herrscher, und die *jīvas,* die Lebewesen, die beherrscht werden. Wenn ein Lebewesen behauptet, es würde nicht beherrscht, sondern wäre frei, ist es verrückt. Das Lebewesen wird in jeder Hinsicht beherrscht, zumindest in seinem bedingten Leben. Die *Bhagavad-gītā* behandelt also hauptsächlich den *īśvara,* den Höchsten Herrscher, und die *jīvas,* die beherrschten Lebewesen. *Prakṛti* (die materielle Natur), Zeit (die Dauer der Existenz des gesamten Universums oder der Manifestation der materiellen Natur) und Karma (Tätigkeit) werden ebenfalls erörtert. Die kosmische Manifestation ist voll von verschiedensten Tätigkeiten, denn alle Lebewesen sind aktiv. Von der *Bhagavad-gītā* müssen wir lernen, was Gott ist, was die Lebewesen sind, was *prakṛti* ist, was die kosmische Manifestation ist, wie diese durch die Zeit beherrscht wird und welcher Art die Tätigkeiten der Lebewesen sind.

Aus diesen fünf Hauptthemen der *Bhagavad-gītā* wird ersichtlich, dass der Höchste Gott, Kṛṣṇa oder Brahman oder der Höchste Herrscher oder Paramātmā – wie immer man Ihn auch nennen mag – alle anderen an Größe übertrifft. Doch der Eigenschaft nach sind die Lebewesen dem Höchsten Herrscher gleich. Zum Beispiel hat der Herr die Funktionen der materiellen Natur im Universum unter Seiner Kontrolle, wie in den späteren Kapiteln der *Bhagavad-gītā* erklärt wird. Die materielle Natur ist nicht unabhängig. Sie handelt gemäß den Anweisungen des Höchsten Herrn. Deshalb sagt der Herr: *mayādhyakṣeṇa prakṛtiḥ sūyate sa-carācaram:* „Die materielle Natur ist unter Meiner Führung tätig.“ Wenn wir sehen, dass in der kosmischen Natur wunderbare Dinge geschehen, sollten wir wissen, dass hinter dieser wunderbaren Manifestation ein Lenker steht. Nichts kann geschehen, ohne gelenkt zu werden. Es ist kindisch, den Lenker nicht in Betracht zu ziehen. Ein Kind zum Beispiel mag denken, ein Auto sei etwas Wunderbares, weil es fahren kann, ohne von einem Pferd oder einem anderen Tier gezogen zu werden. Doch ein vernünftiger, erwachsener Mensch weiß, wie das Auto angetrieben wird und dass sich hinter dieser Maschinerie immer ein Mensch, ein Fahrer, befindet. In ähnlicher Weise ist der Höchste Herr der Lenker, unter dessen Führung alles geschieht. Wie wir in den folgenden Kapiteln sehen werden, bezeichnet der Herr die *jīvas* oder Lebewesen als Seine Bestandteile. So wie ein Körnchen Gold ebenfalls Gold ist und ein Tropfen Wasser aus dem Ozean ebenfalls salzig ist, so haben auch wir, die Lebewesen, als Bestandteile des Höchsten Kontrollierenden, *īśvaras,* oder Bhagavāns, Śrī Kṛṣṇas, all Seine Eigenschaften in winzigem Ausmaß, da wir winzige, untergeordnete *īśvaras* sind. Wir versuchen, die Natur zu beherrschen, so wie wir gegenwärtig zum Beispiel versuchen, das Weltall und andere Planeten zu beherrschen. Diese Neigung zu herrschen ist in uns vorhanden, weil sie auch in Kṛṣṇa vorhanden ist. Doch obwohl wir die Neigung haben, uns die materielle Natur untertan zu machen, sollten wir uns darüber bewusst sein, dass wir nicht der höchste Kontrollierende sind. Dies wird in der *Bhagavad-gītā* erklärt.

Weiterhin erklärt die *Bhagavad-gītā* auch, was die materielle Natur ist. Sie wird als niedere *prakṛti* oder niedere Natur beschrieben. Das Lebewesen hingegen wird als höhere *prakṛti* bezeichnet. *Prakṛti,* ob von höherer oder von niederer Natur, wird immer beherrscht. *Prakṛti* ist weiblich, und sie wird vom

Herrn beaufsichtigt, ebenso wie das Tun der Frau vom Ehemann beaufsichtigt wird. *Prakṛti* ist immer untergeordnet. Der Herr ist der Herrscher, und *prakṛti* ist die Beherrschte. Die Lebewesen und die materielle Natur werden also beide vom Höchsten Herrn beherrscht und gelenkt. Laut der *Gītā* müssen die Lebewesen, obgleich sie Bestandteile des Höchsten Herrn sind, ebenfalls als *prakṛti* betrachtet werden. Darauf wird im 7. Kapitel der *Bhagavad-gītā* unmissverständlich hingewiesen. *Apareyam itas tv anyāṁ prakṛtiṁ viddhi me parām jīva-bhūtām:* „Die materielle Natur ist Meine niedere *prakṛti,* doch jenseits davon gibt es noch eine andere *prakṛti* – *jīva-bhūtām,* das Lebewesen."

Die materielle Natur setzt sich aus drei Eigenschaften zusammen: der Erscheinungsweise der Tugend, der Erscheinungsweise der Leidenschaft und der Erscheinungsweise der Unwissenheit. Über diesen Erscheinungsweisen steht die ewige Zeit, und durch eine Verbindung dieser Erscheinungsweisen der Natur – unter der Lenkung und Aufsicht der ewigen Zeit – finden Tätigkeiten statt, die man als Karma bezeichnet. Diese Tätigkeiten werden schon seit unvordenklicher Zeit ausgeführt, und wir erleiden oder genießen die Früchte unseres Tuns. Wenn ich zum Beispiel als Geschäftsmann mit Intelligenz hart arbeite und mir auf meinem Konto viel Geld anhäufe, bin ich der Genießer der Früchte. Wenn ich dagegen bei meinen Geschäften alles Geld verliere, bin ich der Leidtragende. In ähnlicher Weise genießen oder erleiden wir in jedem Bereich des Lebens die Ergebnisse unserer Tätigkeiten. Dies nennt man Karma.

Īśvara (der Höchste Herr), *jīva* (das Lebewesen), *prakṛti* (die materielle Natur), *kāla* (die ewige Zeit) und Karma (Tätigkeit) sind die Themen, die in der *Bhagavad-gītā* erklärt werden. Von diesen fünf sind der Herr, die Lebewesen, die materielle Natur und die Zeit ewig. Die Manifestation der *prakṛti* mag zeitweilig sein, doch sie ist nicht falsch. Einige Philosophen behaupten, die Manifestation der materiellen Natur wäre nichtexistent, doch nach der Philosophie der *Bhagavad-gītā,* der Philosophie der Vaiṣṇavas, ist dies nicht der Fall. Die Manifestation der Welt wird nicht als Trug angesehen; sie wird als wirklich, wenn auch zeitweilig anerkannt. Sie wird mit einer Wolke verglichen, die am Himmel vorüberzieht, oder mit dem Eintreten der Regenzeit, die das Getreide nährt. Sobald die Regenzeit vorüber ist und die Wolke verschwindet, vertrocknet das Getreide, das vom Regen genährt wurde. In ähnlicher Weise entsteht auch die materielle Manifestation in gewissen Zeitabständen, besteht für eine Weile und verschwindet dann wieder. Dies sind die verschiedenen Funktionen der *prakṛti.* Ihr Kreislauf jedoch findet ewig statt, und deshalb ist *prakṛti* ewig; sie ist existent. Der Herr bezeichnet sie als „Meine *prakṛti*". Die materielle Natur ist die abgesonderte Energie des Höchsten Herrn, und auch die Lebewesen sind eine Energie des Höchsten Herrn, doch sie sind nicht von Ihm getrennt – sie sind ewig mit Ihm verbunden. Der Herr, das Lebewesen, die materielle Natur und die Zeit haben also alle eine gegenseitige Beziehung und sind ewig. Der fünfte Punkt jedoch, Karma, ist nicht ewig. Die Auswirkungen des Karma können in der Tat sehr alt sein. Wir erleiden oder genießen die Ergebnisse unserer Handlungen seit unvordenklicher Zeit, doch wir können die Ergebnisse unseres Karma, das heißt unseres Tuns, verändern, und diese Veränderung hängt von der Vollkommenheit unseres Wissens ab. Wir gehen den verschiedensten Tätigkeiten nach, doch zweifelsohne wissen wir nicht, wie wir uns verhalten sollen, um von den Aktionen und Reaktionen auf all unsere Tätigkeiten frei zu werden. Aber auch dies wird in der *Bhagavad-gītā* erklärt.

Die Position des *īśvara,* des Höchsten Herrn, ist die des höchsten Bewusstseins. Da die *jīvas* oder Lebewesen winzige Bestandteile des Höchsten Herrn sind, haben auch sie Bewusstsein. Sowohl das Lebewesen als auch die materielle Natur werden als *prakṛti,* als die Energie des Höchsten Herrn, bezeichnet, aber von diesen beiden hat nur der *jīva* Bewusstsein. Die andere *prakṛti* hingegen hat kein Bewusstsein – das ist der Unterschied. Deshalb bezeichnet man die *jīva-prakṛti* als übergeordnet, denn der *jīva* hat ein Bewusstsein, das dem des Herrn gleicht. Das Bewusstsein des Herrn jedoch ist das höchste, und niemand sollte behaupten, der *jīva,* das Lebewesen, besitze ebenfalls höchstes Bewusstsein. Das Lebewesen kann auf keiner Stufe seiner Vollkommenheit höchstes Bewusstsein besitzen, und die Theorie, die dies behauptet, ist eine irreführende Theorie. Das Lebewesen mag zwar Bewusstsein haben, aber nicht vollkommenes oder absolutes Bewusstsein.

Der Unterschied zwischen dem *jīva* und dem *īśvara* wird im 13. Kapitel der *Bhagavad-gītā* erklärt. Sowohl der Herr als auch das Lebewesen sind *kṣetra-jña,* im Besitz von Bewusstsein; doch das Lebewesen ist sich nur seines jeweiligen Körpers bewusst, wohingegen Sich der Herr aller Körper bewusst ist. Weil Er Sich im Herzen aller Lebewesen befindet, ist Er Sich über die psychischen Vorgänge eines jeden *jīva* bewusst. Dies sollten wir nie vergessen. Es wird auch erklärt, dass der Paramātmā, die Höchste Persönlichkeit Gottes, im Herzen eines jeden als *īśvara* oder Lenker weilt und das Lebewesen anleitet, seinen Wünschen gemäß zu handeln, denn das Lebewesen vergisst, was es tun wollte. Zunächst entschließt es sich, auf eine bestimmte Art und Weise zu handeln, worauf es in die Aktionen und Reaktionen seines eigenen Karma verstrickt wird. Dann gibt es seinen gegenwärtigen Körper auf und geht in eine andere Art von Körper ein, ähnlich wie man Kleider ablegt und neue anzieht. Während die Seele so wandert, erleidet sie die Aktionen und Reaktionen ihrer vergangenen Handlungen. Diese Handlungen können geändert werden, wenn sich das Lebewesen in der Erscheinungsweise der Tugend befindet, das heißt, wenn es Vernunft besitzt und versteht, auf welche Weise es tätig sein sollte. Wenn es tatsächlich beginnt, sich dementsprechend zu verhalten, können alle Aktionen und Reaktionen auf seine vergangenen Handlungen umgewandelt werden. Karma ist also nicht ewig. Deswegen wurde vorher gesagt, dass von den fünf Punkten (*īśvara, jīva, prakṛti,* Zeit und Karma) die ersten vier ewig sind, wohingegen Karma nicht ewig ist.

Der höchste bewusste *īśvara* gleicht dem Lebewesen insofern, als das Bewusstsein beider transzendental ist. Bewusstsein wird nicht durch eine Verbindung materieller Elemente erzeugt – diese Vorstellung ist falsch. Die Theorie, dass sich Bewusstsein unter bestimmten Umständen aus materiellen Verbindungen entwickelt, wird in der *Bhagavad-gītā* nicht anerkannt. Bewusstsein kann durch die Bedeckung materieller Umstände verzerrt widergespiegelt werden, ebenso wie Licht, das durch farbiges Glas fällt, die Farbe des Glases zu haben scheint. Das Bewusstsein des Herrn jedoch wird nicht von Materie beeinflusst. Śrī Kṛṣṇa sagt: *mayādhyakṣeṇa prakṛtiḥ.* Wenn der Herr in das materielle Universum hinabsteigt, wird Sein Bewusstsein nicht von Materie beeinflusst. Würde Er beeinflusst werden, so wäre Er unfähig, über transzendentale Themen zu sprechen, wie Er es in der *Bhagavad-gītā* tut. Man kann nichts über die transzendentale Welt aussagen, ohne von materiell verunreinigtem Bewusstsein frei zu sein. Der Herr unterliegt also nicht materieller Verunreinigung. Unser Bewusstsein hingegen ist gegenwärtig materiell verunreinigt, und die *Bhagavad-gītā* lehrt uns, dass wir dieses materiell beeinflusste Bewusstsein läutern müssen. Wenn unser Bewusstsein rein ist, werden unsere Handlungen mit dem Willen des *īśvara* in Einklang stehen, und das wird uns glücklich machen. Niemand sagt, dass wir alle Tätigkeiten einstellen müssen. Unsere Tätigkeiten müssen nicht eingestellt, sondern geläutert werden, und solche geläuterten Tätigkeiten nennt man *bhakti.* Obwohl Tätigkeiten in *bhakti* wie gewöhnliche Tätigkeiten erscheinen, sind sie frei von Verunreinigung. Einem unwissenden Betrachter mag es so vorkommen, als handle und arbeite ein Gottgeweihter wie ein gewöhnlicher Mensch; doch eine solche Person, die nur über geringes Wissen verfügt, weiß nicht, dass sich die Tätigkeiten des Gottgeweihten wie auch die des Herrn jenseits der drei Erscheinungsweisen der materiellen Natur befinden und nicht von unreinem Bewusstsein oder Materie beeinflusst werden. Wir sollten jedoch wissen, dass unser Bewusstsein im gegenwärtigen Zustand verunreinigt ist.

Wenn wir materiell verunreinigt sind, werden wir als bedingte Lebewesen bezeichnet. Falsches Bewusstsein äußert sich dadurch, dass man glaubt, ein Produkt der materiellen Natur zu sein. Dies nennt man falsches Ego. Wer in die körperliche Lebensauffassung versunken ist, kann seine Situation nicht verstehen. Die *Bhagavad-gītā* wurde gesprochen, um die Menschen von der körperlichen Lebensauffassung zu befreien, und so übernahm Arjuna die Rolle einer bedingten Seele, um diese

Unterweisungen vom Herrn empfangen zu können. Von der körperlichen Lebensauffassung frei zu werden ist die vorrangigste Aufgabe für einen Transzendentalisten. Jemand, der frei werden möchte, das heißt jemand, der nach Erlösung strebt, muss als Erstes lernen, dass er selbst nicht mit dem materiellen Körper identisch ist. *Mukti* oder Befreiung bedeutet Freiheit von materiellem Bewusstsein. Auch im *Śrīmad-Bhāgavatam* wird die Definition von Befreiung gegeben: *muktir hitvānyathā-rūpaṁ svarūpeṇa vyavasthitiḥ. Mukti* bedeutet, vom verunreinigten Bewusstsein der materiellen Welt befreit zu werden und sich in reinem Bewusstsein zu verankern. Alle Unterweisungen der *Bhagavad-gītā* zielen darauf ab, dieses reine Bewusstsein zu erwecken, und daher fragt Kṛṣṇa am Ende Seiner Unterweisungen in der *Gītā,* ob Arjunas Bewusstsein nun geläutert sei. Geläutertes Bewusstsein bedeutet, in Übereinstimmung mit den Anweisungen des Höchsten Herrn zu handeln. Dieser Kernpunkt macht geläutertes Bewusstsein aus. Da wir Bestandteile des Herrn sind, haben auch wir Bewusstsein, doch wir neigen dazu, von den niederen Erscheinungsweisen beeinflusst zu werden. Der Herr jedoch wird, weil Er der Höchste ist, niemals beeinflusst. Das ist der Unterschied zwischen dem Höchsten Herrn und den kleinen individuellen Seelen.

Was versteht man nun unter Bewusstsein? Bewusstsein bedeutet, dass man denkt: „Ich bin." Aber was bin ich? Im unreinen Bewusstsein bedeutet „Ich bin": „Ich bin der Herr über alles, was ich sehe; ich bin der Genießer." Die Welt dreht sich, weil jedes Lebewesen denkt, es wäre Herr und Schöpfer der materiellen Welt. Materielles Bewusstsein basiert auf zwei Vorstellungen: „Ich bin der Schöpfer" und „Ich bin der Genießer". In Wirklichkeit aber ist der Höchste Herr sowohl der Schöpfer als auch der Genießer, und als winziger Teil des Höchsten Herrn ist das Lebewesen weder Schöpfer noch Genießer, sondern wird geschaffen und genossen, und es ist ihm bestimmt, mit dem Herrn zusammenzuarbeiten. Zum Beispiel arbeitet ein Maschinenteil mit der ganzen Maschine zusammen und ein Körperteil mit dem gesamten Körper. Die Hände, Beine, Augen usw. sind alles Teile des Körpers, doch sie sind nicht wirklich die Genießer – der Genießer ist der Magen. Die Beine bewegen sich, die Hände beschaffen Nahrung, die Zähne kauen, und so sind alle Teile des Körpers damit beschäftigt, den Magen zufriedenzustellen, weil der Magen das Zentrum ist, von dem aus der gesamte Körper ernährt wird. Deswegen wird alle Nahrung dem Magen gegeben, ebenso wie beim Bewässern eines Baumes alles Wasser der Wurzel zugeführt wird. Wenn die Teile des Körpers gesund bleiben wollen, dann müssen sie alle mit dem Magen zusammenarbeiten, denn den Magen zu füllen bedeutet, dass der ganze Körper ernährt wird. Ebenso ist der Höchste Herr der Genießer und Schöpfer, und wir, die untergeordneten Lebewesen, sind dafür bestimmt, mit Ihm zu Seiner Zufriedenstellung zusammenzuarbeiten. Diese Zusammenarbeit wird uns wahren Nutzen bringen, genauso wie die Speise, die dem Magen gegeben wird, allen anderen Teilen des Körpers nützt. Wenn die Finger denken, sie sollten die Nahrung für sich selbst behalten, statt sie dem Magen zu geben, so werden sie keinen Erfolg haben. Der Mittelpunkt der Schöpfung und des Genusses ist der Höchste Herr, und die Lebewesen müssen einfach mit Ihm zusammenarbeiten. Dann genießen auch sie. Ihre Beziehung ist wie die des Dieners zum Meister. Wenn der Meister völlig zufrieden ist, ist auch der Diener zufrieden. In ähnlicher Weise sollten die

Lebewesen den Höchsten Herrn zufriedenstellen – trotz ihrer Neigung, Schöpfer und Genießer der materiellen Welt zu werden, einer Neigung, die in den Lebewesen existiert, weil sie auch im Höchsten Herrn, der die manifestierte kosmische Welt erschaffen hat, existiert.

So lehrt uns die *Bhagavad-gītā,* dass sich das vollständige Ganze aus dem Höchsten Herrscher, den beherrschten Lebewesen, der kosmischen Manifestation, der ewigen Zeit und Karma, den Tätigkeiten, zusammensetzt, und sie erklärt jeden einzelnen dieser Punkte. Dies alles zusammengenommen bildet das vollständige Ganze, und das vollständige Ganze wird die Höchste Absolute Wahrheit genannt. Das vollständige Ganze und die vollständige Absolute Wahrheit sind nur andere Bezeichnungen für die vollkommene Persönlichkeit Gottes, Śrī Kṛṣṇa. Alle Manifestationen haben ihren Ursprung in Seinen verschiedenen Energien. Er *ist* das vollständige Ganze.

In der *Gītā* heißt es außerdem, dass auch das unpersönliche Brahman der vollkommenen Höchsten Person untergeordnet ist *(brahmaṇo hi pratiṣṭhāham).* Eine eingehendere Beschreibung des Brahman finden wir im *Brahma-sūtra,* wo es mit den Strahlen der Sonne verglichen wird. Das unpersönliche Brahman ist die leuchtende Ausstrahlung der Höchsten Persönlichkeit Gottes. Die Erkenntnis des unpersönlichen Brahman und auch die Erkenntnis des Paramātmā stellen nur eine unvollständige Erkenntnis des Absoluten Ganzen dar. Das 15. Kapitel der *Bhagavad-gītā* beschreibt, dass die Höchste Persönlichkeit Gottes, Puruṣottama, über Seinem Teilaspekt, dem Paramātmā, und über dem unpersönlichen Brahman steht. Die Höchste Persönlichkeit Gottes wird als *sac-cid-ānanda-vigraha* bezeichnet. Die *Brahma-saṁhitā* beginnt mit dem folgenden Vers:

īśvaraḥ paramaḥ kṛṣṇaḥ sac-cid-ānanda-vigrahaḥ / anādir ādir govindaḥ sarva-kāraṇa-kāraṇam. „Govinda, Kṛṣṇa, ist die Ursache aller Ursachen. Er ist die ursprungslose Ursache, und Er ist die reine Form von Ewigkeit, Wissen und Glückseligkeit." Die unpersönliche Brahman-Erkenntnis ist die Erkenntnis Seines *sat-* oder Ewigkeitsaspektes. Die Paramātmā-Erkenntnis ist die Erkenntnis von *sat* und *cit* (Ewigkeit und Wissen). Doch die Erkenntnis der Persönlichkeit Gottes, Kṛṣṇas, ist die Erkenntnis aller transzendentalen Aspekte: *sat, cit* und *ānanda* (Ewigkeit, Wissen und Glückseligkeit) in vollkommener *vigraha* (Form).

Menschen mit geringer Intelligenz glauben, die Höchste Wahrheit wäre unpersönlich, doch sie ist eine transzendentale Person, und alle vedischen Schriften bestätigen dies. *Nityo nityānāṁ cetanaś cetanānām* (*Kaṭha Upaniṣad* 2.2.13). So wie wir alle individuelle Lebewesen mit individueller Persönlichkeit sind, so ist auch die Höchste Absolute Wahrheit letztlich eine Person, und die Erkenntnis der Persönlichkeit Gottes bedeutet die Erkenntnis aller transzendentalen Aspekte Ihrer vollständigen Form. Das vollständige Ganze ist nicht formlos, denn wenn dem so wäre oder wenn es weniger wäre als irgend etwas anderes, dann könnte es nicht das vollständige Ganze sein. Das vollständige Ganze muss alles beinhalten, nicht nur das, was innerhalb unserer Erfahrung liegt, sondern auch alles außerhalb unserer Erfahrung. Sonst könnte es nicht als vollständig bezeichnet werden.

Das vollständige Ganze, die Persönlichkeit Gottes, besitzt unermessliche Energien *(parāsya śaktir vividhaiva śrūyate).* Wie Kṛṣṇa durch Seine verschiedenen Energien wirkt, wird ebenfalls in der *Bhagavad-gītā* erklärt. Die phänomenale oder materielle Welt, in der wir uns befinden, ist ebenfalls in sich selbst vollkommen. Die vierundzwanzig Elemente, aus denen sich, der *sāṅkhya*-Philosophie zufolge, die zeitweilige Manifestation des materiellen Universums zusammensetzt, sind auf solch vollkommene Weise angeordnet, dass sie alles, was zur Erhaltung und Versorgung des Universums notwendig ist, vollständig zur Verfügung stellen. Nichts fehlt, und nichts ist überflüssig. Die universale Manifestation besteht für eine gewisse Zeit, die durch die Energie des vollkommenen Ganzen festgesetzt ist, und wenn diese Zeit abgelaufen ist, werden diese zeitweiligen Manifestationen durch die vollkommene Einrichtung des Vollkommenen vernichtet. Den winzigen vollkommenen Einheiten, nämlich den Lebewesen, sind vollkommene Möglichkeiten gegeben, den Vollkommenen zu erkennen, und alle Arten von Unvollkommenheit werden nur erfahren, weil das Wissen über den Vollkommenen unvollkommen ist. Die *Bhagavad-gītā* beinhaltet also das vollkommene Wissen der vedischen Weisheit.

Das vedische Wissen ist vollkommen und unfehlbar, und die Hindus erkennen es als solches an. Zum Beispiel ist Kuhdung der Kot eines Tieres, und nach der *smṛti,* der vedischen Vorschrift, muss man, wenn man den Kot eines Tieres berührt, ein Bad nehmen, um sich zu reinigen. In den vedischen Schriften heißt es aber auch, dass Kuhdung eine reinigende Substanz ist. Man könnte in diesen Aussagen nun einen Widerspruch entdecken wollen, aber sie werden beide als wahr anerkannt, weil sie vedische Unterweisungen sind; und tatsächlich kann man es vermeiden, einen Fehler zu begehen, indem man diese Unterweisungen befolgt. Inzwischen hat auch die moderne Wissenschaft den Beweis erbracht, dass Kuhdung verschiedenste antiseptische Eigenschaften besitzt. Das vedische Wissen ist also vollkommen, denn es ist über alle Zweifel und Fehler erhaben, und die *Bhagavad-gītā* ist die Essenz allen vedischen Wissens.

Vedisches Wissen hat daher nichts mit Forschung zu tun. Unsere Forschungsarbeit ist unvollkommen, weil wir die Dinge nur mit unseren unvollkommenen Sinnen untersuchen. Wenn wir vollkommenes Wissen wollen, müssen wir, wie es in der *Bhagavad-gītā* heißt, das Wissen annehmen, das durch die *paramparā* (Schülernachfolge) zu uns herabkommt. Wissen muss von der richtigen Quelle empfangen werden, nämlich von der Schülernachfolge, die mit dem höchsten spirituellen Meister, dem Herrn selbst, beginnt und von der Kette der spirituellen Meister weitergeführt wird. Arjuna, der Schüler, der sich vom Herrn, Śrī Kṛṣṇa, unterweisen lässt, akzeptiert alles, was Er sagt, ohne Ihm zu widersprechen. Es ist nicht gestattet, einen Teil der *Bhagavad-gītā* anzunehmen und einen anderen abzulehnen. Wir müssen die *Bhagavad-gītā* ohne Interpretation annehmen und es vermeiden, etwas auszuklammern oder uns nur launenhaft mit dem Thema zu befassen. Die *Gītā* sollte als die vollkommenste Präsentation vedischen Wissens angesehen werden. Das vedische Wissen wird aus transzendentalen Quellen empfangen, da die ersten Worte vom Herrn selbst gesprochen wurden. Vom Herrn gesprochene Worte nennt man *apauruṣeya,* was darauf hinweist, dass sie nicht von einem Menschen der irdischen Welt gesprochen wurden, der mit vier grundlegenden Mängeln behaftet ist: (1) Er begeht mit Sicherheit Fehler; (2) er unterliegt unvermeidlich falschen Vorstellungen; (3) er hat die Neigung, andere zu betrügen, und (4) er ist durch unvollkommene Sinne beschränkt. Mit diesen vier

Unvollkommenheiten kann man keine vollkommene Auskunft über alldurchdringendes Wissen geben.

Das vedische Wissen wird nicht von Lebewesen überliefert, die solche Mängel aufweisen. Es wurde Brahmā, dem ersterschaffenen Lebewesen, im Herzen offenbart, und Brahmā gab dieses Wissen an seine Söhne und Schüler so weiter, wie er es ursprünglich vom Herrn empfangen hatte. Der Herr ist *pūrṇam,* in jeder Beziehung vollkommen, und daher besteht keine Möglichkeit, dass Er unter den Einfluss der Gesetze der materiellen Natur gerät. Man sollte daher intelligent genug sein, um zu verstehen, dass alles im Universum dem Herrn gehört; Er ist der einzige Besitzer, und Er ist der ursprüngliche Schöpfer, der Schöpfer Brahmās. Im 11. Kapitel wird der Herr als *prapitāmaha* angesprochen, weil Er sogar Brahmā, den man *pitāmaha,* Großvater, nennt, erschaffen hat. Niemand sollte also etwas sein Eigen nennen; man sollte nur das annehmen, was einem vom Herrn zur Verfügung gestellt wird, um sich am Leben zu erhalten.

Es gibt viele Beispiele dafür, wie wir das, was uns vom Herrn zugedacht wurde, umzusetzen haben. Auch dies wird in der *Bhagavad-gītā* erklärt. Zu Beginn wollte Arjuna in der Schlacht von Kurukṣetra nicht mitkämpfen. Dies war Arjunas eigene, persönliche Entscheidung, und er sagte zum Herrn, es sei für ihn nicht möglich, sich des Königreiches zu erfreuen, wenn er seine eigenen Verwandten getötet habe. Diese Entscheidung beruhte auf der körperlichen Lebensauffassung, denn er identifizierte sich mit seinem Körper und dachte, diejenigen, die zu seinem Körper eine Beziehung hatten, seien seine Brüder, Neffen, Schwäger, Großväter usw. Deswegen war er nur an körperlichen Beziehungen interessiert. Der Herr verkündete die

Bhagavad-gītā, um genau diese Auffassung zu ändern, und so beschloss Arjuna am Ende, unter der Führung des Herrn zu kämpfen. *Kariṣye vacanaṁ tava:* „Ich werde ganz nach Deinen Worten handeln."

Den Menschen dieser Welt ist es nicht bestimmt, wie die Hunde und Katzen miteinander zu streiten. Die Menschen müssen intelligent genug sein, die Bedeutsamkeit des menschlichen Lebens zu erkennen, und sich weigern, wie gewöhnliche Tiere zu handeln. Ein Mensch sollte das Ziel des Lebens erkennen. Diese Anweisung wird in allen vedischen Schriften gegeben, und die Essenz finden wir in der *Bhagavad-gītā.* Die vedischen Schriften sind für Menschen bestimmt, nicht für Tiere. Einem Tier ist es erlaubt, andere Tiere zu töten, und es lädt sich dabei keine Sünden auf; doch wenn ein Mensch ein Tier zur Befriedigung seiner unbeherrschten Zunge tötet, bricht er die Gesetze der Natur und muss sich dafür verantworten. In der *Bhagavad-gītā* wird erklärt, dass es in Entsprechung zu den Erscheinungsweisen der materiellen Natur drei Arten von Tätigkeiten gibt: Tätigkeiten in Tugend, in Leidenschaft und in Unwissenheit. Ebenso gibt es drei Arten von Speisen: Speisen in Tugend, Leidenschaft und Unwissenheit. All dies wird eingehend erklärt, und wenn wir die Unterweisungen der *Bhagavad-gītā* richtig nutzen, wird unser ganzes Leben geläutert werden, und schließlich werden wir imstande sein, den Bestimmungsort jenseits der materiellen Welt zu erreichen *(yad gatvā na nivartante tad dhāma paramaṁ mama).*

Dieser Ort wird *sanātana*-Himmel, der ewige, spirituelle Himmel, genannt. In der materiellen Welt sehen wir, dass alles zeitweilig ist. Etwas tritt ins Dasein, bleibt eine Zeit lang bestehen, erzeugt einige Nebenprodukte, verfällt und vergeht schließlich. Das ist das Gesetz der materiellen Welt, ob wir als Beispiel nun unseren Körper, eine Frucht oder irgendetwas anderes nehmen. Wir haben jedoch die Information, dass es jenseits dieser zeitweiligen Welt noch eine andere Welt gibt. Diese Welt ist von anderer Natur – sie ist *sanātana,* ewig. Ebenso wird der *jīva* und im 11. Kapitel auch der Herr als *sanātana,* ewig, beschrieben. Wir haben eine enge Beziehung zum Herrn, und weil wir alle – der *sanātana-dhāma* (-Himmel), die *sanātana*-Persönlichkeit-Gottes und die *sanātana*-Lebewesen – qualitativ eins sind, besteht der ganze Zweck der *Bhagavad-gītā* darin, unsere *sanātana*-Beschäftigung, den *sanātana-dharma,* das heißt die ewige Beschäftigung des Lebewesens, wiederzuerwecken. Gegenwärtig sind wir mit den verschiedensten zeitweiligen Tätigkeiten beschäftigt, doch diese Tätigkeiten können geläutert werden, wenn wir alle zeitweiligen Tätigkeiten aufgeben und uns den Tätigkeiten zuwenden, die vom Herrn vorgeschrieben werden. Hierin besteht die Definition von geläutertem Leben.

Sowohl der Höchste Herr und Sein transzendentales Reich wie auch die Lebewesen sind *sanātana,* und in die Gemeinschaft des Höchsten Herrn und der Lebewesen im *sanātana*-Reich zu gelangen ist die Vollkommenheit des menschlichen Lebens. Der Herr ist zu den Lebewesen sehr gütig, weil sie Seine Söhne sind. Śrī Kṛṣṇa erklärt in der *Bhagavad-gītā: sarva-yoniṣu ... ahaṁ bīja-pradaḥ pitā.* „Ich bin der Vater aller Lebewesen." Natürlich gibt es viele verschiedene Arten von Lebewesen, je nach ihrem unterschiedlichen Karma, doch hier erklärt der Herr, dass Er der Vater aller ist. Deswegen steigt der Herr in die materielle Welt hinab, um all diese gefallenen, bedingten Seelen zum *sanātana*-Himmel zurückzurufen, auf dass die *sanātana*-

Lebewesen ihre *sanātana*-Stellung in der ewigen Gemeinschaft des Herrn wiedererlangen können. Der Herr kommt entweder selbst in verschiedenen Inkarnationen oder schickt Seine vertrauten Diener als Seine Söhne, Seine Gefährten oder als *ācāryas,* um die bedingten Seelen zurückzurufen.

Sanātana-dharma bezieht sich daher nicht auf irgendeinen sektiererischen religiösen Vorgang, sondern bezeichnet die ewige Funktion der ewigen Lebewesen in Beziehung zum ewigen Höchsten Herrn. Wie oben erklärt wurde, bedeutet *sanātana-dharma* die ewige Beschäftigung des Lebewesens. Śrīpāda Rāmānujācārya gab folgende Definition für das Wort *sanātana:* „das, was weder Anfang noch Ende hat". Wenn wir also von *sanātana-dharma* sprechen, müssen wir aufgrund der Autorität Śrīpāda Rāmānujācāryas davon ausgehen, dass dieser *sanātana-dharma* weder Anfang noch Ende hat.

Das Wort Religion bedeutet nicht genau dasselbe wie *sanātana-dharma.* Das Wort Religion lässt einen an eine Art von Glauben denken, und ein Glaube kann sich ändern. Ein Mensch kann sich zu einem bestimmten Glauben bekennen, doch er kann diesen Glauben auch wechseln und zu einem anderen übertreten. *Sanātana-dharma* hingegen bezieht sich auf die Tätigkeit, die niemals gewechselt werden kann. Man kann zum Beispiel die Eigenschaft der Flüssigkeit niemals vom Wasser trennen, ebenso wie Wärme nie vom Feuer getrennt werden kann. In ähnlicher Weise kann auch die ewige Funktion des Lebewesens nicht vom Lebewesen getrennt werden. *Sanātana-dharma* ist ewig mit dem Lebewesen verbunden. Wenn wir von *sanātana-dharma* sprechen, müssen wir daher auf der Grundlage der Autorität Śrīpāda Rāmānujācāryas anerkennen, dass *sanātana-dharma* weder Anfang noch Ende hat. Das, was weder

Ende noch Anfang hat, kann auf keinen Fall sektiererisch sein oder durch irgendwelche Begrenzungen eingeschränkt werden. Diejenigen, die einem sektiererischen Glauben angehören, werden diesen *sanātana-dharma* zu Unrecht ebenfalls für sektiererisch halten. Wenn wir diese Frage aber eingehend behandeln und sie im Licht der modernen Wissenschaft betrachten, wird es für uns möglich zu verstehen, dass *sanātana-dharma* die Aufgabe aller Menschen auf der Welt ist – ja aller Lebewesen im Universum.

Ein Glaube, der nicht *sanātana* (ewig) ist, hat in den Annalen der Menschheitsgeschichte einen Anfang, doch *sanātana-dharma* hat keinen Anfang, da er mit den Lebewesen ewig verbunden ist. Was die Lebewesen betrifft, so heißt es in den autoritativen *śāstras,* dass es für sie weder Geburt noch Tod gibt. In der *Gītā* heißt es, dass das Lebewesen niemals geboren wird und niemals stirbt. Es ist ewig und unzerstörbar und lebt selbst nach der Zerstörung seines zeitweiligen materiellen Körpers weiter. Wenn wir im Zusammenhang mit *sanātana-dharma* die Bedeutung von Religion verstehen wollen, müssen wir von der Wurzel dieses Sanskritwortes ausgehen. *Dharma* bezieht sich auf das, was immer mit einem bestimmten Gegenstand verbunden ist. Zum Beispiel wird Feuer immer von Hitze und Licht begleitet; ohne Hitze und Licht verliert das Wort Feuer seine Bedeutung. In ähnlicher Weise müssen wir den wesentlichen Teil des Lebewesens entdecken, das heißt den Teil, der das Lebewesen ständig begleitet. Dieser ständige Begleiter ist seine ewige Eigenschaft, und diese ewige Eigenschaft ist seine „ewige Religion".

Als Sanātana Gosvāmī Śrī Caitanya Mahāprabhu nach dem *svarūpa* eines jeden Lebewesens fragte, lautete die Antwort, dass das *svarūpa,* die wesensgemäße Stellung des Lebewesens, darin bestehe, der Höchsten Persönlichkeit Gottes zu dienen. Wenn wir diese Erklärung Śrī Caitanyas genauer untersuchen, können wir leicht erkennen, dass jedes Lebewesen ständig damit beschäftigt ist, einem anderen Lebewesen zu dienen. Ein Lebewesen dient anderen Lebewesen in vielerlei Beziehung, und auf diese Weise findet es in seinem Leben Genuss. Die niederen Tiere dienen den Menschen, und Diener dienen ihrem Meister. A dient dem Meister B, B dient dem Meister C, C dient dem Meister D, usw. So gesehen dient ein Freund einem anderen Freund; die Mutter dient ihrem Sohn; die Frau dient ihrem Mann; der Mann dient seiner Frau, usw. Wenn wir diese Betrachtungsweise weiter fortsetzen, erkennen wir bald, dass niemand in einer Gesellschaft von Lebewesen vom Dienen ausgenommen ist. Der Politiker präsentiert sein Programm der Öffentlichkeit, um sie von der Qualität seines Dienstes zu überzeugen. Die Wähler geben dann dem Politiker ihre wertvollen Stimmen, weil sie glauben, er werde der Gesellschaft guten Dienst leisten. Der Ladenbesitzer dient dem Kunden; der Arbeiter dient dem Kapitalisten; der Kapitalist dient der Familie; die Familie dient dem Staat, und all dies geschieht aufgrund der ewigen Eigenschaft des ewigen Lebewesens. Kein Lebewesen ist davon ausgenommen, anderen Lebewesen zu dienen, und daher können wir mit Gewissheit die Schlussfolgerung ziehen, dass Dienst der ständige Begleiter des Lebewesens ist. Demzufolge besteht die „ewige Religion" des Lebewesens im Darbringen von Dienst.

Aber der Zeit und den Umständen gemäß bekennen sich die Menschen zu einer bestimmten Glaubensrichtung und bezeichnen sich als Hindus, Muslime, Christen oder Buddhisten, oder als Anhänger irgendeiner anderen Sekte. Solche Bezeichnungen sind nicht *sanātana-dharma.* Ein Hindu kann seinen Glauben wechseln und ein Muslim werden, ein Muslim kann seinen Glauben wechseln und ein Hindu werden, ein Christ kann seinen Glauben wechseln, usw. Aber unter keinen Umständen hat der Wechsel des Glaubens einen Einfluss auf die ewige Beschäftigung des Lebewesens, anderen zu dienen. Der Hindu, der Muslim wie auch der Christ dienen unter allen Umständen irgend jemandem. Sich zu irgendeiner Art von Glauben zu bekennen bedeutet daher nicht, sich zu seinem *sanātana-dharma* zu bekennen. *Sanātana-dharma* bedeutet, Dienst darzubringen.

Wir sind mit dem Höchsten Herrn durch eine Beziehung des Dienens verbunden. Der Höchste Herr ist der Höchste Genießer, und wir Lebewesen sind Seine Diener. Wir sind für Seinen Genuss geschaffen, und wenn wir an diesem ewigen Genuss der Höchsten Persönlichkeit Gottes teilnehmen, werden wir glücklich. Auf eine andere Weise können wir nicht glücklich werden. Es ist nicht möglich, unabhängig glücklich zu sein, ebenso wie kein Teil des Körpers glücklich sein kann, ohne mit dem Magen zusammenzuarbeiten. In ähnlicher Weise ist es für das Lebewesen nicht möglich, glücklich zu sein, ohne dem Höchsten Herrn transzendentalen liebenden Dienst darzubringen.

Verschiedene Halbgötter zu verehren oder ihnen zu dienen, wird in der *Bhagavad-gītā* nicht gutgeheißen. Im 20. Vers des 7. Kapitels heißt es:

kāmais tais tair hṛta-jñānāḥ
prapadyante 'nya-devatāḥ

taṁ taṁ niyamam āsthāya
prakṛtyā niyatāḥ svayā

„Diejenigen, deren Intelligenz von materiellen Wünschen gestohlen wurde, ergeben sich Halbgöttern und folgen, ihrem eigenen Wesen entsprechend, bestimmten Regeln und Regulierungen der Verehrung."

Hier heißt es eindeutig, dass diejenigen, die von Lust getrieben sind, die Halbgötter, und nicht den Höchsten Herrn, Śrī Kṛṣṇa, verehren. Wenn wir den Namen Kṛṣṇa erwähnen, beziehen wir uns nicht auf irgendeinen sektiererischen Namen. *Kṛṣṇa* bedeutet die höchste Freude, und es wird bestätigt, dass der Höchste Herr das Behältnis oder der Speicher aller Freude ist. Wir alle sehnen uns nach Freude: *Ānanda-mayo 'bhyāsāt* (*Vedānta-sūtra* 1.1.12). Die Lebewesen sind, genau wie der Herr, von Bewusstsein erfüllt und streben nach Glück. Der Herr ist immer glücklich, und wenn die Lebewesen mit Ihm zusammenkommen, mit Ihm zusammenarbeiten und an Seiner Gemeinschaft teilnehmen, werden auch sie glücklich.

Der Herr kommt in diese vergängliche Welt, um in Vṛndāvana Seine transzendentalen Spiele, die voller Glück sind, zu offenbaren. Als Sich Śrī Kṛṣṇa in Vṛndāvana aufhielt, waren alle Seine Spiele mit Seinen Freunden, den Kuhhirtenjungen, mit Seinen *gopī*-Freundinnen sowie den anderen Bewohnern von Vṛndāvana und den Kühen von Glück erfüllt. Alle Bewohner von Vṛndāvana kannten nichts anderes als Kṛṣṇa. Aber Śrī Kṛṣṇa brachte sogar Seinen Vater, Nanda Mahārāja, dazu, von der Verehrung des Halbgottes Indra abzulassen, weil Er klarstellen wollte, dass die Menschen keinen Halbgott zu verehren brauchen, sondern nur den Herrn, die Höchste Persönlichkeit

Gottes, da das endgültige Ziel des menschlichen Lebens darin besteht, in Sein Reich zurückzukehren.

Das Reich Śrī Kṛṣṇas wird in der *Bhagavad-gītā* im 6. Vers des 15. Kapitels beschrieben:

na tad bhāsayate sūryo
na śaśāṅko na pāvakaḥ
yad gatvā na nivartante
tad dhāma paramaṁ mama

„Dieses Mein höchstes Reich wird weder von der Sonne noch vom Mond, noch von Feuer oder Elektrizität erleuchtet. Diejenigen, die es erreichen, kehren nie wieder in die materielle Welt zurück."

Dieser Vers gibt eine Beschreibung des ewigen Himmels. Wenn wir das Wort „Himmel" hören, denken wir natürlich an den materiellen Himmel mit Sonne, Mond, Sternen usw., doch in diesem Vers sagt der Herr, dass im ewigen Himmel weder Sonne noch Mond, noch irgendeine Art von Elektrizität oder Feuer zur Beleuchtung notwendig sind, da der spirituelle Himmel vom *brahma-jyoti* erleuchtet wird, das heißt von den Strahlen, die vom Höchsten Herrn ausgehen. Andere Planeten zu erreichen bereitet uns große Schwierigkeiten, doch es ist nicht schwierig, das Reich des Höchsten Herrn zu verstehen. Dieses Reich wird als Goloka bezeichnet, und in der *Brahma-saṁhitā* (5.37) finden wir eine wunderschöne Beschreibung davon: *goloka eva nivasaty akhilātma-bhūtaḥ*. Der Herr weilt ewig in Seinem Reich Goloka, aber dennoch kann man sich Ihm von dieser Welt aus nähern, und zu diesem Zweck erscheint der Herr und offenbart Seine wirkliche Gestalt, *sac-cid-ānanda-vigraha,* sodass wir nicht über Sein Aussehen zu spekulieren brauchen. Um derartige Spekulationen zu verhindern, erscheint Er selbst und offenbart Sich, wie Er ist, als Śyāmasundara. Leider verspotten Ihn die unintelligenten Menschen, wenn Er unter uns erscheint, da Er die Rolle eines Menschen spielt. Deswegen jedoch sollten wir nicht denken, der Herr wäre ein Mensch wie wir. Wenn Er vor uns erscheint und Sich in Seiner wirklichen Gestalt zeigt, tut Er dies durch Seine Allmacht, um Seine Spiele zu offenbaren, die Ebenbilder jener Spiele sind, die in Seinem Reich stattfinden.

In den leuchtenden Strahlen des spirituellen Himmels schweben unzählige Planeten. Diese Strahlen, das *brahma-jyoti,* gehen vom höchsten Reich, Kṛṣṇaloka, aus, und in ihnen schweben die *ānanda-maya-cinmaya*-Planeten, die nicht materiell sind. Der Herr sagt: *na tad bhāsayate sūryo na śaśāṅko na pāvakaḥ/yad gatvā na nivartante tad dhāma paramaṁ mama.* Wer diesen spirituellen Himmel erreicht, braucht nicht wieder in die materielle Welt zurückzukehren. Selbst wenn wir uns im materiellen Himmel auf den höchsten Planeten (Brahmaloka) erheben, vom Mond ganz zu schweigen, werden wir die gleichen Leiden des materiellen Lebens, nämlich Geburt, Tod, Alter und Krankheit, vorfinden. Kein Planet im materiellen Universum ist von diesen vier Prinzipien des materiellen Daseins frei.

Die Lebewesen wandern von Planet zu Planet, aber es ist uns nicht möglich, einfach mit mechanischen Mitteln jeden beliebigen Planeten zu erreichen. Wenn wir uns zu anderen Planeten begeben wollen, so gibt es dafür einen ganz bestimmten Vorgang, der wie folgt beschrieben wird: *yānti deva-vratā devān pitṝn yānti pitṛ-vratāḥ.* Wenn wir zu anderen Planeten reisen wollen, so sind keine mechanischen Erfindungen notwendig, sondern wir brauchen uns einfach nur an die Unterweisung der *Gītā* zu halten: *yānti deva-vratā devān*. Der Mond, die Sonne und die höheren Planeten werden als Svargaloka bezeichnet. Es gibt drei verschiedene Abstufungen der Planeten, nämlich die höheren, mittleren und niederen Planetensysteme, wobei die Erde zum mittleren Planetensystem gehört. Die *Bhagavad-gītā* lässt uns wissen, wie wir mithilfe einer sehr einfachen Formel zu den höheren Planetensystemen (Devaloka) reisen können: *yānti devā-vratā devān*. Wir brauchen nur den Halbgott des gewünschten Planeten zu verehren, und so können wir den Mond, die Sonne oder irgendeinen anderen der höheren Planeten erreichen.

Die *Bhagavad-gītā* jedoch rät uns nicht, einen Planeten innerhalb der materiellen Welt anzustreben, denn selbst wenn es uns möglich sein sollte, durch irgendeine technische Erfindung Brahmaloka, den höchsten Planeten, zu erreichen, indem wir für vielleicht vierzigtausend Jahre durch das Weltall reisen (und wer kann schon erwarten, so lange zu leben?), selbst dann würden wir immer noch die materiellen Leiden von Geburt, Tod, Krankheit und Alter vorfinden. Wer jedoch den höchsten Planeten, Kṛṣṇaloka, oder irgendeinen anderen Planeten innerhalb des spirituellen Himmels anstrebt, wird nicht mehr mit diesen materiellen Leiden konfrontiert werden. Unter all den vielen Planeten im spirituellen Himmel gibt es einen höchsten Planeten. Er wird Goloka Vṛndāvana genannt und ist der ursprüngliche Planet im Reich der ursprünglichen Persönlichkeit Gottes, Śrī Kṛṣṇa. All dies erfahren wir aus der *Bhagavad-gītā,* und sie lehrt uns, wie wir die materielle Welt verlassen und im spirituellen Himmel ein wahrhaft glückseliges Leben beginnen können.

Im 15. Kapitel der *Bhagavad-gītā* wird das wahre Bild der materiellen Welt gegeben. Es heißt dort:

ūrdhva-mūlam adhaḥ-śākham
aśvatthaṁ prāhur avyayam
chandāṁsi yasya parṇāni
yas taṁ veda sa veda-vit

Hier wird die materielle Welt mit einem Baum verglichen, dessen Wurzeln nach oben und dessen Äste nach unten zeigen. Auch in unserem Erfahrungsbereich gibt es Beispiele von Bäumen, deren Wurzeln nach oben zeigen, nämlich am Ufer eines Flusses oder eines anderen Gewässers, wo man sehen kann, wie die Bäume im Wasser umgekehrt gespiegelt werden. Die Äste zeigen nach unten und die Wurzeln nach oben. Ebenso ist die materielle Welt eine Spiegelung der spirituellen Welt. Die materielle Welt ist nichts weiter als ein Schatten der Wirklichkeit. Der Schatten hat keine Wirklichkeit oder Substanz, doch wir können anhand des Schattens erkennen, dass es Wirklichkeit und Substanz geben muss. In der Wüste gibt es kein Wasser, aber eine Luftspiegelung lässt darauf schließen, dass irgendwo Wasser existiert. In der materiellen Welt gibt es kein Wasser bzw. kein Glück – das wirkliche Wasser tatsächlichen Glücks ist in der spirituellen Welt zu finden.

In der *Bhagavad-gītā* (15.5) weist der Herr uns darauf hin, dass die spirituelle Welt auf folgende Weise zu erreichen ist:

nirmāna-mohā jita-saṅga-doṣā
adhyātma-nityā vinivṛtta-kāmāḥ
dvandvair vimuktāḥ sukha-duḥkha-saṁjñair
gacchanty amūḍhāḥ padam avyayaṁ tat

Dieses *padam avyayam* oder ewige Königreich kann von demjenigen erreicht werden, der *nirmāna-moha* ist. Was bedeutet dies? Wir alle streben nach Bezeichnungen. Der eine möchte „Herr“ werden, der andere „Meister“, wieder jemand anders möchte Präsident oder König, ein reicher Mann oder sonst etwas werden. Solange wir an solchen Bezeichnungen haften, sind wir an den Körper gebunden, denn diese Bezeichnungen beziehen sich auf den Körper. Wir sind aber nicht unser Körper, und diese Erkenntnis bildet die erste Stufe in der spirituellen Verwirklichung. Wir sind mit den drei Erscheinungsweisen der materiellen Natur verbunden, doch wir müssen uns von ihnen lösen, und zwar durch hingebungsvollen Dienst für den Herrn. Wenn wir uns nicht zum hingebungsvollen Dienst des Herrn hingezogen fühlen, können wir uns nicht von den Erscheinungsweisen der materiellen Natur lösen. Bezeichnungen und Anhaftungen sind auf unsere Lust und unsere materiellen Wünsche zurückzuführen, das heißt auf unser Verlangen, die materielle Natur zu beherrschen. Solange wir diese Neigung, die materielle Natur zu beherrschen, nicht aufgeben, besteht keine Möglichkeit, in das Königreich des Höchsten, *sanātana-dhāma,* zurückzukehren. In dieses ewige Königreich, das niemals zerstört wird, kann nur jemand eintreten, der von den Verlockungen falscher materieller Genüsse nicht verwirrt wird und der im Dienst des Höchsten Herrn verankert ist. Wer diese Bedingungen erfüllt, kann das höchste Reich mühelos betreten.

An einer anderen Stelle in der *Gītā* (8.21) heißt es:

avyakto 'kṣara ity uktas
tam āhuḥ paramāṁ gatim

yaṁ prāpya na nivartante
tad dhāma paramaṁ mama

Avyakta bedeutet unmanifestiert. Nicht einmal in der materiellen Welt ist alles vor uns manifestiert. Unsere Sinne sind so unvollkommen, dass wir nicht einmal alle Sterne in diesem einen materiellen Universum sehen können. Die vedischen Schriften geben uns viele Auskünfte über die verschiedenen Planeten, und es liegt an uns, diese Aussagen zu glauben oder nicht. Alle wichtigen Planeten werden in den vedischen Schriften, vor allem im *Śrīmad-Bhāgavatam,* beschrieben, und jenseits dieser materiellen Welt befindet sich die spirituelle Welt, die als *avyakta,* unmanifestiert, bezeichnet wird. Unser Wünschen und Sehnen sollte darauf gerichtet sein, in dieses höchste Königreich zu gelangen, denn wenn man es erreicht, braucht man nicht wieder in die materielle Welt zurückzukehren.

Als Nächstes könnte man sich die Frage stellen, wie es einem möglich wird, sich diesem Reich des Höchsten Herrn zu nähern. Die Antwort auf diese Frage finden wir im 8. Kapitel:

anta-kāle ca mām eva
smaran muktvā kalevaram
yaḥ prayāti sa mad-bhāvaṁ
yāti nāsty atra saṁśayaḥ

„Wer sich am Ende des Lebens, wenn er seinen Körper verlässt, an Mich erinnert, erreicht sogleich Meine Natur. Darüber besteht kein Zweifel.“ (*Bhagavad-gītā* 8.5)

Jeder, der zum Zeitpunkt seines Todes an Kṛṣṇa denkt, gelangt zu Kṛṣṇa. Man muss sich an die Gestalt Kṛṣṇas erinnern, denn wenn man beim Verlassen des Körpers an Seine

Gestalt denkt, erreicht man zweifelsohne das spirituelle Königreich. *Mad-bhāvam* bezieht sich auf die transzendentale Natur des Höchsten Wesens. Wie oben beschrieben wurde, ist das Höchste Wesen *sac-cid-ānanda-vigraha,* das heißt, Seine Gestalt ist ewig, voller Wissen und voller Glückseligkeit. Unser gegenwärtiger Körper ist nicht *sac-cid-ānanda.* Er ist nicht *sat,* sondern *asat* – nicht ewig, sondern vergänglich –, und er ist nicht *cit,* voller Wissen, sondern voller Unwissenheit. Wir besitzen kein Wissen über das spirituelle Königreich, ja wir besitzen nicht einmal vollkommenes Wissen über die materielle Welt, in der es so viele Dinge gibt, die uns unbekannt sind. Des Weiteren ist der Körper *nirānanda;* statt voller Glückseligkeit ist er voller Leid. Alle Leiden, die wir in der materiellen Welt erfahren, haben ihre Ursache im Körper; doch wer den Körper verlässt und dabei an Śrī Kṛṣṇa, die Höchste Persönlichkeit Gottes, denkt, erlangt augenblicklich einen *sac-cid-ānanda*-Körper.

Auf welche Weise man in der materiellen Welt den einen Körper verlässt und einen neuen bekommt, ist ebenfalls festgelegt. Ein Mensch stirbt, nachdem entschieden worden ist, welche Art von Körper er im nächsten Leben haben wird. Diese Entscheidung wird von höheren Autoritäten gefällt, und nicht vom Lebewesen selbst. Gemäß unseren Tätigkeiten im gegenwärtigen Leben erlangen wir eine höhere oder niedrigere Stellung. Das gegenwärtige Leben ist eine Vorbereitung auf das nächste Leben. Wenn wir uns also in diesem Leben darauf vorbereiten, zum Königreich Gottes erhoben zu werden, werden wir nach dem Verlassen des materiellen Körpers zweifellos einen spirituellen Körper bekommen, der dem des Herrn gleicht.

Wie zuvor erklärt wurde, gibt es verschiedene Arten von

Transzendentalisten, nämlich den *brahma-vādī,* den *paramātma-vādī* und den Gottgeweihten, und es wurde ebenfalls erwähnt, dass im *brahma-jyoti,* dem spirituellen Himmel, unzählige spirituelle Planeten schweben. Die Zahl dieser Planeten ist weitaus größer als die aller Planeten in der materiellen Welt. Es wurde geschätzt, dass die materielle Welt nur etwa ein Viertel der gesamten Schöpfung ausmacht *(ekāṁśena sthito jagat).* Im materiellen Bereich gibt es Millionen und Abermillionen von Universen mit Milliarden von Planeten, Sonnen, Sternen und Monden. Aber diese materielle Schöpfung stellt nur einen Bruchteil der gesamten Schöpfung dar. Der größte Teil der Schöpfung befindet sich im spirituellen Himmel. Wer den Wunsch hat, in die Existenz des Höchsten Brahman einzugehen, wird sogleich zum *brahma-jyoti* des Höchsten Herrn erhoben und erreicht so den spirituellen Himmel. Der Gottgeweihte, der sich des persönlichen Zusammenseins mit dem Herrn erfreuen möchte, gelangt auf einen der unzähligen Vaikuṇṭha-Planeten, wo er in die Gemeinschaft des Höchsten Herrn aufgenommen wird, der dort in Form Seiner vollständigen Erweiterungen als vierarmiger Nārāyaṇa gegenwärtig ist, mit verschiedenen Namen wie Pradyumna, Aniruddha, Govinda usw. Die Transzendentalisten, die am Ende ihres Lebens entweder an das *brahma-jyoti,* den Paramātmā oder die Höchste Persönlichkeit Gottes, Śrī Kṛṣṇa, denken, gehen auf jeden Fall in den spirituellen Himmel ein, doch nur der Gottgeweihte, das heißt derjenige, der eine persönliche Beziehung zum Herrn hat, erreicht die Vaikuṇṭha-Planeten oder den Planeten Goloka Vṛndāvana. „Daran besteht kein Zweifel", fügt der Herr hinzu, und in diese Worte muss man festes Vertrauen haben. Wir sollten nicht etwas ablehnen, nur weil es nicht unserer Vorstellung entspricht. Wir sollten dieselbe Haltung wie Arjuna haben: „Ich glaube alles, was Du gesagt hast.“ Wenn der Herr sagt, dass jeder, der zur Stunde des Todes an Ihn denkt – entweder als Brahman, als Paramātmā oder als die Persönlichkeit Gottes –, den spirituellen Himmel erreicht, so sollte man nicht daran zweifeln. Es gibt keinen Grund, es nicht zu glauben.

Die *Bhagavad-gītā* (8.6) erklärt auch das allgemeine Prinzip, das es einem zum Zeitpunkt des Todes möglich macht, das spirituelle Königreich zu erreichen, einfach indem man an den Höchsten denkt:

yaṁ yaṁ vāpi smaran bhāvaṁ
tyajaty ante kalevaram
taṁ tam evaiti kaunteya
sadā tad-bhāva-bhāvitaḥ

„Den Seinszustand, an den man sich beim Verlassen seines gegenwärtigen Körpers erinnert, wird man im nächsten Leben ohne Zweifel erreichen.“

Als Erstes müssen wir verstehen, dass die materielle Natur die Entfaltung einer der Energien des Höchsten Herrn ist. Im *Viṣṇu Purāṇa* (6.7.61) werden die Energien des Höchsten Herrn zusammenfassend beschrieben:

viṣṇu-śaktiḥ parā proktā
kṣetra-jñākhyā tathā parā
avidyā-karma-saṁjñānyā
tṛtīyā śaktir iṣyate

Der Höchste Herr verfügt über verschiedenste, unzählige Energien, die jenseits unseres Vorstellungsvermögens liegen; aber dennoch haben große Weise und befreite Seelen diese Energien studiert und sie dreifach unterteilt. Alle Energien sind *viṣṇu-śakti,* das heißt verschiedene Kräfte Śrī Viṣṇus. Die erste Energie ist *parā,* transzendental, und die Lebewesen gehören, wie bereits erklärt wurde, ebenfalls zur höheren Energie. Die andere Energie, die materielle Energie, befindet sich in der Erscheinungsweise der Unwissenheit. Zum Zeitpunkt des Todes können wir entweder in der niederen Energie der materiellen Welt bleiben, oder wir können uns zur Energie der spirituellen Welt erheben. Deshalb sagt die *Bhagavad-gītā* (8.6):

yaṁ yaṁ vāpi smaran bhāvaṁ
tyajaty ante kalevaram
taṁ tam evaiti kaunteya
sadā tad-bhāva-bhāvitaḥ

„Den Seinszustand, an den man sich beim Verlassen seines gegenwärtigen Körpers erinnert, wird man im nächsten Leben ohne Zweifel erreichen."

Wir sind es im Leben gewohnt, entweder an die materielle oder an die spirituelle Energie zu denken. Wie ist es nun möglich, unsere Gedanken von der materiellen Energie auf die spirituelle Energie zu richten? Es gibt so viele Arten von Literatur, die unsere Gedanken mit materiellen Dingen füllen – Zeitungen, Magazine, Romane usw. Unsere Gedanken, die gegenwärtig in solche Literatur vertieft sind, sollten auf die vedischen Schriften gelenkt werden. Die großen Weisen haben daher viele vedische Schriften, wie zum Beispiel die *Purāṇas,* verfasst. Die *Purāṇas* entspringen nicht der Phantasie irgendwelcher Menschen, sondern sind historische Aufzeichnungen. Im *Caitanya-caritāmṛta* (*Madhya* 20.122) finden wir den folgenden Vers:

māyā-mugdha jīvera nāhi svataḥ kṛṣṇa-jñāna
jīvere kṛpāya kailā kṛṣṇa veda-purāṇa

Die vergesslichen Lebewesen, die bedingten Seelen, haben ihre Beziehung zum Höchsten Herrn vergessen, und ihre Gedanken sind völlig von materiellen Tätigkeiten in Anspruch genommen. Nur um ihre Denkkraft auf den spirituellen Himmel zu lenken, hat Kṛṣṇa-dvaipāyana Vyāsa der Welt eine große Anzahl vedischer Schriften gegeben. Zunächst unterteilte er die Veden in vier Teile; dann erklärte er sie in den *Purāṇas,* und für weniger befähigte Menschen schrieb er das *Mahābhārata.* Im *Mahābhārata* ist die *Bhagavad-gītā* enthalten. Danach fasste er alle vedischen Schriften im *Vedānta-sūtra* zusammen und gab uns zur zukünftigen Wegweisung den natürlichen Kommentar zum *Vedānta-sūtra,* das *Śrīmad-Bhāgavatam.* Wir müssen unseren Geist ständig damit beschäftigen, diese vedischen Schriften zu lesen. Ebenso wie die Materialisten ständig damit beschäftigt sind, Zeitungen, Magazine und viele andere Arten materialistischer Literatur zu lesen, so müssen wir uns dem Lesen derjenigen Schriften widmen, die uns von Vyāsadeva gegeben wurden. So wird es für uns möglich sein, uns zur Stunde des Todes an den Höchsten Herrn zu erinnern. Dies ist der einzige Weg, den uns der Herr empfiehlt, und Er garantiert das Ergebnis: „Du wirst mich ohne Zweifel erreichen."

tasmāt sarveṣu kāleṣu
mām anusmara yudhya ca

mayy arpita-mano-buddhir
mām evaiṣyasy asaṁśayaḥ

„Daher, o Arjuna, solltest du immer an Mich in Meiner Form als Kṛṣṇa denken und zugleich deine vorgeschriebene Pflicht des Kämpfens erfüllen. Wenn du deine Tätigkeiten Mir weihst und deinen Geist und deine Intelligenz auf Mich richtest, wirst du Mich ohne Zweifel erreichen" (*Bhagavad-gītā* 8.7).

Kṛṣṇa rät Arjuna nicht, sich einfach nur an Ihn zu erinnern und seine Beschäftigung aufzugeben. Nein, der Herr schlägt niemals etwas Unpraktisches vor. In der materiellen Welt muss man arbeiten, um den Körper zu erhalten. Die menschliche Gesellschaft wird in Entsprechung zu den verschiedenen Beschäftigungen in vier soziale Klassen unterteilt: *brāhmaṇas* (die intelligente Klasse), *kṣatriyas* (die verwaltende Klasse), *vaiśyas* (die handeltreibende Klasse) und *śūdras* (die Arbeiter), und ihnen allen sind bestimmte Pflichten zugeordnet. In der menschlichen Gesellschaft muss man arbeiten, um seine Existenz zu erhalten, ganz gleich ob man Arbeiter, Kaufmann, Politiker oder Bauer ist oder als gebildeter Mensch, wie zum Beispiel als Schriftsteller, Wissenschaftler oder Theologe, der höchsten Klasse angehört. Deshalb sagt der Herr zu Arjuna, dass er seine Beschäftigung nicht aufzugeben brauche, dass er sich aber während der Ausführung seiner Pflichten an Ihn, Kṛṣṇa, erinnern solle *(mām anusmara)*. Wenn man sich nicht darin übt, an Kṛṣṇa zu denken, während man um seine Existenz kämpft, wird es einem nicht möglich sein, sich zum Zeitpunkt des Todes an Kṛṣṇa zu erinnern. Śrī Caitanya rät uns dasselbe: *kīrtanīyaḥ sadā hariḥ*. Er sagt, man solle sich darin üben, die Namen des Herrn immer zu chanten. Die Namen des Herrn und der Herr selbst sind nicht voneinander verschieden. Śrī Kṛṣṇas Unterweisung an Arjuna „Erinnere dich an Mich“ und Śrī Caitanyas Unterweisung „Chante immer die Namen Śrī Kṛṣṇas“ sind die gleiche Unterweisung. Es besteht kein Unterschied, weil Kṛṣṇa und Kṛṣṇas Name nicht voneinander verschieden sind. Auf der absoluten Ebene gibt es zwischen der Bezeichnung und dem Bezeichneten keinen Unterschied. Deshalb müssen wir uns darin üben, uns immer, vierundzwanzig Stunden am Tag, an Kṛṣṇa zu erinnern, indem wir Seinen Namen chanten und unser Leben so einrichten, dass wir uns ununterbrochen an Ihn erinnern können.

Wie ist dies möglich? Die *ācāryas* geben das folgende Beispiel: Wenn sich eine verheiratete Frau zu einem anderen Mann oder ein verheirateter Mann zu einer anderen Frau hingezogen fühlt, ist diese Beziehung sehr stark. In einem solchen Zustand denkt man ständig an den Geliebten oder die Geliebte. Die Frau, die mit ihren Gedanken ständig bei ihrem Geliebten weilt, denkt ständig daran, ihn zu treffen – selbst während sie ihre Haushaltspflichten erfüllt; ja, sie geht ihren Pflichten sogar noch sorgfältiger nach, damit ihr Ehemann keinen Verdacht schöpft. Ebenso sollten wir uns ständig an den höchsten Geliebten, Śrī Kṛṣṇa, erinnern und zur gleichen Zeit unseren materiellen Pflichten gewissenhaft nachkommen. Dazu ist ein starkes Gefühl der Liebe notwendig, aber wenn wir für den Höchsten Herrn starke Liebe empfinden, wird es uns möglich sein, unsere Pflicht zu erfüllen und uns zur gleichen Zeit an Ihn zu erinnern. Doch diese Neigung der Liebe muss entwickelt werden. Arjuna zum Beispiel dachte immer an Kṛṣṇa; er war der ständige Begleiter Kṛṣṇas, und gleichzeitig war er ein Krieger. Kṛṣṇa gab ihm nicht den Rat, das Kämpfen aufzugeben und in den Wald zu gehen, um zu meditieren. Śrī Kṛṣṇa erklärte Arjuna zwar das *yoga*-System, aber Arjuna sagte, dass es für ihn nicht möglich sei, dieses System zu praktizieren.

arjuna uvāca
yo 'yaṁ yogas tvayā proktaḥ
sāmyena madhusūdana
etasyāhaṁ na paśyāmi
cañcalatvāt sthitiṁ sthirām

Arjuna sagte: „O Madhusūdana, das Yogasystem, das Du zusammengefasst hast, erscheint mir undurchführbar und unerträglich, denn der Geist ist ruhelos und unstet" (*Bhagavad-gītā* 6.33).

Der Herr jedoch erklärt:

yogināṁ api sarveṣāṁ
mad-gatenāntar-ātmanā
śraddhāvān bhajate yo māṁ
sa me yukta-tamo mataḥ

„Von allen Yogis ist derjenige am engsten mit Mir in Yoga vereint, der mit starkem Glauben immer in Mir weilt, im Innern an Mich denkt und Mir transzendentalen liebenden Dienst darbringt, und er ist der höchste von allen. Dies ist Meine Meinung" (*Bhagavad-gītā* 6.47).

Wer also ständig an den Höchsten Herrn denkt, ist gleichzeitig der größte Yogi, der hervorragendste *jñānī* und der erhabenste Gottgeweihte. Des Weiteren sagt Kṛṣṇa zu Arjuna: „Als *kṣatriya* kannst du das Kämpfen nicht aufgeben, aber wenn du am Kampf teilnimmst und dich gleichzeitig immer an Mich erinnerst, wirst du imstande sein, dich auch in der Todesstunde an Mich zu erinnern.“ Dafür ist es jedoch notwendig, dass man sich mit völliger Ergebenheit im transzendentalen liebenden Dienst des Herrn beschäftigt.

Eigentlich sind wir nicht mit unserem Körper tätig, sondern mit unserem Geist und unserer Intelligenz. Wenn unsere Intelligenz und unser Geist immer mit Gedanken an den Höchsten Herrn beschäftigt sind, sind die Sinne natürlicherweise auch in Seinem Dienst beschäftigt. Oberflächlich betrachtet mag es vielleicht so aussehen, als seien die Sinnestätigkeiten dieselben geblieben, doch im Bewusstsein hat sich ein Wandel vollzogen. Die *Bhagavad-gītā* lehrt uns, wie man den Geist und die Intelligenz darin vertiefen kann, ständig an den Herrn zu denken. Solche Vertiefung wird einen befähigen, in das Königreich des Herrn erhoben zu werden. Wenn der Geist in Kṛṣṇas Dienst beschäftigt ist, dann sind auch die Sinne automatisch in Seinem Dienst beschäftigt. Darin besteht die ganze Kunst, und darin besteht auch das Geheimnis der *Bhagavad-gītā:* sich vollständig in Gedanken an Śrī Kṛṣṇa zu vertiefen.

Der moderne Mensch hat sich sehr angestrengt, um den Mond zu erreichen, aber dabei hat er es versäumt, sich um spirituelle Erhebung zu bemühen. Wenn man noch fünfzig Jahre vor sich hat, sollte man diese kurze Zeitspanne verwenden, um sich an die Höchste Persönlichkeit Gottes zu erinnern und sich in diesen Vorgang zu vertiefen. Dies ist der Vorgang des hingebungsvollen Dienstes:

śravaṇaṁ kīrtanaṁ viṣṇoḥ
smaraṇaṁ pāda-sevanam

arcanaṁ vandanaṁ dāsyaṁ
sakhyam ātma-nivedanam
(*Śrīmad-Bhāgavatam* 7.5.23)

Durch diese neun Vorgänge, von denen *śravaṇam,* das Hören der *Bhagavad-gītā* von einer selbstverwirklichten Person, der leichteste ist, werden unsere Gedanken auf das Höchste Wesen gerichtet. Dies wird uns helfen, uns an den Höchsten Herrn zu erinnern, und das wiederum befähigt uns, beim Verlassen des gegenwärtigen Körpers einen spirituellen Körper zu erhalten, der für die Gemeinschaft mit dem Höchsten Herrn geeignet ist.

Der Herr sagt des Weiteren:

abhyāsa-yoga-yuktena
cetasā nānya-gāminā
paramaṁ puruṣaṁ divyaṁ
yāti pārthānucintayan

„Derjenige, der über Mich als die Höchste Persönlichkeit Gottes meditiert und dessen Geist sich ständig an Mich erinnert, ohne von diesem Pfad abzuweichen, er, o Arjuna, wird Mich mit Sicherheit erreichen" (*Bhagavad-gītā* 8.8).

Dieser Vorgang ist nicht sehr schwierig, aber man muss ihn von jemandem erlernen, der darin bereits erfahren ist. *Tad-vijñānārthaṁ sa gurum evābhigacchet:* Man muss sich an jemanden wenden, der auf diesem Pfad fest verankert ist. Der Geist wandert ständig hin und her, und man muss sich darin üben, die Gedanken immer auf die Gestalt des Höchsten Herrn, Śrī Kṛṣṇa, oder auf den Klang Seines Namens zu konzentrieren. Der Geist ist von Natur aus ruhelos und flatterhaft, doch in der Klangschwingung von Kṛṣṇas Namen kann er Ruhe finden. Man muss also über den *paramaṁ puruṣam,* die Höchste Persönlichkeit Gottes im spirituellen Königreich, dem spirituellen Himmel, meditieren, und auf diese Weise wird man Ihn erreichen. Die Methoden und die Mittel zur höchsten Verwirklichung, zum endgültigen Ziel, werden alle in der *Bhagavad-gītā* aufgeführt, und die Tore zu diesem Wissen stehen jedem offen. Niemand ist ausgeschlossen. Alle Klassen von Menschen können Śrī Kṛṣṇa näherkommen, einfach indem sie an Ihn denken, denn über Ihn zu hören und an Ihn zu denken ist für jeden möglich.

In diesem Zusammenhang sagt der Herr (*Bhagavad-gītā* 9.32–33):

māṁ hi pārtha vyapāśritya
ye 'pi syuḥ pāpa-yonayaḥ
striyo vaiśyās tathā śūdrās
te 'pi yānti parāṁ gatim

kiṁ punar brāhmaṇāḥ puṇyā
bhaktā rājarṣayas tathā
anityam asukhaṁ lokam
imaṁ prāpya bhajasva mām

Der Herr sagt, dass sogar ein Handeltreibender, eine gefallene Frau oder ein Arbeiter oder sogar Menschen auf der niedrigsten Stufe des Daseins den Höchsten erreichen können. Man braucht nicht hochintelligent zu sein. Hier wird betont, dass jeder, der sich den Prinzipien des *bhakti-yoga* unterordnet und den Höchsten Herrn als das *summum bonum* des Lebens, den höchsten Bestimmungsort und das oberste Ziel anerkennt, den Herrn im spirituellen Himmel erreichen kann. Wenn man den Prinzipien folgt, die in der *Bhagavad-gītā* niedergelegt sind, kann man sein Leben zur Vollkommenheit führen und eine endgültige Lösung für alle Probleme des Lebens schaffen. Dies ist der Inhalt und die Essenz der gesamten *Bhagavad-gītā*.

Die Schlussfolgerung lautet daher, dass es sich bei der *Bhagavad-gītā* um eine transzendentale Schrift handelt, die man sehr sorgfältig lesen sollte. *Gītā-śāstram idaṁ puṇyaṁ yaḥ paṭhet prayataḥ pumān:* Wer den Anweisungen der *Bhagavad-gītā* richtig nachkommt, kann von allen Leiden und Sorgen des Lebens frei werden. *Bhaya-śokādi-varjitaḥ*. In diesem Leben wird er von allen Ängsten befreit, und sein nächstes Leben wird spirituell sein. (*Gītā-māhātmya* 1)

Der zweite Vers der *Gītā-māhātmya* beschreibt einen weiteren Nutzen:

gītādhyāyana-śīlasya
prāṇāyāma-parasya ca
naiva santi hi pāpāni
pūrva-janma-kṛtāni ca

„Wer die *Bhagavad-gītā* aufrichtig und mit aller Ernsthaftigkeit liest, dem werden durch die Gnade des Herrn die Reaktionen auf seine vergangenen Missetaten nichts anhaben können" (*Gītā-māhātmya* 2).

Der Herr erklärt dies im letzten Teil der *Bhagavad-gītā* (18.66) sehr deutlich:

sarva-dharmān parityajya
mām ekaṁ śaraṇaṁ vraja

ahaṁ tvāṁ sarva-pāpebhyo
mokṣayiṣyāmi mā śucaḥ

„Gib alle Arten von Religion auf, und ergib dich einfach Mir. Ich werde dich von allen sündhaften Reaktionen befreien. Fürchte dich nicht."

Wenn sich jemand dem Herrn ergibt, übernimmt der Herr alle Verantwortung für ihn, und Er beschützt einen solchen Menschen vor allen sündhaften Reaktionen.

mala-nirmocanaṁ puṁsāṁ
jala-snānaṁ dine dine
sakṛd gītāmṛta-snānaṁ
saṁsāra-mala-nāśanam

„Man kann den Körper rein halten, indem man täglich ein Bad nimmt, doch wer nur einmal ein Bad im heiligen Gangeswasser der *Bhagavad-gītā* nimmt, wäscht mit einem Mal allen Schmutz des materiellen Lebens fort" (*Gītā-māhātmya* 3).

gītā su-gītā kartavyā
kim anyaiḥ śāstra-vistaraiḥ
yā svayaṁ padmanābhasya
mukha-padmād viniḥsṛtā

„Weil die *Bhagavad-gītā* die Worte der Höchsten Persönlichkeit Gottes sind, braucht man keine andere vedische Schrift zu lesen. Es ist ausreichend, nur die *Bhagavad-gītā* aufmerksam und regelmäßig zu hören und zu lesen. In der heutigen Zeit sind die Menschen so sehr von weltlichen Tätigkeiten in Anspruch genommen, dass es ihnen nicht möglich ist, alle vedischen Schriften zu lesen. Aber das ist auch nicht nötig. Dieses eine Buch, die *Bhagavad-gītā,* wird ausreichen, weil es die Essenz aller vedischen Schriften ist und vor allem weil es von der Höchsten Persönlichkeit Gottes gesprochen wurde" (*Gītā-māhātmya* 4).

bhāratāmṛta-sarvasvaṁ
viṣṇu-vaktrād viniḥsṛtam
gītā-gaṅgodakaṁ pītvā
punar janma na vidyate

„Jemand, der das Wasser des Ganges trinkt, erreicht Erlösung. Was also erreicht erst jemand, der den Nektar der *Bhagavad-gītā* trinkt? Die *Bhagavad-gītā* ist der reine Nektar des *Mahābhārata,* und sie wurde von Śrī Kṛṣṇa selbst, dem ursprünglichen Viṣṇu, gesprochen" (*Gītā-māhātmya* 5).

Die *Bhagavad-gītā* stammt aus dem Mund des Höchsten Herrn, und vom Ganges sagt man, dass er von Seinen Lotosfüßen ausgehe. Natürlich gibt es zwischen dem Mund und den Füßen des Höchsten Herrn keinen Unterschied, doch bei einer objektiven Untersuchung kommt man zu dem Schluss, dass die *Bhagavad-gītā* sogar noch wichtiger ist als das Wasser des Ganges.

sarvopaniṣado gāvo
dogdhā gopāla-nandanaḥ
pārtho vatsaḥ su-dhīr bhoktā
dugdhaṁ gītāmṛtaṁ mahat

„Die *Gītopaniṣad,* die *Bhagavad-gītā,* ist die Essenz aller Upaniṣaden. Sie wird mit einer Kuh verglichen, und Śrī Kṛṣṇa, der als

Kuhhirtenjunge berühmt ist, melkt diese Kuh. Arjuna ist wie das Kalb, und die großen Gelehrten und reinen Gottgeweihten sind dazu ausersehen, die nektargleiche Milch der *Gītā* zu trinken" (*Gītā-māhātmya* 6).

ekaṁ śāstraṁ devakī-putra-gītam
eko devo devakī-putra eva
eko mantras tasya nāmāni yāni
karmāpy ekaṁ tasya devasya sevā

(*Gītā-māhātmya* 7)

In der heutigen Zeit sind die Menschen sehr bestrebt, nur eine Schrift, einen Gott, eine Religion und eine Tätigkeit zu haben. Deswegen heißt es hier: *ekaṁ śāstraṁ devakī-putra-gītam.* Möge es nur eine Schrift, eine gemeinsame Schrift für die ganze Welt, geben – die *Bhagavad-gītā. Eko devo devakī-putra eva:* Möge es nur einen Gott für die ganze Welt geben – Śrī Kṛṣṇa. *Eko mantras tasya nāmāni:* und eine Hymne, ein Mantra, ein Gebet – das Chanten Seines Namens: Hare Kṛṣṇa, Hare Kṛṣṇa, Kṛṣṇa Kṛṣṇa, Hare Hare / Hare Rāma, Hare Rāma, Rāma Rāma, Hare Hare. *Karmāpy ekaṁ tasya devasya sevā:* Und möge es nur eine Tätigkeit geben – den Dienst an der Höchsten Persönlichkeit Gottes.

Anhang

Der Autor

His Divine Grace A.C. Bhaktivedanta Swami Prabhupāda erschien in dieser Welt im Jahre 1896 in Kalkutta, wo er 1922 zum ersten Mal seinem spirituellen Meister, Śrīla Bhaktisiddhānta Sarasvatī Gosvāmī, begegnete. Bhaktisiddhānta Sarasvatī, ein bekannter, gottergebener Gelehrter und Gründer von 64 vedischen Instituten, die als Gauḍīya Maṭhas bekannt wurden, fand Gefallen an dem gebildeten jungen Mann und überzeugte ihn, sein Leben der Lehre vedischen Wissens zu widmen. Śrīla Prabhupāda wurde sein Schüler und empfing 1933 die formelle Einweihung.

Śrīla Bhaktisiddhānta Sarasvatī bat Śrīla Prabhupāda bereits bei ihrer ersten Begegnung, das vedische Wissen in englischer Sprache zu verbreiten. In den darauffolgenden Jahren verfasste Śrīla Prabhupāda einen Kommentar zur *Bhagavad-gītā* und unterstützte die Bewegung seines spirituellen Meisters in ihrer Mission. 1944 gründete er das *Back to Godhead,* ein vierzehntägliches Magazin in englischer Sprache, welches er eigenhändig verfasste, produzierte, finanzierte und vertrieb.

Dieses Magazin wird heute von seinen Schülern weitergeführt und in vielen Sprachen veröffentlicht.

Als Anerkennung für Śrīla Prabhupādas philosophische Gelehrtheit und Hingabe ehrte ihn die Gauḍīya-Vaiṣṇava-Gesellschaft 1947 mit dem Titel „Bhaktivedanta". Im Jahre 1950 zog sich Śrīla Prabhupāda aus dem Familienleben zurück. Vier Jahre später trat er in den *vānaprastha*-Stand (Leben in Zurückgezogenheit) ein, um seinen Studien und seiner Schreibtätigkeit mehr Zeit widmen zu können. Bald danach begab er sich zu dem heiligen Ort Vṛndāvana in der Nähe von Agra, wo er unter bescheidensten Verhältnissen im mittelalterlichen Rādhā-Dāmodara-Tempel lebte. Dort verbrachte er mehrere Jahre mit eingehenden Studien und dem Schreiben. 1959 trat er in den Lebensstand der Entsagung *(sannyāsa)* ein. Im Rādhā-Dāmodara-Tempel begann er mit der Arbeit an seinem Lebenswerk – einer vielbändigen, kommentierten Übersetzung des 18 000 Verse umfassenden *Śrīmad-Bhāgavatam (Bhāgavata Purāṇa)*. Dort entstand auch das Buch *Easy Journey to Other Planets*.

Nachdem er drei Bände des *Śrīmad-Bhāgavatam* veröffentlicht hatte, reiste er 1965 in die USA, um die Mission seines spirituellen Meisters zu erfüllen. In der Folge schrieb er mehr als 50 Bände autoritativer, kommentierter Übersetzungen und zusammenfassender Studien der wichtigsten philosophischen und religiösen Klassiker Indiens.

Als Śrīla Prabhupāda per Frachtschiff im Hafen von New York ankam, war er so gut wie mittellos. Erst im Juli 1966, nach fast einem Jahr voller Schwierigkeiten, gründete er die Internationale Gesellschaft für Krishna-Bewusstsein (ISKCON). Bis zu seinem Verscheiden am 14. November 1977 hatte er die Gesellschaft persönlich geleitet und konnte miterleben, wie sie sich zu einer weltweiten Bewegung mit über einhundert *āśramas,* Schulen, Tempeln und Farmgemeinschaften entwickelte.

1972 führte Śrīla Prabhupāda mit der Gründung einer *gurukula*-Schule in Dallas das vedische System der Elementar- und Sekundarausbildung in der westlichen Welt ein. Seitdem haben seine Schüler weltweit viele ähnliche Schulen eröffnet.

Auch in Indien veranlasste Śrīla Prabhupāda den Bau verschiedener internationaler, kultureller Zentren. In Māyāpur in Westbengalen bauen die Gottgeweihten nun eine spirituelle Stadt am Ganges, die um einen großen Tempel angelegt ist; ein ambitioniertes Projekt, dessen Fertigstellung noch mehrere Jahre in Anspruch nehmen wird. In Vṛndāvana, im Norden Indiens, gibt es den prächtigen und vielbesuchten Krishna-Balarama-Tempel sowie ein internationales Gästehaus, eine *gurukula*-Schule, Śrīla Prabhupādas Mausoleum und ein Museum. Auch in Mumbai, Delhi, Tirupati, Ahmedabad, Siliguri, Ujjain und vielen anderen indischen Orten gibt es Tempel, kulturelle Zentren und Farmgemeinschaften, die von Śrīla Prabhupāda geplant wurden.

Śrīla Prabhupādas wichtigster Beitrag sind jedoch seine Bücher. Von Gelehrten wegen ihrer Autorität, Tiefe und Klarheit geschätzt, werden sie als Lehrbücher in zahlreichen Universitäten und Seminaren benutzt. Seine Werke wurden bereits in über 80 Sprachen übersetzt. Die *Bhagavad-gītā wie sie ist* ist mittlerweile in 60 Sprachen erhältlich. Der von Śrīla Prabhupāda im Jahre 1972 gegründete Bhaktivedanta Book Trust (BBT) hat sich zum weltweit größten Verlag für religiöse und philosophische Literatur Indiens entwickelt.

Glossar

Arjuna – der Freund und Vertraute Śrī Kṛṣṇas, der auf dem Schlachtfeld von Kurukṣetra von Ihm die *Bhagavad-gītā* hörte.

Āśramas – die vier spirituellen Unterteilungen der vedischen Gesellschaft: 1) im Zölibat lebender Student der vedischen Schriften, 2) Haushälter, 3) in Zurückgezogenheit Lebender und 4) in Entsagung Lebender.

Ātmā – von √ *an* = hauchen, atmen; das Selbst, die Seele. *Siehe auch: Jīvātmā, Mahātmā,* Paramātmā.

Avatāra – von der Vorsilbe *ava-* = herab und √ *tṛ* = überqueren; wörtlich: »jemand, der herabsteigt«; gemeint ist eine göttliche Erscheinungsform, die auf die Erde herabkommt.

Bhagavad-gītā – das Gespräch zwischen dem Höchsten Herrn, Śrī Kṛṣṇa, und Seinem Geweihten Arjuna, mit grundlegenden Unterweisungen zum spirituellen Leben.

Bhakti-yoga – Verbindung mit dem Höchsten Herrn durch hingebungsvollen Dienst.

Brahmacārī – im Zölibat lebender Student der vedischen Schriften; erste Stufe der vier spirituellen Ordnungen.

Brahman – die Absolute Wahrheit; insbesondere der unpersönliche Aspekt des Absoluten.

Brāhmaṇa – Mitglied der ersten vedischen Gesellschaftsklasse (Priester, Lehrer und Intellektuelle).

Caitanya Mahāprabhu – Inkarnation Kṛṣṇas; vor etwas über 500 Jahren in Bengalen erschienen, um das Singen der heiligen Namen des Herrn als die Methode der Gotteserkenntnis für das gegenwärtige Zeitalter des Kali einzuführen.

Goloka Vṛndāvana – der höchste spirituelle Planet; Śrī Kṛṣṇas persönliches Reich.

Gopīs – „Kuhhirtinnen", Kṛṣṇas Freundinnen in Vṛndāvana, Seine vertrautesten Geweihten.

Gosvāmīs, sechs – Rūpa, Sanātana, Raghunātha Dāsa, Gopāla Bhaṭṭa, Raghunātha Bhaṭṭa und Jīva Gosvāmī; direkte Nachfolger Śrī Caitanya Mahāprabhus, die von Ihm ermächtigt waren, Seine Mission auf der ganzen Welt zu verbreiten.

Govinda – Śrī Kṛṣṇa, „derjenige, der den Kühen, dem Land und den Sinnen Freude spendet".

Gṛhastha – ein Haushälter, Mitglied des zweiten Standes des vedischen spirituellen Lebens.

Guṇa – wörtlich „Seil"; bezeichnet die drei grundlegenden Kräfte der materiellen Natur (*prakṛti*): *sattva-guṇa*

(Reinheit, Tugend), *rājo-guṇa* (Leidenschaft) und *tamo-guṇa* (Trägheit, Dunkelheit, Unwissenheit).

Jīvātmā – von √ *jiv* = leben und *ātmā* = die Seele; das individuelle Lebewesen. *Siehe auch: Ātmā, Mahātmā,* Paramātmā.

Jñāna-yoga – Verbindung mit dem Höchsten durch die Kultivierung von Wissen.

Jñānīs – diejenigen auf dem Pfade des *jñāna-yoga.*

Kali-yuga – das Zeitalter des Streites und der Heuchelei, das vor 5000 Jahren begann und noch 427 000 Jahre andauern wird.

Karma – von √ *kṛ* = handeln; »Handlung«; bezeichnet auch das vedische Opfer und das Gesetz von Aktion und Reaktion. Laut *Bhagavad-gītā* tragen Handlungen, die ohne selbstischen Wunsch ausgeführt werden, keine karmische Reaktion.

Karma-yoga – Verbindung mit dem Höchsten, indem man Ihm die Früchte seiner Arbeit darbringt.

Kīrtana – das Chanten der heiligen Namen.

Kṛṣṇaloka – *Siehe:* Goloka Vṛndāvana.

Kṣatriyas – Krieger, Staatsmänner; die zweite vedische Gesellschaftsschicht.

Mahā-mantra – der große Gesang der Befreiung: Hare Kṛṣṇa, Hare Kṛṣṇa, Kṛṣṇa Kṛṣṇa, Hare Hare / Hare Rāma, Hare Rāma, Rāma Rāma, Hare Hare.

Mahātmā – große Seelen, die stets damit beschäftigt sind, Kṛṣṇa zu verehren. *Siehe auch: Ātmā, Jīvātmā,* Paramātmā.

Mantra – eine Klangschwingung, die den Geist von Illusion befreien kann.

Manu – von √ *man* = denken, wahrnehmen, begreifen; Mensch (der Mensch gilt als jemand, der erkenntnisfähig ist und philosophische Betrachtungen anstellt), Menschheit; der Stammvater der Menschen. Es wird zwischen vierzehn Manus unterschieden, die jeweils am Anfang einer neuen Menschheit stehen. Manu gilt auch als Verfasser des indischen Gesetzbuches *Manu-saṁhitā.*

Māyā – die materielle Energie, die täuschende Energie des Höchsten Herrn.

Nṛsiṁhadeva – die Erscheinungsform Śrī Viṣṇus als Menschlöwe, der Seinen Geweihten Prahlāda beschützte und den Dämon Hiraṇyakaśipu tötete.

Paramātmā – Gott in Seiner ewigen Gestalt als Überseele, der im Körper aller Geschöpfe und im gesamten Kosmos gegenwärtig ist.

Prakṛti – die materielle Natur, bestehend aus den drei *guṇas.*

Puruṣa – Mensch, Person, Mann, Geist, Seele, Weltgeist; Grundbegriff des *sāṅkhya. Siehe auch: Sāṅkhya.*

Rādhā – die persönliche Gefährtin Śrī Kṛṣṇas, Seine ewige Freudenenergie.

Sāṅkhya – philosophisches System, das dem Yoga nahesteht. *Puruṣa* (Geist) und *prakṛti* (Materie) sind die beiden Urbausteine dieses Weltbilds. Wenn sie zusammenfinden, entfaltet sich die Natur, angefangen von den drei *guṇas,* vom Feinen ins Grobe. Ziel ist es, dem Einfluss der drei *guṇas* (Erscheinungsweisen der Natur) durch Erkenntnis der Dualität von *prakṛti* und *puruṣa* zu entkommen; dann bildet sich die Entfaltung der Natur zurück, vom Groben ins Feine, sodass am Schluss *mukti,* das Ende des *saṁsāra,* erreicht ist. Der Begründer dieses Systems ist Kapila Muni. *Siehe auch: Prakṛti, Puruṣa.*

Sannyāsī – jemand auf der Lebensstufe der Entsagung; die höchste der vier spirituellen Entwicklungsstufen in der vedischen Gesellschaft.

Śāstras – offenbarte Schriften.

Śrīmad-Bhāgavatam – das „makellose Purāṇa", in dem die gesamte Wissenschaft des Gottesbewusstseins dargelegt ist, ohne eine Spur weltlicher Religiosität.

Śyāmasundara – der dunkle, wunderschöne Knabe von Vṛndāvana, Śrī Kṛṣṇa.

Vaiṣṇava – Verehrer des Höchsten Herrn, Viṣṇus.

Veden – die ursprünglichen offenbarten Schriften.

Viṣṇu – der Höchste Herr in Seinem Aspekt als der Herr Vaikuṇṭhas.

Vṛndāvana – das Dorf, in dem Śrī Kṛṣṇa Seine vertraulichsten Spiele offenbarte. *Siehe auch:* Goloka Vṛndāvana.

Yogi – jemand, der nach einer Verbindung mit dem Höchsten strebt oder diese erreicht hat.

Yugas – die vier Weltalter, die zusammengenommen einen Zyklus von 4 320 000 Jahren ergeben.

Kurzanleitung zur Aussprache des Sanskrits

In Indien wird Sanskrit meist mithilfe der Zeichen des Devanagari-Alphabets geschrieben, das 48 Buchstaben, nämlich 13 Vokale und 35 Konsonanten, umfasst und nach präzisen linguistischen Prinzipien zusammengestellt wurde. Im vorliegenden Buch wird die international anerkannte IAST-Umschrift verwendet. Die nachfolgenden Wortbeispiele sind fast immer nur Annäherungen.

Der kurze Vokal **a** wird wie das **a** in h**a**t ausgesprochen; das lange **ā** wie das **a** in h**a**ben und das kurze **i** wie das **i** in b**i**tten. Das lange **ī** wird wie das **i** in B**i**bel ausgesprochen, das kurze **u** wie das **u** in B**u**tter und das lange **ū** wie das **u** in H**u**t. Der Vokal **ṛ** wird wie das **ri** in **ri**nnen ausgesprochen. Der Vokal **e** wird wie das **e** in **e**wig ausgesprochen; **ai** wie in W**ai**se; **o** wie in h**o**ch und **au** wie in H**au**s. Beim *anusvāra* (**ṁ**) wird der vorausgehende Vokal nasalisiert, wie in Go**ng**. In den meisten Fällen ist der *visarga* (**ḥ**) ein abschließender Hauch, ein leichtes Ausatmen. Wenn der *visarga* allerdings am Ende einer Sanskritzeile steht, ist er ein abschließender h-Laut, bei dem der direkt vorangehende Vokallaut wie eine Art abgeschwächtes Echo wiederholt wird: **aḥ** wird dann ausgesprochen wie **ah(a)**, **iḥ** wie **ih(i)**, **auḥ** wie **auh(u)** usw.

Die gutturalen Konsonanten – **k, kh, g, gh** und **ṅ** – werden in ähnlicher Weise wie die deutschen Kehllaute gebildet. **K** wird ausgesprochen wie in **k**ann, **kh** wie in Sa**ckh**üpfen, **g** wie in **g**eben, **gh** wa**gh**alsig und **ṅ** wie in si**ng**en. Die Gaumenlaute – **c, ch, j, jh** und **ñ** – werden vom Gaumen aus mit der Mitte der Zunge gebildet. **C** wird ausgesprochen wie das **tsch** in **Tsch**eche, **ch** wie in rut**schh**emmend, **j** wie das **dsch** in **Dsch**ungel, **jh** wie im engl. he**dge-h**og und **ñ** wie in Ca**ny**on. Die dentalen Konsonanten – **t, th, d, dh** und **n** – werden gebildet, indem man die Zungenspitze gegen die Zähne drückt. **T** wird ausgesprochen wie in **T**al, **th** wie in Sanf**th**eit, **d** wie in **d**ann, **dh** wie in Sü**dh**älfte und **n** wie in **N**atter. Die zerebralen Konsonanten – **ṭ, ṭh, ḍ, ḍh** und **ṇ** – werden in gleicher Weise gebildet wie die dentalen, aber bei ihnen berührt die Zungenspitze den oberen Gaumen. Die labialen Konsonanten – **p, ph, b, bh** und **m** – werden mit den Lippen gebildet. **P** wird ausgesprochen wie in **P**astor, **ph** wie in Schla**pph**ut, **b** wie in **B**all, **bh** wie in Klu**bh**aus, wobei das h als Hauchlaut hörbar ist, und **m** wie in **M**alz. Die Halbvokale – **y, r, l** und **v** – werden ausgesprochen wie in **Y**oga, **R**avioli (wie das italienische r), **l**achen, **V**ene.

Die Zischlaute – **ś, ṣ** und **s** – werden ausgesprochen wie in **s**prechen, **sch**ön und fa**s**ten. Der Buchstabe **h** wird ausgesprochen wie in **h**elfen.

Bhakti-yoga zu Hause

Nach alledem, was Sie in diesem Buch gelesen haben, werden Sie sich vielleicht fragen, wie Sie praktisch mit Ihrem spirituellen Leben beginnen können. Den Pfad des *bhakti-yoga,* der Hingabe an Gott, kann man auf ganz individuelle Weise beschreiten. In einem Kṛṣṇa-Tempel hat man die Möglichkeit, die vedische Philosophie zu studieren und verschiedene Aspekte der vedischen Kultur, wie z. B. Musik und Meditation, zu erlernen. Größtenteils wird *bhakti-yoga* aber zu Hause, in der Familie, von Menschen aller Altersgruppen und aller Gesellschaftsschichten praktiziert. Entscheidend ist beim *bhakti-yoga* eigentlich nur, dass man sein ursprüngliches Gottes- oder Kṛṣṇa-Bewusstsein, d.h. seine ursprüngliche Liebe zu Gott, wiedererweckt. Dabei sind gewisse grundlegende Richtlinien, die von den *bhakti-yogīs* seit Jahrtausenden befolgt werden, sehr hilfreich. Auf den nun folgenden Seiten werden die wichtigsten Übungen des *bhakti-yoga* beschrieben, nämlich das Chanten der heiligen Namen Gottes und das Weihen der täglichen Nahrung.

Das Chanten des Hare-Kṛṣṇa-Mantra

„Es ist das Wesen des Hare-Kṛṣṇa-*mahā-mantra,* dass in jedem, der es chantet, augenblicklich ekstatische Liebe zu Kṛṣṇa erwacht" (*Śrī Caitanya-caritāmṛta, Ādi-līlā* 7.83).

Es gibt keine starren Regeln für das Chanten des Hare-Kṛṣṇa-Mantra. Das Schöne an dieser Mantra-Meditation ist, dass man sie jederzeit und überall ausführen kann: zu Hause, bei der Arbeit, unterwegs usw.

Beim Chanten des Hare-Kṛṣṇa-Mantra unterscheidet man grundsätzlich zwischen zwei Formen: *japa* und *kīrtana. Japa* bezieht sich auf die individuelle Meditation, bei der man auf einer Holzperlenkette chantet, und *kīrtana* bezieht sich auf das gemeinsame Singen in einer Gruppe. Beides sind empfohlene Formen der Mantra-Meditation, und sie ergänzen sich ideal.

Japa

Das Einzige, was man für diese Form der Meditation braucht, ist eine Holzperlenkette. Solche *japa*-Ketten kann man in jedem Hare-Kṛṣṇa-Tempel bekommen, oder man kann sie auch selbst herstellen, was sehr einfach ist, wie Sie aus der folgenden Beschreibung ersehen können:

1. Sie brauchen 109 Holzperlen, die Sie in jedem Bastelgeschäft kaufen können. Die Perlen (mit einem Durchmesser von etwa 1–2 cm) müssen durchbohrt sein, damit sie auf eine Schnur aufgezogen werden können. Je nach Größe der Holzperlen brauchen Sie etwa 3–5 m Schnur.

2. Machen Sie etwa 15 cm vom Schnurende entfernt einen Knoten, und beginnen Sie dann, die Holzperlen aufzuzie-

hen. Machen Sie zwischen jeder Perle einen Knoten oder Doppelknoten (*Abbildung* 1).

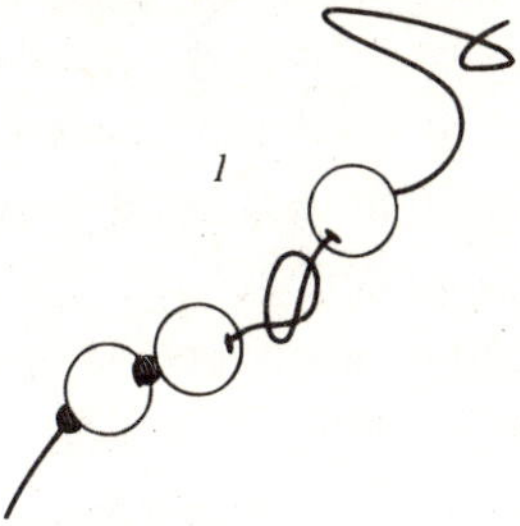

1

2

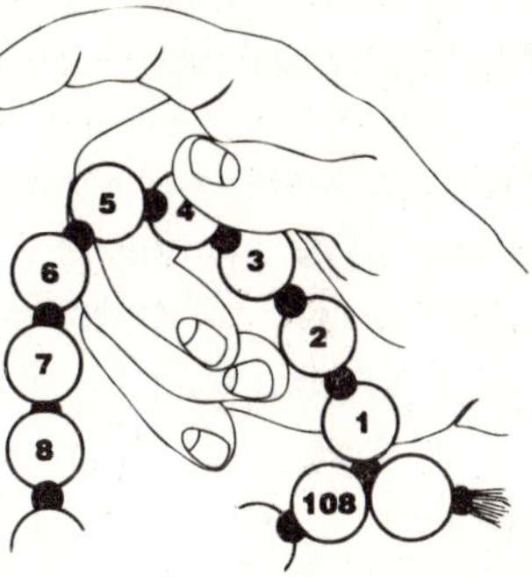

3

3. Wenn Sie auf diese Weise 108 Perlen aufgezogen haben, können Sie die beiden Schnurenden durch die 109. Perle ziehen. Diese wird *Kṛṣṇa-Perle* genannt und sollte die größte von allen sein (*Abbildung* 2). Machen Sie nach dieser 109. Perle mit beiden Schnurenden den abschließenden Knoten und schneiden Sie den Rest der Schnur ab. Nun haben Sie Ihre eigene Meditationskette.

Wie man auf der Meditationskette chantet

Nehmen Sie Perle Nr. 1 (nicht die Kṛṣṇa-Perle) zwischen Daumen und Mittelfinger Ihrer rechten Hand (*Abbildung* 3) und chanten Sie einmal das vollständige Hare-Kṛṣṇa-Mantra:

Hare Kṛṣṇa, Hare Kṛṣṇa, Kṛṣṇa Kṛṣṇa, Hare Hare
Hare Rāma, Hare Rāma, Rāma Rāma, Hare Hare

Nehmen Sie danach die nächste Perle zwischen dieselben zwei Finger, chanten Sie wieder das vollständige Mantra, und gehen Sie auf diese Weise von Perle zu Perle, bis Sie auf jeder der 108 Perlen einmal das Mantra gesprochen haben. Wenn Sie bei der Kṛṣṇa-Perle anlangen, haben Sie *eine Runde* gechantet. Um die nächste Runde zu beginnen, wechseln Sie auf der Kette die Richtung, ohne über die Kṛṣṇa-Perle hinwegzugehen.

Das Chanten auf einer *japa*-Kette hilft uns, regelmäßig ein bestimmtes Minimum an Meditation auszuführen. Es erleichtert auch die Konzentration auf das Mantra, weil zusätzlich der Tastsinn im Vorgang der Meditation beschäftigt wird.

Man kann überall *japa* chanten, und auch die Lautstärke kann unterschiedlich sein. Wichtig jedoch ist, dass Sie jedes Mantra vollständig und deutlich aussprechen, sodass Sie die spirituelle Klangschwingung klar und bewusst hören. Sie werden sehen, dass es oft nicht leicht ist, sich auf das Mantra zu konzentrieren, denn die Gedanken haben die Tendenz, sich „eigenmächtig" einzuschalten und abzuschweifen. Das Chanten ist jedoch eine solch wunderbare Meditation, dass dadurch auch Konzentration und Willenskraft gestärkt werden. Fahren Sie also einfach fort und versuchen Sie immer wieder, die Gedanken auf die Klangschwingung zu richten und jedes Mantra deutlich auszusprechen. Flüssiger (aber immer noch deutlich) zu chanten kann ebenfalls eine Hilfe sein, um die Konzentration auf das Mantra zu vergrößern.

Man kann zu jeder Tageszeit *japa* chanten, aber die vedischen Schriften weisen darauf hin, dass die Morgenstunden für die Meditation am förderlichsten sind. Die Erfahrung hat gezeigt, dass es sehr hilfreich ist, wenn man sich jeden Tag zur gleichen Stunde die nötige Zeit reserviert und sich ein gewisses

Minimum an Runden vornimmt (das heißt, man kann immer mehr chanten, wenn sich die Gelegenheit ergibt, aber man nimmt sich vor, nie weniger als das Minimum zu chanten). Dieses regelmäßige Chanten gibt unserer Meditation eine solide Grundlage. Fangen Sie mit einem Minimum von ein oder zwei Runden pro Tag an, und allmählich können Sie die Anzahl der Runden erhöhen. Das tägliche Minimum für die Mitglieder der Bewegung für Kṛṣṇa-Bewusstsein beträgt sechzehn Runden, was ungefähr zwei Stunden beansprucht.

Da die Gebetsperlen heilig sind, sollten sie nicht den Boden berühren oder an einen unsauberen Ort gelegt werden. Zum Schutz trägt man sie am besten in einem Gebetsbeutel, einem speziellen Stoffbeutel, den man in jedem Tempel kaufen kann.

Kīrtana

Kīrtana bedeutet, das Hare-Kṛṣṇa-Mantra in einer Gruppe zu singen. Das kann man überall tun – zu Hause, gemeinsam mit der Familie oder mit Freunden, im Wald usw. *Kīrtana* kann im Sitzen oder im Stehen durchgeführt werden. Die Geweihten Kṛṣṇas sind berühmt dafür, dass sie, gemäß dem Vorbild Śrī Caitanya Mahāprabhus, *kīrtana* auch in Form von öffentlichen Prozessionen in den Städten abhalten. Für gewöhnlich singt beim *kīrtana* jemand zuerst das Hare-Kṛṣṇa-Mantra vor, worauf die anderen das Mantra genauso nachsingen.

Der Vorteil von *kīrtana* ist, dass man zusätzlich zum eigenen Singen auch das Singen von anderen hört. Melodie, Stil und Musikinstrumente kann man frei wählen. Traditionell verwendet man indische Tontrommeln *(mṛdaṅgas)* und Handzimbeln *(karatālas),* aber auch jedes andere Instrument ist erlaubt: Gitarre, Klavier, Flöte usw. oder einfach Händeklatschen. Auf diese

Weise können auch Kinder leicht an der Meditation teilnehmen und spirituellen Fortschritt machen.

Im *kīrtana* kann man sehr leicht erkennen, dass die Namen Gottes keine materielle Klangschwingung sind. Man kann kein materielles Wort und keinen weltlichen Schlager immer und immer wieder hören, geschweige denn singen, ohne dass man dessen bald überdrüssig wird. Doch je mehr und je konzentrierter man Kṛṣṇas Namen chantet, desto mehr erwacht eine natürliche Neigung zu spirituellen Tätigkeiten, und man lernt, sich und die Welt mit spirituellen Augen zu betrachten.

Wie man das Chanten verbessern kann

Das Chanten des Hare-Kṛṣṇa-Mantra bringt unter allen Umständen ewigen spirituellen Nutzen. Von den großen Heiligen und Weisen, die Autoritäten auf dem Gebiet des *bhakti-yoga* sind, erfahren wir jedoch, dass es gewisse Regeln und Hilfen gibt, um das Chanten zu verbessern.

Je mehr man Hare Kṛṣṇa chantet, desto mehr gewinnt man spirituelle Stärke, und man entwickelt einen Geschmack für höhere, spirituelle Freude, die von materiellen Umständen unabhängig ist. Wenn man auf diese Weise die höheren Dimensionen des Lebens kennenlernt, wird es einem leichtfallen, die folgenden Grundsätze immer mehr in sein Leben aufzunehmen:

1. Man sollte versuchen, die vier Grundprinzipien einzuhalten:
   a) kein Fleisch, keinen Fisch, keine Eier zu essen.
   b) keine Berauschungsmittel zu sich zu nehmen. (Dies be-

zieht sich nicht nur auf LSD, Heroin, Haschisch usw., sondern auch auf Alkohol, Nikotin, Koffein und Tein.)

c) kein Glücksspiel zu betreiben.

d) kein ausschweifendes Geschlechtsleben zu führen. (Bei einem Kṛṣṇa-bewussten spirituellen Leben ist Sex außerhalb der Ehe nicht erlaubt und innerhalb der Ehe nur zur Zeugung von Kindern.)

Je strikter man diesen Regeln folgt, desto schneller macht man in der spirituellen Erkenntnis Fortschritte. Dadurch kann man sich von materieller Anhaftung lösen und die Verstrickung in karmische Reaktionen drastisch vermindern. Aber selbst wenn man sich am Anfang nur unvollständig an diese Regeln halten kann, sollte man immer das Hare-Kṛṣṇa-Mantra chanten, denn diese Meditation ist so mächtig, dass sie einem sehr schnell die Kraft gibt, in dieser Richtung Fortschritte zu machen.

2. Man sollte regelmäßig die vedischen Schriften, insbesondere die *Bhagavad-gītā* und das *Śrīmad-Bhāgavatam,* lesen, denn dadurch wird das materiell verunreinigte Bewusstsein geläutert. Einfach dadurch, dass man Erzählungen von Kṛṣṇa, der Höchsten Persönlichkeit Gottes, und der spirituellen Welt, wo sich Kṛṣṇa im Kreis Seiner Geweihten ewiger, glückseliger Spiele erfreut, hört oder liest, wird man spirituelles Wissen erwerben und genau verstehen lernen, was die Seele ist, wie man spirituell handelt und auf welchem Wege man sich aus der Bedingtheit der materiellen Welt befreit.

3. Um sich besser vor karmischen Reaktionen zu schützen,

sollte man ausschließlich vegetarische Speisen zu sich nehmen, die zuvor Kṛṣṇa geweiht wurden. Das Töten von Lebewesen, auch von Pflanzen, zieht eine entsprechende Karma-Reaktion nach sich. Die *Bhagavad-gītā* weist darauf hin, dass dem Menschen vegetarische Nahrung zugeordnet ist und dass man diese vegetarischen Speisen zuerst Kṛṣṇa darbringen muss, denn dann wird Kṛṣṇa alle damit verbundenen karmischen Reaktionen aufheben.

4. Man muss lernen, seine Arbeit zu verrichten, um den Höchsten Herrn, Kṛṣṇa, zufriedenzustellen. Arbeitet man nur für den eigenen Nutzen und Profit, so trägt man auch die Verantwortung für die damit verbundenen karmischen Reaktionen. Wenn man jedoch die Kunst erlernt, für Kṛṣṇa tätig zu sein, steht man nicht mehr unter der Herrschaft des Karma-Gesetzes, das heißt, man befreit sich dadurch nicht nur vom Karma seiner gegenwärtigen Tätigkeiten, sondern auch von den bereits bestehenden karmischen Reaktionen; darüber hinaus erwecken solche spirituellen Tätigkeiten, die nur Kṛṣṇas Freude zum Ziel haben, die Liebe zu Kṛṣṇa, die im Herzen eines jeden schlummert.

   Man braucht also nicht aufzuhören zu arbeiten, aber man sollte solche Tätigkeiten vermeiden, die gegen die unter Punkt 1 erwähnten Prinzipien verstoßen.

5. Auf dem Pfad des spirituellen Lebens sollte man so oft wie möglich mit Gleichgesinnten zusammenkommen, in ihrer Gemeinschaft Hare Kṛṣṇa chanten und über Kṛṣṇa sprechen. Dies ist für die spirituelle Entwicklung sehr förderlich und vergrößert die eigene spirituelle Kraft. Da Umgang prägt, muss man sehr bedacht sein, die

Gemeinschaft von Menschen zu meiden, die dem spirituellen Fortschritt schaden können. Die vedischen Schriften bestätigen, dass die Gemeinschaft mit Menschen, die sich um spirituellen Fortschritt bemühen, den vorgeschriebenen Regeln folgen und Hare Kṛṣṇa chanten, der beste und schnellste Weg ist, um konkreten spirituellen Fortschritt zu erzielen und letztlich nach Hause, zurück zu Gott, zu gelangen.

6. Wie jeder leicht feststellen kann, sind *japa* und *kīrtana* wirkungsvoller, wenn sie vor einem Altar durchgeführt werden. Kṛṣṇa und Seine reinen Geweihten sind so gütig, dass sie in Form ihrer Bilder vor uns erscheinen. Mit anderen Worten, wenn man einen Altar aufstellt, lädt man Kṛṣṇa und Seine reinen Geweihten ein, in seinem Haus zu verweilen. Für solch „hohe Gäste" sollte man einen schönen Aufenthaltsort wählen: sauber, hell und ruhig. Ideale Orte für einen Hausaltar sind z. B. ein Regal, ein Kaminsims oder ein kleiner Tisch.

Es ist sehr einfach, einen Hausaltar einzurichten. Nur schon ein Bild von Rādhā-Kṛṣṇa oder Śrī Caitanya genügt, um die Atmosphäre in Ihrer Wohnung völlig zu verwandeln. Es gibt verschiedene Arten von Hausaltären. Der einfachste vollständige Altar besteht aus einem Bild von Rādhā-Kṛṣṇa (Mitte), einem Bild von Śrī Caitanya und Seinen Gefährten (rechts) und einem Bild von Śrīla Prabhupāda (links).

Zwei wichtige Prinzipien bei der Altarverehrung sind Reinlichkeit und Stetigkeit. Idealerweise schmückt man den Altar täglich mit frischen Blumen, zündet Kerzen und Räucherstäbchen an und stellt kleine Becher mit frischem Wasser vor die

Altarbilder; man kann vor dem Altar beten, chanten, singen und sein Essen opfern.

Der Altar sollte zum Mittelpunkt des häuslichen Lebens werden und die Wohnung in einen heiligen Ort verwandeln. Wenn wir Kṛṣṇa mit Liebe und Hingabe verehren, werden wir allmählich spüren, wie sehr Er uns liebt. Das ist das Wesen des *bhakti-yoga*.

All die Dinge, die man für die Einrichtung eines Hausaltars benötigt und die einem helfen, die Atmosphäre zu Hause zu spiritualisieren (wie z. B. Räucherstäbchen, Kṛṣṇa-bewusste Poster und Musik), sind in ISKCON-Zentren erhältlich und können dort ggf. auch bestellt werden.

Spirituelle Ernährung

Kṛṣṇa-Bewusstsein ist nicht nur eine theoretische Philosophie, sondern durchdringt alle Aktivitäten unseres Alltagslebens, vor allem auch die Zubereitung und den Verzehr von Nahrung.

Für den *bhakta* ist das Kochen und Darbringen von Speisen ein Ausdruck seiner *bhakti,* d. h. seiner Liebe zu Kṛṣṇa. Sogar im weltlichen Leben ist es so, dass man für jemanden, der einem besonders nahesteht, gerne kocht oder ihn gern zum Essen einlädt. Der Gast ist nicht so sehr vom Essen und von den einzelnen Gerichten berührt als vielmehr von der Aufmerksamkeit, die ihm entgegengebracht wird, und von der Mühe, die sich der Gastgeber gemacht hat. Ebenso kocht auch der *bhakta* für Kṛṣṇa und lädt Ihn ein, als Erster von den Speisen zu kosten; das ist im *bhakti-yoga* von größter Wichtigkeit, um unsere Liebe zu Kṛṣṇa zu vergrößern.

Mit Seiner unbegrenzten, alldurchdringenden Kraft kann Kṛṣṇa materielle in spirituelle Energie verwandeln. Wann immer etwas Materielles mit Kṛṣṇa in Kontakt kommt, wird es „spiritualisiert". Wenn wir Kṛṣṇa also Speisen opfern, werden auch sie spiritualisiert; solche geweihte Nahrung nennt man im Sanskrit *prasādam,* was wörtlich „die Barmherzigkeit des Herrn" bedeutet.

Prasādam zu sich zu nehmen ist ein grundlegender Vorgang des *bhakti-yoga.* In anderen Formen des Yoga und der Askese ist man gezwungen, seine Sinne künstlich zu unterdrücken, aber im *bhakti-yoga* ist das nicht nötig, da man lernt, wie man seine Sinne richtig gebraucht. Jeder muss sich zum Beispiel ernähren, aber ein *bhakta* weiß, wie man sich *spirituell* ernährt. Dadurch wird auch der eigene Körper spiritualisiert, und man fühlt sich immer mehr zu den spirituellen Freuden hingezogen, die jede materielle Sinnenfreude bei Weitem übertreffen.

Śrī Caitanya sagte über *prasādam:* „Jeder hat diese Speisen schon einmal gekostet. Wenn sie jedoch für Kṛṣṇa zubereitet und Ihm mit Hingabe geopfert wurden, zeichnen sie sich durch außergewöhnlichen Geschmack und erlesene Aromen aus. Probiert sie und erfahrt den Unterschied! Abgesehen vom Wohlgeschmack, erfreut auch der Wohlgeruch den Geist und lässt uns andere Wohlgerüche vergessen. Man sollte verstehen, dass der spirituelle Nektar von Kṛṣṇas Lippen diese gewöhnlichen Speisen berührt und ihnen all Seine transzendentalen Eigenschaften verliehen haben muss."

Prasādam – die Vollkommenheit der vegetarischen Ernährung

Kṛṣṇa erklärt in der *Bhagavad-gītā,* dass wir Ihm all unsere Speisen darbringen sollen, und Er weist auch darauf hin, *welche* Speisen wir Ihm weihen können: „Wenn Mir jemand mit Liebe und Hingabe ein Blatt, eine Blume, eine Frucht oder etwas Wasser opfert, werde Ich es annehmen" (*Bhagavad-gītā* 9.26). Offensichtlich erwähnt Kṛṣṇa nichts, was mit Fleisch, Fisch oder Eiern zu tun hat, und deshalb sollte man es strikt vermeiden, Kṛṣṇa solche Dinge zu opfern. Als Zeichen der Liebe und Hingabe bringt der *bhakta* Kṛṣṇa nur die reinsten und schmackhaftesten Speisen dar.

Prasādam zu essen ist die Vollkommenheit der vegetarischen Ernährung. Der Vorsatz, Vegetarier zu werden, ist zwar sehr wichtig und begrüßenswert, aber noch nicht genug für ein spirituelles Leben. Es gibt viele Tiere, die auch vegetarisch leben, wie Tauben, Affen oder Elefanten; aber ein vegetarisch lebender Mensch sollte zusätzlich lernen, wie man sein gesamtes Leben spiritualisiert und seine ursprüngliche Beziehung zu Gott wiedererweckt. Dies ist, wie die Veden erklären, das Ziel des menschlichen Lebens, und sich nur noch von *prasādam* zu ernähren ist ein wichtiger, ja unumgänglicher Schritt in diese Richtung.

Kochen für Kṛṣṇa

Das Zubereiten von Speisen für Kṛṣṇa beginnt bereits bei der Auswahl der Nahrungsmittel. In der *Bhagavad-gītā* erklärt Kṛṣṇa, dass alle Nahrungsmittel den Erscheinungsweisen der materiellen Natur – Tugend, Leidenschaft und Unwissenheit – zugeordnet werden können. Getreide, Gemüse, Früchte, Milchprodukte und Nüsse gehören zu den Nahrungsmitteln in der Erscheinungsweise der Tugend, und nur sie können Kṛṣṇa dargebracht werden. Zu den Nahrungsmitteln in der Erscheinungsweisen der Unwissenheit und Leidenschaft gehören solche, die faulig, gegoren und unrein sind oder Schmerz oder Krankheit verursachen (vgl. hierzu *Bhagavad-gītā* 17.8–10).

Fleisch, Fisch und Eier, aber auch Knoblauch, Zwiebeln, Essig und Pilze gehören in den Bereich der niederen Erscheinungsweisen und können deshalb Kṛṣṇa nicht geopfert werden. Auch Getränke, die Alkohol, Koffein oder Tein enthalten, müssen vermieden werden.

Beim Einkaufen muss man sehr vorsichtig sein, da heute in sehr vielen Produkten unzulässige Tierprodukte enthalten sind. Man sollte immer die Beschreibung der Zusammensetzung durchlesen, und bei einem zweifelhaften Produkt muss man vielleicht sogar selbst nachforschen. So gibt es zum Beispiel gewisse Sorten von Joghurt, saurer Sahne und ähnlichen Milchprodukten, die Bindemittel oder Gelatine enthalten (eine Substanz, die durch das Auskochen von blutfrischen Knochen, Kalbsköpfen und -füßen hergestellt wird). Ebenso enthalten die meisten Käsesorten Lab, ein Milchgerinnungsenzym aus dem Magengewebe von geschlachteten Kälbern.

Je feinfühliger ein Mensch in spiritueller Hinsicht wird, desto vorsichtiger wird er auch bei seiner Ernährung, nicht nur in Bezug auf die Zutaten, sondern auch in Bezug auf die Zubereitung. Er wird es deshalb auch vermeiden, Speisen zu essen, die nicht im spirituellen Bewusstsein gekocht wurden. Das Bewusstsein des Kochs beeinflusst feinstofflich die Nahrung und so auch das Bewusstsein desjenigen, der sie isst. Kochen ist wie Malen. Ein Gemälde ist nicht einfach nur eine Zusammenstellung von Pinselstrichen auf einer Leinwand, sondern der Ausdruck der Gefühlswelt des Malers, weshalb das Gemälde auch beim Betrachter bestimmte Gefühle und Eindrücke erweckt. Ebenso werden wir durch Speisen beeinflusst, die wir zudem ja nicht nur betrachten, sondern auch zu uns nehmen. Wer ein spirituelles Leben führt, wird daher nichts essen (vor allem nichts Getreidehaltiges), was von materialistisch gesinnten Menschen zubereitet wurde. (Getreide gilt als besonders starker Karmaüberträger.)

Bei der Zubereitung von Speisen, die man Kṛṣṇa darbringen will, muss man sehr auf Sauberkeit achten, denn „Sauberkeit ist gottgefällig". Das bezieht sich auf die Zutaten, aber auch auf die Küche und auf den Koch bzw. die Köchin. Deshalb sollte man sich vor dem Kochen gründlich die Hände waschen. Man muss auch lernen zu kochen, ohne zu probieren. Dies gehört zur Meditation des Kochens, denn wir kochen nicht für uns, sondern für Kṛṣṇa, und Er soll der Erste sein, der davon kostet. Wenn man sich an die bewährten Rezepte hält, sollte es keine Fehler geben. Mit ein wenig Übung entwickelt man leicht das richtige Augenmaß für die Gewürze.

Die Opferung

Nach dem Kochen wird die Opferung vorbereitet. Zu diesem Zweck sollte man sich ein neues, ungebrauchtes Set Essgeschirr besorgen, das ausschließlich für Kṛṣṇa bestimmt ist. Man nimmt von jeder Speise eine kleine Portion und füllt den Opferteller, den man dann auf den Altar vor ein Bild Kṛṣṇas stellt. Wir wissen, dass Kṛṣṇa unsere Speisen nicht braucht, aber wir bieten sie Ihm in einer liebevollen und dankbaren Haltung an. Das ist das Entscheidende bei allen Handlungen des *bhakti-yoga.* Die Meditation beim Opfern von Speisen kann ganz einfach sein: „Lieber Kṛṣṇa! Alles kommt von Dir. Bevor ich etwas von Dir nehme, möchte ich es deshalb zuerst Dir weihen. Bitte finde Gefallen an meiner bescheidenen Opferung!" Dazu kann man dreimal das Hare-Kṛṣṇa-Mantra chanten, während man mit einem Glöckchen klingelt. So sieht die einfachste Form der Opferung aus.

Für gewöhnlich opfert man die Speisen aber, indem man jedes der vier folgenden Sanskritgebete dreimal chantet und dabei wiederum mit einem Glöckchen klingelt. (Zur Aussprache siehe: „Kurzanleitung zur Aussprache des Sanskrits".)

nama oṁ viṣṇu-pādāya
kṛṣṇa-preṣṭhāya bhū-tale
śrīmate bhaktivedānta-
svāmin iti nāmine

„Ich erweise meine achtungsvolle Ehrerbietung His Divine Grace A. C. Bhaktivedanta Swami Prabhupāda, der Śrī Kṛṣṇa sehr lieb ist, da er bei Seinen Lotosfüßen Zuflucht gesucht hat."

namas te sārasvate deve
gaura-vāṇī-pracāriṇe
nirviśeṣa-śūnyavādi-
pāścātya-deśa-tāriṇe

„Alle Ehre sei dir, o spiritueller Meister, der du der vollkommene Diener Śrīla Bhaktisiddhānta Sarasvatī Gosvāmīs bist. In deiner Barmherzigkeit hast du die Botschaft Śrī Caitanyas verbreitet und die westlichen Länder von den Philosophien der Unpersönlichkeit und der Leere befreit."

namo mahā-vadānyāya
kṛṣṇa-prema-pradāya te
kṛṣṇāya kṛṣṇa-caitanya-
nāmne gaura-tviṣe namaḥ

„O freigebigste Inkarnation des Herrn! Du bist Śrī Kṛṣṇa selbst in Seiner Gestalt als Śrī Kṛṣṇa Caitanya. Du hast die goldene Körpertönung Śrīmatī Rādhārāṇīs angenommen, und Du verschenkst großmütig reine Liebe zu Kṛṣṇa. Ich erweise Dir meine achtungsvolle Ehrerbietung."

namo brahmaṇya-devāya
go-brāhmaṇa-hitāya ca
jagad-dhitāya kṛṣṇāya
govindāya namo namaḥ

„Ich erweise Śrī Kṛṣṇa, der Höchsten Persönlichkeit Gottes, meine achtungsvolle Ehrerbietung. Er ist der Beschützer der Kühe und der *brāhmaṇas* und der wohlmeinende Freund der gesamten Welt. Ich erweise Kṛṣṇa, der auch Govinda genannt wird, immer wieder meine achtungsvolle Ehrerbietung."

Bevor man den Teller wieder wegnimmt, wartet man zehn bis fünfzehn Minuten. Während dieser Zeit kann man den Tisch decken, die Küche säubern oder *kīrtana* singen. Wenn man den Teller vom Altar nimmt, spricht man das *mahā-mantra:*

Hare Kṛṣṇa, Hare Kṛṣṇa, Kṛṣṇa Kṛṣṇa, Hare Hare
Hare Rāma, Hare Rāma, Rāma Rāma, Hare Hare

Alle Speisen, sowohl die auf dem Opferteller als auch die in den Töpfen, sind jetzt *prasādam* („die Barmherzigkeit des Herrn"). Das *prasādam,* das sich auf dem Teller befand, wird jedoch als *mahā-prasādam,* „besonderes *prasādam*", bezeichnet, und jeder sollte beim Austeilen einen Teil davon bekommen. Wenn man Kṛṣṇas Geschirr gespült hat, kann man mit dem Essen beginnen. Auch während des Essens sollte man sich an die spirituelle Eigenschaft des *prasādam* erinnern. Auf diese Weise wird für den *bhakti-yogī* jede Tätigkeit, sogar das Kochen und Essen, zur Meditation über den Höchsten Herrn.

Schlussbemerkung

Das Schöne am *bhakti-yoga* ist, dass Sie von jeder Stufe aus einsteigen können und individuell die nächsten (oder ersten) Schritte auf dem Pfad Ihres spirituellen Lebens tun können. Kṛṣṇa gibt in der *Bhagavad-gītā* (2.40) das Versprechen: „Bei dieser Bemühung gibt es weder Verlust noch Minderung, und schon ein wenig Fortschritt auf diesem Pfad kann einen vor der größten Gefahr bewahren."

AUSGEWÄHLTE ADRESSEN

Internationale Gesellschaft für Krishna-Bewusstsein

Gründer-Ācārya: His Divine Grace A.C. Bhaktivedanta Swami Prabhupāda

Eine vollständige internationale Adressenliste finden Sie unter **centres.iskcon.org** oder **directory.krishna.com.** Alle Zentren und Treffpunkte im deutschsprachigen Raum sind auf **iskcon.de** gelistet. Wenden Sie sich für nähere Informationen zu Programmen und Veranstaltungen an das nächstgelegene Zentrum.

Deutschland

Abentheuer – Goloka Dhama, Böckingstraße 4a, 55767 Abentheuer; +49 6782 2214; golokadhama.de@gmail.com; goloka-dhama.de

Berlin – Jagannatha-Tempel, Berliner Allee 209, 13088 Berlin; mail@tempelberlin.de; tempelberlin.de

Hamburg – Bhakti-Yoga-Zentrum, Krummholzberg 9, 21073 Hamburg; +49 151 10652236; vaidyanath.acbsp@pamho.net; bhaktiyogazentrum.de

Heidelberg – Nava-Navadvipa, Zuzenhäuser Str. 13, 74909 Meckesheim; +49 06226 9530741; info@iskcon-heidelberg.de; iskcon-heidelberg.de

Jandelsbrunn – Simhachalam, Zielberg 20, 94118 Jandelsbrunn; +49 8583 316; info@simhachalam.de; simhachalam.de

Köln – Gauradesh, Taunusstraße 40, 51105 Köln; +49 178 921 3621; kontakt@gauradesh.com; gauradesh.com

Leipzig – Krishna-Tempel Leipzig, Merseburger Str. 95, 04177 Leipzig; office@krishna-tempel-leipzig.de; krishna-tempel-leipzig.de

München – ISKCON München, Fürstenrieder Straße 139, 80686 München; +49 89 6880 0288; iskcon-muenchen.de

Wiesbaden – Hari Nama Desh, Aarstraße 8, 65329 Burg Hohenstein; +49 6120 904107; iskconwiesbaden@pamho.net; iskconwiesbaden.de

Schweiz

Langenthal – Gaura Bhaktiyoga Center, Dorfgasse 43, 4900 Langenthal; +41 76 507 04 99; gaura.bhaktiyoga.center@gmx.ch; gaura-bhakti.ch

Zürich – Krishna-Gemeinschaft Schweiz, Bergstrasse 54, 8032 Zürich; +41 44 262 33 88; info@krishna.ch; krishna.ch

Österreich

Wien – Vedisches Zentrum, Loquaiplatz 2, 1060 Wien; +43 664 8237838; vedisches.zentrum@gmail.com; harekrishna.at